# 보육과정

# Childcare Curriculum

# 머리말 Preface

우리나라의 영유아보육환경은 1991년 영유아보육법이 제정된 이래 25년이라는 짧은 기간 동안 많은 변화와 성장을 겪었다. 특히, 2005년 전면 개정된 영유아보육법의 실행은 어린이집의 양적 증가로 인해 야기되었던 질적 저하의 문제를 해결하고자 한 적극적인 시도로 여겨진다. 더불어 2007년 표준보육과정의 도입과 2012년의 5세 누리과정, 2013년의 3–4세 누리과정의 도입은 어린이집의 전반적인 질을 향상시키고 질적으로 우수한 보육 프로그램을 제공하고자 한 노력의 일환이라 하겠다.

보육과정은 개별 어린이집이 보육의 목표를 설정하고 계획을 수립하며 구체적인 보육 프로그램을 개발 · 수행하고 이러한 모든 과정을 평가하는 일련의 과정을 의미한다. 따라서 질적으로 우수한 보육 서비스의 제공은 체계적이고 효율적이며 효과적인 보육과정의 수행을 통해 가능하다고 하겠다. 정부에서는 표준보육과정과 누리과정이라는 국가 주도의 표준화된 보육과정을 현장에 제공함으로써 모든 어린이집이 최소한의 질적 수준을 유지할 수 있도록 하고 있다. 그러나 국가 주도의 표준화된 보육과정의 현장 적용은 보육서비스의 획일화라는 의도하지 않은 결과를 야기할 수도 있다. 따라서 현장에서는 표준보육과정이나 누리과정과 같은 표준화된 프로그램에 대한 기본 지식을 바탕으로 보육의 전 과정에서 이를 개별 어린이집의 특성에 맞게 적용하고 확장하는 융통적이고 발전적인 보육과정의 운영이 요구된다. 이를 위해서는 먼저 보육과정에 대한 기초적인 지식을 함양할 필요가 있다.

우리나라의 영유아보육은 현재까지도 많은 정책적 변화를 겪고 있다. 이는 빠르게 변화하는 사회구성원들의 보육 관련 요구와 기대에 대한 정책 반영의 결과로 보인다. 영유아보육에 관한 새로운 지식과 정보가 빠르게 축적되는 만큼 영유아보육을 공부하는 학생들, 특히 보육교사자격을 취득하고자 하는 예비보육교사들은 변화하는 영유아보육 관련 정보에 관심을 가질 필요가 있다. 더불어 영유아의 발달에 가장 긍정적인 효과를 기대할 수 있는 관련 지식 습득에 적극적으로 임해야 할 것이다. 한편, 최근 사회적 이슈가 되고 있는 어린이집에서의 교사 자질과 관련된 사건들은 예비보육교사를 양성하는 대학교육의 내용과 방식, 질에 대해 많은 반성을 하게 한다. 영유아보육의 질을 가늠할 수 있는 가장 중요한 요인이 교사의 자질과 능력이라는 사실을 부정하는 사람은 없을 것이다. 대학에서는 양질의 다양한 교재를 중심으로 질적으로 우수한 교사를 양성하기 위한 끊임없는 노력이 이루어져야 하며, 본 서는 이러한 노력의 일환으로 집필되었다.

이 책의 각 장별 내용 및 저자를 소개하면, 제1장은 하지영 교수가 집필하였으며 보육과정의 기초라는 제목하에 보육과정의 개념 및 구성원리에 관한 전반적인 지식을 제공한다. 제2장에서는 국내외의 다양한 보육 프로그램에 대해 소개하며 이사라 교수와 송승민 교수가 공동집필하였다. 제3장은 우리나라의 현행 보육과정인 표준보육과정과 누리과정의 구체적인 내용을 담고 있으며 한세영 교수가 집필하였다. 박선영 교수가 집필한 제4장은 보육과정의 운영계획에 관한 내용을 소개함에 있어, 현장에서 이루어지는 실제적인 연간 · 월간 · 주간 · 일일계획의 수립과 운영의 예를 담았다. 제5장은 보육과정 운영의 실제로 어린이집에서 제공하는 부모참여, 지역사회협력, 건강, 영양, 안전 관련 프로그램의 예를 제공한다. 제5장은 박선영 교수와 하지영 교수가 공동집필하였다. 이주연 교수가 집필한 제6장에서는 국내외의 보육과정 평가시스템을 소개하고, 특히 우리나라의 어린이집 평가인증제에 대해 구체적으로 다루고 있다.

본 서는 '보육과정'의 제목으로 출판되는 다른 교재들이 대개 학기운영에 맞춰 전체 장을 12~15장으로 구성하는 것과 달리 총 6장으로 구성하였다. 따라서 본 서를 보육교사자격 취득을 위한 '보육과정' 교과목의 교재로 활용하는 경우, 강사의 재량에 따라 각 장별로 효율적이고 확장적인 활용이 가능하리라 여겨진다. 아울러 본 서는 구체적인 보육프로그램의 예를 많이 수록하고자 하였기에, 실례 중심의 교과 운영에 도움이 되리라 기대한다. 참고로 본 서에서 제시하고 있는 영유아의 연령은 만 연령 기준임을 미리 밝혀두고자 한다. '보육과정' 교과목 운영 시 본 서의 효과적 활용을 통해 학생들이 보육교사로서 갖추어야 할 자질과 능력을 충분히 함양할 수 있기를 바란다. 더 나아가 실제 현장에서 그러한 능력을 십분 발휘하여 영유아들에게 최고의 보육 서비스를 제공할 수 있는 보육교사들로 양성되기를 기대해본다.

마지막으로 본 서가 출판되기까지 도움주신 파워북 김재원 전무님께 감사드리며, 또한 저서 내용에 대한 시각적 이해를 돕기 위해 삽입한 사진의 초상권 및 저작권 사용에 동의해 주신 관련자 및 어린이집 시설장님들께 깊은 감사의 말씀을 드리는 바이다.

2015년 3월

저자 일동

# 차 례 Contents

## CHAPTER 2 다양한 보육 프로그램



## CHAPTER 3 우리나라 현행 보육과정

## CHAPTER 4 보육과정 운영계획

## CHAPTER 6 보육과정의 평가

*Childcare Curriculum*

# 보육과정의 기초

Chapter 1

1. 보육과정의 개념
2. 보육과정의 구성원리
3. 보육과정의 구성요소
4. 보육과정의 기초
5. 보육과정에 대한 관점의 변화

# 1

교육기관을 이용하는 영유아들의 수가 점점 많아지고, 이전보다 어린 연령의 영유아들도 기관을 이용하게 되면서, 기관에서의 경험이 가져오는 교육적 효과에 대해 관심이 증가하고 있다. 즉, 기관에서 교사들이 영유아에게 무엇을 가르치고 영유아들이 무엇을 배우는가에 따라 영유아들의 발달과 학습이 달라질 수 있기 때문이다. 이 장에서는 영유아를 보육하기 위한 틀이라 할 수 있는 보육과정의 개념을 알아보고, 보육과정을 구성하는 원리와 구성요소를 살펴보고자 한다. 또한 보육과정의 기초로서 철학적 · 심리학적 · 사회적 기초에 대해 논의하고, 이를 토대로 보육과정에 대한 관점이 어떻게 변화하고 있는지 살펴보겠다.

## 1. 보육과정의 개념

보육과정이란 어린이집에서 이루어지는 교육과정을 말한다. 따라서 보육과정의 개념을 이해하기 위해서는 '보육'과 '교육과정'의 개념을 이해해야 한다. 먼저 '보육 child care'의 개념은 시대적 상황에 따라 그 의미가 크게 변화되어 왔는데, 초기의 보육은 주로 취업모나 저소득층의 아동이 대상이 되었으며, 이러한 아동을 단순히 보호한다는 의미가 강조되어 '탁아'라는 용어가 사용되었다. 그러나 이후 보육의 보편적 서비스로서의 기능이 강화되면서 모든 아동을 대상으로 다양한 서비스를 제공하게 되었다. 이와 같이 보육에 대한 의미가 변화하면서 현재 「영유아보육법」에서는 보육이란 '영유아를 건강하고 안전하게 보호 · 양육하고 영유아의 발달 특성에 맞는 교육을 제공하는 어린이집 및 가정양육 지원에 관한 사회복지서비스'라고 정의하고 있다. 즉, 보육이란 영유아를 보호하고 교육하는 것을 의미한다.

한편, 학교교육에서 학습의 과정을 일컫는 데 널리 쓰이는 용어인 '교육과정 curriculum'은 '달린다'라는 뜻을 지닌 라틴어 '쿠레레currere'에서 그 어원을 찾을 수 있는데, 이는 경주a race, 또는 경주로the course of race를 의미한다. 즉, 교육과정은 사람이나 말이 경주하는 과정과 같이 교육의 목표를 이루기 위한 과정이 효율적으로 이루어질 수 있도록 틀을 제시해 주는 것이라 할 수 있다. 미국유아교육협회(NAEYC, 1991)에서는 교육과정을 '유아가 학습할 내용, 교육의 목적을 성취해 나가는 과정, 유아가 교육의 목적을 성취할 수 있도록 지원하는 교사의 역할, 교수와 학습이 일어나는 상황에 대해 기술하는 조직화된 틀'이라고 정의하였다. 그러므로 '보육'과 '교육과정'의 개념을 종합해보면, 보육과정이란 영유아를 보호하고 교육하기 위한 틀로 정의할 수 있으며, 보육의 목표를 달성하기 위해 이루어지는 모든 경험이 포함된다. 여기서 모든 경험이란 크게 내용과 과정, 환경의 세 가지 요소로 설명할 수 있다(Bredekamp & Rosegrant, 1992). 즉, 보육의 목적과 목표에 따라 보육하는 주된 내용, 보육과 관련된 철학을 바탕으로 교사가 가르치고 영유아가 습득하는 방식, 마지막으로 이러한 내용과 과정이 이루어지는 환경이 보육과정을 구성하고 있는 핵심 요소라 할 수 있다.

보육과정은 다양한 요인에 의해 영향을 받을 수 있다. 사회가 지향하는 가치나 기준, 교육체계, 연구 결과, 지역사회의 요구, 영유아가 속한 문화, 개별 영유아의 특성 등이 보육과정에 영향을 미칠 수 있다(NAEYC, 2003). 따라서 보육과정의 개념은 다양한 수준에서 이해될 수 있다. 크게는 국가 수준의 보육과정에서부터, 지역사회, 어린이집 또는 교실 내에서 이루어지는 보육과정까지를 모두 포함한다. 국가수준의 보육과정은 우리나라의 영유아들이라면 누구나 공통적으로 경험해야 할 보육내용을 제시하는 것으로 표준보육과정 및 누리과정을 시행하고 있다. 그러나 최근에는 국가 수준의 보육과정에 기초하되 지역사회의 특성을 반영한 보육과정의 지역화에 대한 관심도 증가하고 있다(지성애, 2008). 즉, 보육과정이 지역사회와 연계하여 이루어져야 하며, 지역사회의 자원을 활용하거나 지역사회 주민의 다양한 요구를 반영해야 한다는 것이다. 이와 같은 지역사회 수준의 보육과정은 각 어린이집의 보육철학이나 여건에 맞게 적용될 수 있으며, 어린이집 내에서도 각 교실의 수준과 개별 영유아의 요구에 적합한 보육과정으로 적용될 수 있다.

## 2. 보육과정의 구성원리

보육과정을 구성하는 기본적인 원리들로 전인발달을 지향하는 보육과정, 영유아의 발달에 적합한 보육과정, 영유아의 다양한 요구를 반영하는 보육과정, 영유아의 능동적 참여를 유도하는 보육과정, 영유아를 둘러싼 환경을 고려한 보육과정 등을 들 수 있다.

### 1) 전인발달을 지향하는 보육과정

발달은 특정 영역에서만 이루어지는 것이 아니라 신체, 인지, 언어, 사회정서 등 모든 발달영역이 상호연관성을 가지고 이루어진다. 예를 들어, 영아가 기어 다니고, 걷게 되면서 주변을 스스로 탐색하는 기회가 많아지면서, 자율성이 발달할 뿐 아니라 인지발달이 이루어지게 된다. 또한 언어능력이 발달하게 되면, 다른 사람들과 의사소통하고 상호작용하는 기회가 많아지게 되어 사회정서발달에 영향을 미치게 된다. 이와 같이 발달의 다양한 영역은 서로 영향을 주고받으므로, 보육과정은 어느 하나의 발달영역만 강조할 것이 아니라 모든 영역이 균형 있게 발달할 수 있도록 해야 한다. 이를 위해서 널리 사용되는 방법이 주제 중심의 보육 프로그램을 운영하는 것이다. 이러한 프로그램에서는 하나의 주제에 대해 다양한 영역의 활동이 통합적으로 이루어질 수 있으므로 영유아의 전인적인 발달을 도울 수 있다.

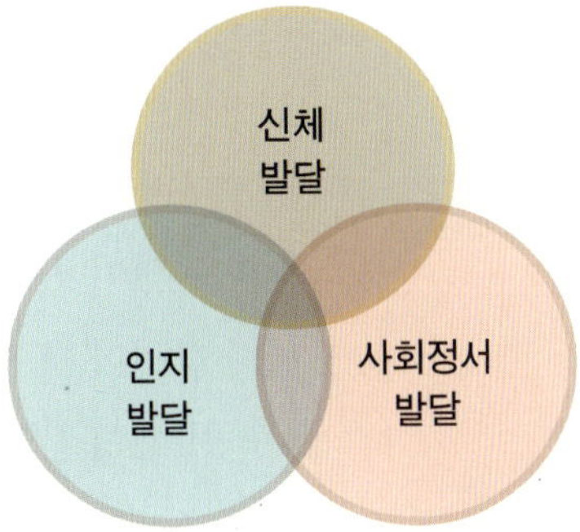

그림 1-1 | 발달영역들 간의 상호연관성

## 2) 영유아의 발달에 적합한 보육과정

미국유아교육협회NAEYC에서는 발달에 적합한 실제DAP : Developmentally Appropriate Practice라는 개념을 제시하여, 영유아의 보편적인 발달뿐만 아니라 개별 영유아의 발달을 이해하여 그에 적합한 경험을 제공해야 한다는 것을 강조하였다. 영아의 경우 뇌발달이 급속히 진행되는 시기이므로 다양한 감각경험을 제공해야 하며, 특정 양육자에 대한 애착을 형성하고 주변 사람들의 반응에 따라 세상을 이해하게 되므로 민감한 양육이 중요하다. 또한 신체적인 성장과 더불어 주변을 탐색하게 되며, 자아에 대한 개념이 형성되는 시기이므로 이와 같은 발달 특성에 적합한 경험이 제공되어야 한다. 한편, 유아기는 자율성과 독립심이 발달하고, 다른 사람들, 특히 또래와의 상호작용이 다양해지며, 자신의 정서를 표현하고 조절하는 능력이 보다 정교해지고, 규칙과 질서를 이해하면서 사회화가 이루어지는 시기이다. 이와 같이 영유아의 연령별 발달을 제대로 이해함으로써 그에 적합한 환경과 자료, 활동이 제공되어야 하며, 발달에 적합한 교사와 영유아의 상호작용이 이루어져야 한다.

### 3) 영유아의 다양한 요구를 반영한 보육과정

보육과정은 개별 영유아들이 처한 다양한 배경을 이해해야 한다. 영유아들은 가족의 유형이나 발달적 요구 등이 다양할 수 있다. 여성의 경제활동 참여율이 증가하면서 맞벌이 부부의 자녀가 기관을 많이 이용하고 있으며, 이러한 영유아의 경우 어머니가 전업주부인 경우와 다른 요구를 지닐 수 있다. 뿐만 아니라 다양한 가족 유형이 증가함에 따라 기존에 보편적인 것으로 여겨졌던 부부와 자녀 중심의 가족을 기준으로 하는 보육과정이 아니라 가족의 다양성을 반영한 보육과정이 요구된다. 한편, 동일한 연령대의 영유아라 하더라도 특성과 발달 수준은 매우 다양하다. 또한 경우에 따라서는 장애를 지닌 영유아를 위한 프로그램을 제공해야 한다. 따라서 영유아들을 지속적으로 관찰하여 무엇에 흥미가 있는지, 어떠한 능력이 있는지, 발달 수준은 어떠한지를 파악해야 하며, 영유아들의 발달 수준과 특성, 배경 등을 고려하여 융통성 있게 보육과정을 적용해야 한다.

### 4) 영유아의 능동적 참여를 유도하는 보육과정

유태인의 속담 가운데 물고기 한 마리를 주면 하루를 살아갈 수 있지만, 물고기를 잡는 방법을 가르쳐주면 한평생을 살아갈 수 있다는 말이 있다. 이는 교사나 부모 등 성인이 지도하는 것보다 영유아가 직접 경험하는 것이 학습에 도움이 된다는 의미로 해석할 수 있다. 영유아는 성장 · 발달하고자 하는 내적 동기를 지니고 있다. 따라서 영유아가 스스로 선택하여 자발적인 동기를 가지고 활동에 참여할 수 있을 때, 자신에 대해 긍정적인 느낌을 가질 수 있으며, 자율성과 독립심, 성취감을 가질 뿐만 아니라 즐거움과 행복을 느낄 수 있다. 즉, 영유아의 능동적 참여를 통해 가장 효율적인 학습이 이루어질 수 있다.

### 5) 영유아를 둘러싼 환경을 고려한 보육과정

영유아는 다양한 환경체계 속에서 살아가기 때문에 어린이집에서의 경험과 영유아를 둘러싼 다양한 환경과의 교류가 이루어질 필요가 있다. 특히, 부모 또는 가정은 어린이집과 아이를 양육하고, 교육하는 파트너로서 보육과정에 반드시 포함되어야 한다. 따라서 어린이집과 부모의 의사소통이 원활히 이루어지는 것이 중요하다. 이러한 활동은 주로 부모상담과 부모 모임, 부모 참여활동, 부모교육 등을 통해 이루어지는데, 교사 또는 기관으로부터 부모에게 일방적으로 지식이 전달되는 것보다 상호호혜적인 관계를 가지는 것이 바람직하다. 즉, 보육의 목적을 달성하기 위해 서로 존중하고, 협력하는 관계가 되어야 한다는 것이다. 또한 영유아의 발달과 경험에 대해 매일 의사소통함으로써 영유아에 대한 정보를 공유하는 것이 중요하다. 이와 같은 기관과 부모의 교류는 부모가 보육에 함께 참여한다는 데 의미가 있을 뿐 아니라 부모를 보육서비스의 대상으로 포함시킴으로써 포괄적 보육서비스를 실현할 수 있다는 데 의의가 있다.

한편, 보육과정은 어린이집이 속한 지역사회에 대한 이해를 바탕으로 지역사회의 요구를 적극적으로 반영하는 동시에 지역사회의 다양한 자원을 적극적으로 활용함으로써 지역사회와 상호보완적인 관계를 유지해야 한다. 이를 통해 영유아는 자신을 둘러싼 환경을 이해할 수 있으며, 지역사회의 다양한 인적 · 물적 자원을 활용함으로써 보육과정을 보다 풍요롭게 운영할 수 있다. 예를 들어, 어린이집을 지역사회에서 활용할 수 있도록 하거나, 지역사회의 다양한 인적 자원을 활용하고, 여러 기관을 방문 또는 견학하는 방법을 통해 지역사회와 연계함으로써 효율적인 보육과정을 운영할 수 있다.

이상의 내용을 종합하여 영아와 유아를 위한 보육과정의 틀을 제시하면 그림 1-2, 1-3과 같다(Dodge & Bickart, 2000). 영아를 위한 보육과정은 영아가 건강하게 발달할 수 있도록 하는 데 초점이 있으며, 사랑받고 있다는 느낌을 갖고, 안전한 환경에서 자유롭게 탐색할 수 있도록 해야 한다. 이를 위해 영아가 매일 경험하는 일과와 활동 속에서 영아와 가족, 교사가 지역사회 내에서 서로 유기적으로 관련되어 있어야 한다. 유아를 위한 보육과정을 보면, 유아를 위한 적절한 환경을 구성하고, 그 속에서 효율적으로 학습이 일어날 수 있도록 이끌어 가는 데 초점이 있다. 유아가 학습하는 방식, 학습하는 내용, 물리적 환경과 교사의 역할 및 부모의 역할이 어우러

그림 1-2 | 영아를 위한 보육과정의 틀

출처 : Dodge & Bickart(2000).

그림 1-3 | 유아를 위한 보육과정의 틀

출처 : Dodge & Bickart(2000) 재구성.

져 기본적인 틀을 구성하게 되며, 그 속에서 유아는 다양한 흥미영역을 균형적으로 경험하게 된다.

## 3. 보육과정의 구성요소

보육과정의 구성요소는 보육에 대한 목표를 설정하고, 목표에 따라 활동을 계획, 실행하며, 평가하는 것으로 이루어진다. 보육과정은 '왜why 해야 하는가?', '무엇을what 해야 하는가?', '어떻게how 해야 하는가?'에 대한 답을 구하는 과정이라 할 수 있다(Eliason & Jenkins, 1999). 여기서 '왜?'는 보육과정의 목표를 의미하며, '무엇을'은 보육과정에 필요한 활동을 계획하는 것을 의미한다. '어떻게'는 보육과정의 목표에 따라 계획한 바를 실행하는 방법을 의미한다. 이러한 일련의 과정을 거친 다음에는 목표의 성취에 대한 평가가 이루어져야 한다. 보육과정의 목표 수립과 계획, 실행, 평가의 과정은 한 번의 과정으로 끝나는 것이 아니라 순환되어야 한다그림 1-4.

### 1) 목표

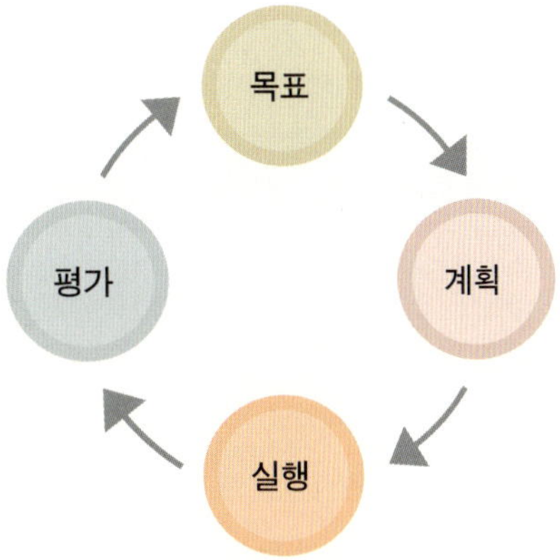

그림 1-4 | 보육과정의 구성요소

보육과정은 명확한 보육의 목적 또는 목표를 설정하는 것으로부터 시작된다. 보육과정의 목적goal과 목표objective는 구분되어야 하는데, 일반적으로 목적이 목표보다 상위의 개념으로 사용되고 있다. 보육의 목적이란 장기적인 시각에서 보육과정을 통해서 궁극적으로 지향하는 바가 무엇인지를 나타낸다. 예를 들어, 표준보육과정의 목적은 영·유아의 심신의 건강과 전인적 발달을 도와 행복을 도모하며 민주시민의 기초를 형성하는 것이다. 즉, 목적은 보육과정을 통해서 어떠한 영유아로 성장하기를 기대하는지에 대한 가치를 설정하는 것이라 할 수 있다.

보육의 목표는 보육의 목적을 이루기 위해 보다 구체적으로 설정한 목록으로 볼 수 있다. 예를 들면, 표준보육과정의 사회관계영역에서는 "나를 인식하고 다른 사람과 더불어 생활하는 경험을 한다", 의사소통영역에서는 "일상생활에 필요한 의사소통능력과 바른 언어 사용 습관을 기른다"와 같은 목표를 설정하고 있다. 목표는 보육과정이 완료되는 시점에 목표가 성취되었는지 관찰 또는 측정이 가능한 구체적인 진술로 표현한다. 즉, 목표는 보육과정에서 어떠한 활동을 계획하고 실행할 것인지에 대한 틀이 된다. 이와 같은 구체적인 보육의 목표들이 모이면 궁극적으로 도달해야 할 보육의 목적에 이르게 된다. 표 1-1은 우리나라 표준보육과정의 연령별, 영역별 보육 목적과 목표를 보여 준다.

보육의 목적과 목표를 설정하기 위해서는 다양한 요인들을 고려해야 한다. 국가적인 차원에서는 보육이념이나 보육정책, 영유아와 관련된 사회문화적인 요인 등에 따라 보육의 목적과 목표가 달라질 수 있다. 또한 지역사회 차원에서는 지역사회의 보육정책이나 이용 가능한 자원, 지역사회 주민의 요구 등에 따라 보육의 목적과 목표를 설정할 수 있다. 또한 각 어린이집마다 보육에 대한 철학이 다르기 때문에 보육의 목표가 달라질 수 있다. 마지막으로 보육의 목표는 영유아의 발달을 고려하여 이루어져야 한다. 또한 영유아들의 발달에는 상당한 개인차가 존재하며, 개별 영유

**표 1-1 | 표준보육과정의 목적 및 목표**

**0~1세, 2세 보육과정의 목적 및 목표**

| 목 적 | | |
|---|---|---|
| 영 · 유아의 심신의 건강과 전인적 발달을 도와 행복을 도모하며 민주시민의 기초를 형성하는 것을 목적으로 한다. | | |
| **목 표** | | |
| **관련 영역** | 0~1세 보육과정 | 2세 보육과정 |
| **기본생활** | 건강하고 안전한 일상생활을 경험한다. | 건강하고 안전한 생활습관의 기초를 마련한다. |
| **신체운동** | 감각 및 기본 신체운동능력을 기른다. | 감각, 신체조절 및 기본 운동능력을 기른다. |
| **의사소통** | 말소리를 구분하고 의사소통의 기초를 마련한다. | 의사소통능력의 기초를 기른다. |
| **사회관계** | 친숙한 사람과 관계를 형성한다. | 나를 인식하고 다른 사람과 더불어 생활하는 경험을 한다. |
| **예술경험** | 아름다움에 관심을 가진다. | 아름다움에 관심을 가지고 예술경험을 즐긴다. |
| **자연탐구** | 보고, 듣고, 만지면서 주변환경에 관심을 가진다. | 주변환경에 호기심을 가지고 탐색하기를 즐긴다. |

**3~5세 보육과정(누리과정)의 목적 및 목표**

| 목 적 | |
|---|---|
| 만 3~5세 유아의 심신의 건강과 조화로운 발달을 도와 민주시민의 기초를 형성하는 것을 목적으로 한다. | |
| **목 표** | |
| **관련 영역** | 3~5세 보육과정 |
| **신체운동 · 건강** | 기본 운동능력과 건강하고 안전한 생활습관을 기른다. |
| **의사소통** | 일상생활에 필요한 의사소통능력과 바른 언어 사용습관을 기른다. |
| **사회관계** | 자신을 존중하고 다른 사람과 더불어 생활하는 능력과 태도를 기른다. |
| **예술경험** | 아름다움에 관심을 가지고 예술경험을 즐기며, 창의적으로 표현하는 능력을 기른다. |
| **자연탐구** | 호기심을 가지고 주변세계를 탐구하며, 일상생활에서 수학적 · 과학적으로 생각하는 능력과 태도를 기른다. |

아의 관심과 흥미가 다르고, 영유아들이 처해 있는 상황도 다양하므로 보육의 목표는 영유아들의 다양한 요구를 반영할 수 있어야 한다.

## 2) 계획

보육과정의 목표가 수립되면 목표를 달성하기 위한 보육과정의 내용이 계획되어야 한다. 보육과정의 목표에 따른 주제와 구체적인 활동을 정하고, 일과를 계획하며, 어떠한 자원 또는 재료를 이용할 것인지, 환경구성을 어떻게 할 것인지 등을 결정해야 한다. 대부분의 어린이집에서 연간 보육계획과 월간 · 주간 · 일일 보육계획을 작성하는데, 이러한 보육계획은 주로 주제를 선정하는 것으로부터 시작된다. 주제 중심의 보육계획은 주제와 관련된 개념에 대한 풍부한 이해를 가능하게 한다는 장점이 있다. 발달 수준이 다른 영유아들에게는 서로 다른 수준의 주제를 제시해야 하며, 동일한 주제라 하더라도 주제에 포함된 개념이나 활동들이 달라야 한다.

주제가 선정되면, 각 주제에 적합한 활동을 선정해야 한다. 다양한 흥미영역의 활동이 포함되어야 하며, 여러 영역의 활동이 통합적으로 이루어지기도 한다. 또한 개별활동과 소집단활동 및 대집단활동이 균형을 이루어야 한다. 활동을 계획할 때 교사가 주도할 수도 있지만, 영유아 중심의 접근방법을 취할 수도 있다. 활동을 계획할 때 교사가 주도하게 되면, 교사의 철학이나 배경, 경험, 선호 등이 반영될 수 있다. 반면, 교사가 영유아들의 흥미와 관심, 요구 등을 파악하여 활동을 계획하는 데 반영할 수도 있다.

한편, 일과의 계획은 등원부터 하원하기까지 일어나는 활동들의 순서와 소요시간 등을 시간의 순서에 따라 배열함으로써 교사와 영유아로 하여금 일과를 예측가능하게 하고 미리 준비할 수 있게 해준다. 환경의 구성 역시 보육과정의 목표 및 영유아의 발달 수준에 적합하게 계획되어야 한다. 환경이 잘 조직화되어 영유아의 관심을 끌 수 있고, 밝고 청결하며 따뜻한 분위기로 구성된다면 영유아로 하여금 긍정적인 행동과 태도를 가능하게 할 뿐만 아니라 다양한 발달영역에서 학습의 기회를 제공할 수 있다(Eliason & Jenkins, 1999).

### 3) 실행

보육과정의 실행은 계획한 활동을 교사가 영유아에게 제공함으로써 학습이 일어나는 단계이다. 보육의 목적과 목표를 달성하기 위해서는 교사가 다양한 활동을 일관성 있게 지속적으로 조직하여 제공해야 한다. 이때 영유아가 활동에 관심을 가지고 능동적으로 참여할 수 있도록 하는 것이 중요하다. 이를 위해서는 영유아의 흥미를 끌 수 있는 다양한 기회를 주고 영유아가 자발적으로 선택할 수 있도록 해야 한다. 특히, 영유아의 발달 수준이나 개별 특성 등에 따라 계획한 활동에 수정이 필요하다면 융통성 있게 운영해야 한다. 즉, 영유아들은 발달 수준이나 개별적인 특성에 따라 각자 세상을 이해하는 방식이 다르고, 자신만의 방식으로 세상과 상호작용하면서 지식들을 구성해 나가므로 교사는 개별 영유아들에게 적합한 다양한 활동과 자료를 제공해야 하며, 동시에 다양한 교수방법을 활용할 수 있어야 한다. 미국유아교육협회NAEYC에서는 교사가 영유아들을 세심히 관찰함으로써 다음과 같은 다양한 교수방법들을 융통성 있게 사용해야 한다고 하였다.

- 영유아의 말과 행동을 그대로 받아들이기
- 단순한 칭찬이나 평가보다는 노력에 대해 격려하기
- 구체적으로 피드백하기
- 말보다는 행동으로 보여줌으로써 모델이 되기
- 정확한 방법을 직접 알려주기
- 영유아가 할 수 있는 것보다 더 도전적인 과제 제공하기
- 영유아의 사고를 확장시키기 위해 질문하기
- 단서나 힌트를 제공함으로써 도움 주기
- 정보 제공하기
- 행동 지시하기

한편, 영유아에게 적합한 보육과정은 놀이 중심으로 이루어져야 한다. 영유아의 놀이는 삶 그 자체라 할 수 있을 만큼 영유아들은 놀이를 좋아하며, 놀이를 통해 성장·발달한다. 영유아는 놀이를 하면서 신체적으로 성장하고, 주변 환경을 이해하며, 다른 사람과 상호작용하고, 자신의 감정을 표현하고 조절할 수 있으며, 문제해결능력을 키울 수 있다(NAEYC, 2009). 또한 영유아가 실제로 경험하는 것과 관련된 활동을 제공해야 한다. 영유아는 주변을 끊임없이 관찰하면서 감각을 통해 경험한 것에 근거하여 주변에서 일어나는 다양한 사건들이나 다른 사람, 사물 등에 대해 이해한다. 따라서 영유아의 경험에 중요한 영향을 미치는 가족, 또래, 교사와 보육환경, 지역사회에서 일어나는 직접적이고, 구체적인 주제들을 바탕으로 활동을 구성

할 때, 영유아에게 의미 있는 학습이 일어날 수 있다.

우리나라의 표준보육과정에서는 실행 단계에서 다음과 같은 방식으로 교수와 학습이 이루어질 것을 강조하고 있다.

- 주도적인 놀이를 중심으로 교수·학습활동이 이루어지도록 한다.
- 흥미를 중심으로 활동을 선택하고 지속할 수 있도록 한다.
- 생활 속 경험을 소재로 하여 지식, 기술, 바람직한 태도를 기르도록 한다.
- 교사와 신뢰감을 형성하고 개별적인 활동이 이루어지도록 한다.
- 교사, 환경, 또래와 능동적인 상호작용이 이루어지도록 한다.
- 주제를 중심으로 여러 활동이 통합적으로 이루어지도록 한다.
- 만 0~1세아, 만 2세아는 일상생활 및 개별활동, 휴식 등이 균형 있게 이루어지도록 한다.
- 만 3~5세아는 실내·실외활동, 정적·동적 활동, 대·소집단활동 및 개별활동, 일상생활 및 휴식 등이 균형 있게 이루어지도록 한다.

### 4) 평가

보육과정 평가는 보육과정의 목표가 성취되었는지 평가하는 단계이다. 보육과정의 평가는 기관, 교사, 영유아 등을 대상으로 이루어질 수 있다. 기관 평가는 어린이집의 보육과정의 목표에 근거하여 보육 내용이 적절히 계획 및 운영되었는지를 평가하는 것이다. 우리나라는 보육의 질적 수준 향상을 위해 2005년 어린이집 평가인증제도를 도입하여 어린이집의 보육환경을 비롯한 운영관리, 보육과정, 상호작용과 교수법, 건강과 영양, 안전 등의 항목에 대한 평가를 시행하고 있다. 한편, 교사 평가를 통해 교사의 자기 개발에 도움을 줌으로써 양질의 보육 프로그램을 실천할 수 있다. 교사 평가는 자기 평가 또는 동료 평가 등의 방법으로 이루어질 수 있는데, 평가에는 성공적인 수행에 대한 평가와 실패에 대한 평가가 모두 포함되어야 한다. 성공에 대한 평가를 통해 기관과 교사는 성취감을 가질 수 있으며, 실패에 대한 평가는 보완할 점에 대한 분석을 통해 다음 보육과정의 목표 설정과 계획에 반영할 수 있다.

영유아 평가는 영유아의 발달과 학습 내용을 평가하는 것을 포함한다. 영유아 평가는 영유아가 보육과정의 목적을 향해 얼마나 진보하였는지를 보여 줄 수 있을 뿐 아니라 교실 내에서 이루어진 경험들이 얼마나 효과적이었는지를 보여 준다. 영유아 평가는 영유아의 발달 수준에 적합한 방식의 다양한 방법으로 이루어질 수 있다. 영유아의 행동을 관찰하는 방법, 기록, 면접, 작품활동들을 수집한 포트폴리오 등이 영유아 평가를 위해 널리 사용되며, 표준화된 검사를 통해 영유아의 발달 수준이나 행동 특성 등을 평가할 수 있다. 영유아 평가를 통해 교사와 부모가 의사소통할 수 있으며, 교사 및 기관은 영유아 평가 결과를 반영하여 보육과정을 개선할 수 있다.

## 4. 보육과정의 기초

보육과정을 통해 특정한 교육적 성취를 이루기 위해서는 교육학적 요소와 이론적 전제, 정책 등이 보육과정에 반영되어야 한다(Spodek & Brown, 1993). 다음에서는 보육과정을 운영하는 데 고려할 수 있는 철학적 · 이론적 · 사회적 기초를 살펴보고자 한다.

### 1) 철학적 기초

수많은 철학자들이 영유아 또는 영유아교육에 대한 철학적 관점을 제시해왔고, 이러한 사상들은 현재까지도 영유아 보육과정을 운영하는 데 영향을 미치고 있다. 고대와 중세시대에는 영유아를 약한 존재로 보거나, 성인의 축소판으로 여겨 영유아가 존중받지 못하였다. 그러다가 17세기 후반부터 18세기에 걸쳐 계몽사상의 영향으로 인간의 존엄성이 부각되고, 영유아는 성인과는 다른 존재로 교육이 필요하다는 의식이 본격적으로 싹트기 시작했다. 이러한 가운데 영국의 철학자 로크Locke, 1632~1704는 인간은 백지상태tabula rasa로 태어나므로 어떠한 경험을 하는가에 따라서 선한 사람이 되거나 악한 사람이 될 수 있다고 보았다. 이와 같은 로크의 경험주의이론은 인간의 행동이 외부의 환경에 의해서 영향을 받는다는 학습이론에 영향을 미쳤다. 한편, 프랑스의 철학자 루소Rousseau, 1712~1778는 인간의 본성은 선하게 태어나므로 자연의 이치에 따른 적절한 교육을 통해 인간의 본성을 해치지 않아야 한다고 보았다. 그의 저서 《에밀Emile》은 에밀이라는 가상 인물의 발달단계에 따른 성장과정을 보여 주고 있는데, 아동존중사상과 자연주의교육의 중요성이 잘 드러나 있다.

로크

루소

19세기 이후에는 아동존중사상이 보다 확고해졌으며, 아동을 위한 교육 프로그램들이 활발히 개발되었다. 스위스의 교육자이자 근대교육의 아버지로 널리 알려져 있는 페스탈로치Pestalozzi, 1746~1827는 모든 인간은 교육받을 권리가 있다고 주장하였다. 그는 루소와 마찬가지로 아동의 발달단계에 따른 자연스러운 교육을 강조하였으며, 특히 아동이 스스로 발견하여 학습하는 것이 가장 효율적이라고 보았다. 페스탈로치의 영향을 받은 독일의 철학자이자 유아교육의 아버지라 불리는 프뢰벨Frobel, 1782~1852은 1837년에 '킨더가르텐kindergarten'이라는 말을 최초로 사용하여 유치원을 설립하고, 놀이 중심의 교육과정을 개발하였다. 그는 아동에게는 타고난 능력이 있다고 보았으며, 이를 계발하기 위해서 '은물gift'이라는 놀잇감을 고안하여 아동이 자유롭게 내면을 표현하는 창조적인 활동을 할 수 있도록 하여 아동의 타고난 능력이 자연스럽게 발휘되도록 해야 한다고 보았다. 한편, 몬테소리Montessori,

페스탈로치

프뢰벨

몬테소리

1870~1952는 이탈리아 최초의 여의사로 로마의 빈민가에 '까사 데 밤비니Casa dei Bambini'라는 아동들을 위한 집을 설립하고 오늘날 몬테소리교육이라 불리는 교육을 실시하였다. 몬테소리는 감각을 통한 활동을 통해 인지발달이 가장 잘 이루어질 수 있다고 보고, 감각교육을 위한 교구를 개발하여 아동이 자율성을 가지고 스스로 교육하는 것을 강조하였다. 또한 아동은 특정한 행동을 쉽게 배울 수 있는 민감기가 있어서 이 시기에는 환경을 자연스럽게 흡수하여 자신의 지식을 구조화할 수 있다고 보았다.

## 2) 이론적 기초

영유아기는 발달의 기초가 형성되는 중요한 시기이다. 20세기에 등장한 발달이론들은 인간의 발달을 다양한 방식으로 설명하고 있어 보육과정에 대한 이론적인 틀을 제공해 준다. 이러한 발달이론 중에서 세 가지의 이론적인 틀이 주로 보육과정에 반영되는데, 영유아의 개별적인 발달을 중요시하며 사회화에 초점을 둔 보육과정, 행동주의에 근거하여 환경의 영향을 중요시하며 직접적인 교수를 강조하는 보육과정 및 개인과 환경의 상호작용을 중요하게 여기는 구성주의이론에 근거한 보육과정을 들 수 있다(Frede & Ackerman, 2007). 다음에서는 성숙주의이론과 행동주의이론, 구성주의이론, 그리고 정신분석이론에 대해 살펴보고 보육과정을 운영하는 데 어떠한 시사점을 줄 수 있는지 살펴보고자 한다.

### (1) 성숙주의이론

성숙주의이론은 인간의 성장은 미리 예정된 단계에 따라 진행된다고 본다. 성숙주의이론의 대표적인 학자인 게젤Arnold Gesell, 1880~1961은 '아동연구운동'의 창시자인 홀Stanley Hall, 1844~1924의 제자이다. 홀은 아동을 관찰하여 연구하는 방법으로 이후 많은 연구자들에게 영향을 미쳤다. 게젤 역시 홀의 영향을 받아 아동발달연구소를 설립하여 체계적이고 과학적인 방법으로 아동을 연구하였다. 그는 발달이 '성숙maturation'이라는 내적인 힘에 의해 이루어진다고 보고, 연령에 따라 특정 행동의 발달이 이루어지는 과정을 보여 주는 발달규준norm을 만드는 데 많은 노력을 기울였다.

성숙주의이론에 따르면 영유아는 발달하고자 하는 내적 동기가 있으며, 연령에 따라 예정된 성숙이 이루어져야만 발달할 수 있다고 본다. 또한 이러한 과정을 통해 영유아가 사회화socialization되는 것이 중요하다고 본다. 성숙주의이론에 근거한 보육과정에서는 영유아가 스스로 학습을 이끌어 낸다고 보고, 발달적인 준비가 이루어졌을 때 교사가 적절한 자료를 제공하고 영유아가 선택할 수 있도록 도와줌으로써 학습이 일어난다고 보았다. 따라서 구조화되지 않은 교실에서 구조화되지 않은 놀이를 할 수 있도록 환경을 구성해야 하며, 교사에게 많은 자율성이 주어져서 그 동안의 경험이나 창의력, 또는 영유아의 발달을 얼마나 이해하고 있는지에 따라 교사가 활동을 계획할 수 있도록 한다. 또한 동일한 연령의 영유아라 하더라도 예정된 발달이 다르므로 보육과정의 내용이나 활동은 영유아 개개인의 관심과 욕구에 기초해야 한다는 것을 강조한다(Frede & Ackerman, 2007).

### (2) 행동주의이론

행동주의는 인간의 발달은 과학적인 방법, 즉 눈에 보이는 행동을 통해 연구해야 한다는 것을 강조하며, 인간에게 주어지는 자극과 반응의 관계로 인간의 발달을 설명하고자 하였다. 개 실험을 통해 중립자극종소리이 무조건자극음식과 연합하여 새로운 반응종소리만 듣고 침 분비이 학습될 수 있다는 것을 밝혀낸 파블로프Pavlov의 고전적 조건형성 실험을 인간의 행동에 적용한 왓슨John B. Watson, 1878~1958은 인간의 발달에 있어서 외부 환경과 경험이 결정적인 역할을 한다는 것을 강조하였다. 그는 "나에게 12명의 아이를 준다면 그들을 자신이 원하는 대로 의사든, 변호사든, 도둑이든, 거지든 무엇이든 만들 수 있다"고 할 정도로 환경주의를 강조하여 인간의 모든 행동은 학습된다고 보았다.

파블로프

왓슨

한편, 조작적 조건형성이론을 발표한 스키너B. F. Skinner, 1904~1991는 스키너 상자 실험을 통해 쥐가 우연한 행동을 했을 때 강화가 주어지면 그 행동을 반복하게 된다는 것을 밝혀내었다. 이

스키너

반두라

를 인간에게 적용하여 강화가 주어지면 어떠한 행동이 일어날 가능성이 증가한다고 보고, 아동에게 칭찬이나 장난감과 같은 강화물을 주는 것이 바람직한 행동을 조성할 수 있다고 보았다. 반두라Albert Bandura, 1925~는 보보인형 실험을 통해 아동이 다른 사람이 공격적인 행동을 하는 것을 모방하여 학습할 수 있다고 보았다. 즉, 학습은 외적인 강화 없이 관찰과 모방을 통해서 이루어질 수 있다는 사회학습이론을 주장하였다. 또한 아동이 모델의 행동을 단순히 관찰, 모방하는 것이 아니라 인지적으로 판단하고, 해석함으로써 자신의 행동으로 재구성한다고 보았다.

행동주의와 사회학습이론을 종합해보면, 학습은 대부분 환경에 의한 자극이 주어졌을 때 이에 대한 반응으로 일어난다고 본다. 이러한 접근에 따른 보육과정에서는 교사의 역할이 매우 중요한데, 체계화된 보육환경을 구성하고, 구조화된 수업을 하여 효율적인 학습이 이루어질 수 있도록 해야 한다. 또한 아동의 성취나 노력, 행동 등에 대해 적절한 강화를 해야 한다. 더불어 영유아는 교사나 다른 사람들을 모방하여 학습하기도 하는데, 이때 말이나 행동뿐만 아니라 태도도 학습할 수 있다. 성숙주의이론에 근거한 보육과정과는 달리 모든 보육과정이 구조화되어 있으므로, 교사의 경험이나 능력에 따른 차이가 적으며, 모든 영유아들이 일관성 있는 학습을 할 수 있다고 본다.

### (3) 구성주의이론

구성주의이론은 행동주의이론과 성숙주의이론의 중간적인 입장을 취한다. 대표적인 학자로는 피아제Jean Piaget, 1896~1980와 비고츠키Lev Vygotsky, 1896~1934를 들 수 있다. 피아제는 영유아의 사고방식이 성인의 사고방식과는 다르다고 보고 감각운동기, 전조작기, 구체적 조작기, 형식적 조작기의 네 가지 수준의 인지발달단계를 제시하였다. 영유아는 자신의 인지구조와 환경이 일치하지 않으면 불균형한 상태를 경험하게 되는데, 이때 동화와 조절이라는 적응과정을 거쳐 인지구조, 즉 도식을 재구조화하면서 균형상태를 이루게 된다. 피아제는 영유아는 환경과의 불균형 및 균형상태를 반복하면서 자신의 지식을 스스로 구성해 나간다고 보았다.

피아제

비고츠키

한편, 비고츠키는 인지발달에 있어서 사회문화적 요인을 강조하였다. 그는 영유아가 실제 수행할 수 있는 수준과 도움을 받아 수행할 수 있는 잠재적인 수준 간에 차이가 있다고 보고, 이를 '근접발달지대ZPD : Zone of Proximal Development'라는 개념으로 설명하였다. 이때 영유아가 잠재적인 발달 수준에 이를 수 있도록 하기 위해서 성인이나 유능한 또래가 도움을 줄 수 있다고 보았으며, 이를 '비계설정scaffolding'이라고 하였다. 즉, 영유아의 인지발달을 도와주기 위해서는 다양한 경험을 제공하여 발달을 지원하는 것이 중요하다.

구성주의이론에 근거한 보육과정에서는 영유아와 그들을 둘러싼 환경 간의 역동적인 상호작용을 통해 학습이 일어난다고 본다. 교사는 영유아의 추론능력이나 문제해결능력을 길러주기 위한 활동을 제시해 줄 수 있다. 그러나 더 중요한 것은 영유아가 스스로 계획한 활동을 할 때 교사가 영유아와 함께 상호작용함으로써 새로운 아이디어를 가질 수 있도록 하는 것이 학습을 도모할 수 있다고 본다. 즉, 교사는 영유아를 끊임없이 격려하고 지지함으로써, 영유아가 능동적인 학습자가 될 수 있도록 해야 한다. 또래들 간의 상호작용 역시 학습과정에 있어서 매우 중요하며, 특히 또래와의 협동학습을 통해 인지적인 학습뿐만 아니라 다른 사람의 관점을 이해하는 능력, 의사소통 기술 등을 발달시킬 수 있다. 이와 같이 구성주의이론을 보육과정에 반영한다면, 교사는 영유아의 욕구와 흥미에 적합한 활동과 다른 사람들 또는 지역사회환경과 상호작용할 수 있는 기회를 만들어야 한다.

### (4) 정신분석이론

정신분석이론의 창시자인 프로이트Sigmund Freud, 1856~1939는 인간 행동의 많은 부분이 무의식의 지배를 받는다고 보았다. 또한 인간의 발달에 따라 구강기, 항문

프로이트

에릭슨

기, 남근기, 잠복기, 성기기의 다섯 단계로 이루어진 심리성적 단계를 제시하고, 각 단계의 욕구가 충족되어야 정상적인 성격발달이 이루어질 수 있다고 보았다. 프로이트는 초기의 경험, 특히 부모-자녀관계의 중요성을 강조하였고, 놀이를 통해 내적 갈등이나 불안을 해소하고, 즐거운 경험을 할 수 있다고 하였다. 프로이트의 이론이 심리성적 이론이라면 에릭슨Erik Erikson, 1902~1994은 사회적 요인을 강조한 심리사회적 이론을 제시하고, 인간의 발달은 내적 요인과 사회문화적 요인이 서로 상호작용하여 이루어진다고 보았다. 또한 그는 인간의 발달단계를 8개의 단계로 나누고, 각 단계마다 발달 위기가 있는데, 위기를 잘 극복하게 되면 발달과업을 성취할 수 있다고 보았다.

정신분석이론이 보육과정에 주는 시사점으로는 각 발달단계마다 영유아가 성취해야 할 발달과업이 있으므로 보육과정에 이를 적용해야 한다는 것이다. 에릭슨은 생후 1년 동안은 양육자가 영아에게 따뜻한 보살핌과 사랑을 줌으로써 영아가 신뢰감을 가질 수 있도록 하는 것이 중요하며, 그 다음해 동안은 영아가 스스로 무엇인가를 해볼 수 있도록 격려하여 자율성을 획득할 수 있도록 해야 한다고 보았다. 또한 프로이트에 따르면 구강기 동안에 입 주변에서 만족을 느끼지 못하면 그 단계에 고착될 수 있다고 보았다. 이와 같이 각 발달단계에서 중요하게 다루어야 할 발달과업이 다르므로 이를 고려한 보육과정을 구성해야 한다. 또한 초기 경험의 중요성, 놀이의 중요성 등도 보육과정 운영에 시사하는 바가 있으며, 인성이나 사회정서의 발달을 강조한 점도 시사하는 바가 크다.

## 3) 사회적 배경

### (1) 여성의 경제활동 참여 증가

현대사회는 고도의 경제 성장으로 많은 노동력이 필요하게 되었고, 여성들의 학력이 높아지고 자아실현의 욕구가 강해지면서 여성의 경제활동 참여율이 증가하게 되었다. 우리나라 여성의 경제활동 참여율은 2013년 기준으로 50.2%에 이르고 있으며, 유배우가구 가운데 맞벌이가구는 42.9%인 것으로 나타났다(통계청, 2013).

여성의 경제활동이 많아지는 한편, 가족의 구조가 기존의 대가족에서 핵가족이 보편화되고 있어 가족 내의 자녀양육 기능이 약해진 것이 사실이다. 일과 가정의 양립문제를 겪고 있는 여성들은 육아 부담으로 인해 직장을 그만두거나, 출산을 기피함으로써 저출산문제가 국가적인 차원에서 우려할 정도가 되었다. 이는 여성의 경제활동 참여율이 2004년 49.9%에서 2005년 처음으로 50%대50.1%를 넘어선 뒤 약 10년간 제자리걸음을 하고 있는 것에서도 잘 나타난다. 또한 여성의 경제활동 참여율을 연령대별로 보면, 25~29세 때 71.8%로 가장 높았다가 출산과 육아 시기인 30~34세58.4%와 35~39세55.5% 때 하락하고 그 이후부터 50대 초반까지 60%대를 유지하고 있다. 그림 1-5에서 볼 수 있듯이 우리나라 여성은 20대 후반에는 경제활동 참여율이 높다가, 출산과 육아를 하는 시기인 30대에는 감소, 40대에 다시 증가하는 M자 곡선을 보이고 있다. 이와 같이 여성들의 경력이 단절되는 주된 이유는 결혼45.9%이나 육아29.2%, 임신과 출산21.2% 등인 것으로 나타났다(통계청, 2013). 이상에서 살펴본 바와 같이 여성의 경제활동 참여로 인해 자녀를 양육하는 것이 큰 부담이 되었고, 육아부담은 여성의 경력 단절이나 저출산 등의 심각한 문제로 이어지고 있다. 이는 결국 국가의 성장 면에서도 걸림돌이 될 수 있으므로 국가에서 가정의 육아 부담을 덜어주어야 한다는 인식이 강화되고 있다.

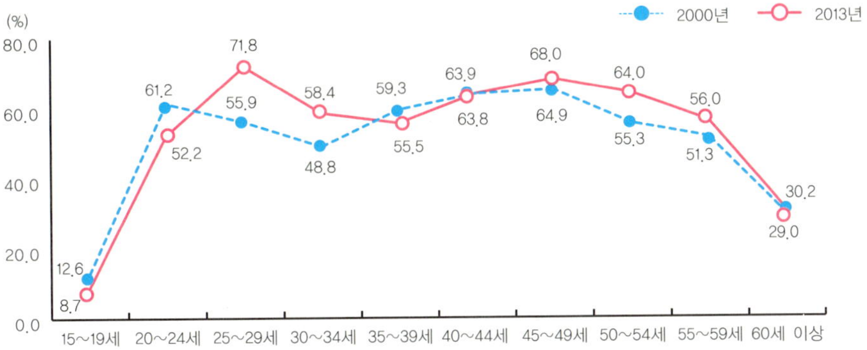


그림 1-5 | 여성의 경제활동 참여율

출처 : 통계청(2013).

### (2) 다양한 가족 형태 등장

현대사회는 다양한 가족 유형들이 증가하고 있다. 한부모가족이나 재혼가족, 미혼모가족, 입양가족, 조손가정, 다문화가정 등 과거에는 많지 않았던 가족 유형들이 일반적인 가족 유형의 형태로 자리 잡고 있다. 한부모가족을 예로 들어 보면, 1995년 전체가구 대비 한부모가구가 7.4%였던 것에서 꾸준히 증가하여 2013년에는 9.4%에 이르고 있다표 1-2. 또한 한부모가족이 형성된 요인을 보면, 1995년에는 가장 큰 요인이 사별이었던 것에 반해, 2010년에는 이혼이 가장 큰 요인인 것으로 밝혀져 가족에 대한 가치관이 크게 변화하고 있음을 알 수 있다표 1-3.

**표 1-2 | 한부모가족 현황**

(단위 : 1,000가구, %)

| 연도 | 총가구수 | 한부모가구 | | |
|---|---|---|---|---|
| | | 계 | 모자가구 | 부자가구 |
| 1995 | 12,958 | 960(7.4) | 788(82.0) | 172(18.0) |
| 2000 | 14,312 | 1,124(7.9) | 904(80.0) | 220(20.0) |
| 2005 | 15,887 | 1,370(8.6) | 1,083(79.0) | 287(21.0) |
| 2010 | 17,339 | 1,594(9.2) | 1,247(78.0) | 347(22.0) |
| 2011 | 17,687 | 1,639(9.3) | 1,278(78.0) | 361(22.0) |
| 2012 | 17,951 | 1,677(9.3) | 1,304(77.8) | 373(22.2) |
| 2013 | 18,206 | 1,714(9.4) | 1,329(77.5) | 385(22.5) |

※ 전체가구 대비 한부모가구 비율임

출처 : 여성가족부(2014).

**표 1-3 | 한부모가족 형성요인별 현황**

(단위 : 1,000가구, %)

| 연도 | 총가구수 | 한부모가구 | | | | | 한부모가구 비율 |
|---|---|---|---|---|---|---|---|
| | | 사별 | 이혼 | 미혼 | 유배우 | 계 | |
| 1995 | 12,958 | 526(54.8) | 124(12.9) | 94(9.8) | 216(225) | 960(100) | 7.4 |
| 2000 | 14,312 | 502(44.7) | 246(21.9) | 123(10.9) | 253(22.5) | 1,124(100) | 7.9 |
| 2005 | 15,887 | 501(36.6) | 399(29.1) | 142(10.4) | 328(23.9) | 1,370(100) | 8.6 |
| 2010 | 17,339 | 474(29.7) | 523(32.8) | 185(11.6) | 413(25.9) | 1,594(100) | 9.2 |

출처 : 여성가족부(2014).

한편, 최근 다문화가족의 증가로 다문화가족은 우리 사회의 중요한 구성원으로 여겨지고 있다. 그러나 다문화가족 구성원의 적응문제는 지속적으로 해결해나가야 할 문제로 남아 있는데, 최근에는 보육과정에도 다양성에 대한 이해와 함께 다양한 사람들과 함께 어울려 지낼 수 있는 내용이 포함되고 있다. 다양한 유형의 가족들은 자녀양육과 교육에 어려움을 겪는 경우가 많아, 지역사회와 국가적 차원에서 함께 고민해야 할 일이 되었다. 또한 가족의 구조와 기능이 다양화되고 있다는 것은 이들 가족의 다양한 수요를 충족할 수 있는 보육 서비스가 요구된다는 것을 의미한다.

### (3) 보육의 공공성 강화

핵가족이 보편화되고, 여성의 경제활동이 증가하면서, 그리고 다양한 가족 형태가 등장하면서 가족의 구조와 기능은 크게 변화되어 가고 있다. 이로 인해 가족의 자녀양육 기능이 약해지고, 저출산문제가 심각해지면 결국 국가경쟁력에 영향을 미치게 되므로, 영유아를 돌보고 교육하는 것을 개별 가정의 책임으로 떠넘기기보다 국가가 책임져야 한다는 인식이 강화되고 있다. 이는 1991년 제정된 「영유아보육법」에 보육에 대한 정부 참여와 보육의 질적 수준 향상에 대한 요구를 반영하여 2004년 전면 개정된 「영유아보육법」의 주요 방향에서도 잘 드러나고 있다. 개정 「영유아보육법」에서는 보편주의 보육이념을 도입하고, 보육의 공공성 및 사회적 책임의 강화, 보육의 전문성 제고 등을 강조하고 있다. 표 1-4는 「영유아보육법」의 주요 개정사항을 보여 주며, 이는 보육에 대한 관점의 변화를 잘 보여 준다.

2006년 11월에는 어린이집 표준보육과정과 관련된 「영유아보육법」 시행규칙 조항이 일부 개정되었다. 표준보육과정은 어린이집의 만 0~5세 영유아들에게 국가수준에서 제공하는 보편적이고 공통적인 보육의 목표와 내용을 제시한 것으로 이를 시행함으로써 영유아의 전인적 발달과 우리 문화에 적합한 내용을 일관성 있고 연계적으로 실천하며, 궁극적으로 사회에서 추구하는 인간상을 구현하고 전국 어린이집의 질적 수준을 높이는 데 기여하게 되었다. 또한 2013년부터는 소득 수준에 관계없이 어린이집을 이용하는 모든 만 0~5세 영유아의 보육료를 지원하여 모든 영유아가 차별 없이 보육 서비스를 이용하도록 하여, 보육의 공적 책임을 강화하고 있다.

**표 1-4** | 영유아보육법 주요 개정사항

| 구분 | 내용 |
|---|---|
| 보육목적 | • 선별적 보육에서 보편적 보육으로 모든 영유아를 대상으로 함 |
| 어린이집의 종류 | • 민간시설을 법인어린이집과 민간어린이집으로 분리<br>• 부모협동어린이집 추가 |
| 어린이집 인가 | • 어린이집 설치 시 기존의 신고제에서 인가제로 환원 |
| 보육교사 자격 | • 관련 학과 졸업에서 관련 교과목 및 학점 이수제로 변화<br>• 보육교사 자격을 검정하고 자격증 교부<br>• 보육교사 경력을 정부(지방자치단체)에서 관리 |
| 어린이집 운영위원회 | • 보육교직원, 보호자 대표, 지역사회 인사로 어린이집 운영위원회를 구성하여 지역사회 연계 및 투명성 강화 |
| 어린이집 평가인증 | • 보육 서비스의 질적 수준 향상을 위해 어린이집 평가인증제 도입 |
| 보육개발원 설치 | • 보육에 관한 정책연구, 프로그램 개발 등을 총괄할 보육개발원 설치 |

출처 : 유희정 · 김은설 · 유은영(2006), p. 29.

## 5. 보육과정에 대한 관점의 변화

역사적으로 영유아에 대한 관점은 약하고 보잘 것 없는 존재에서 소중한 존재로, 성인의 축소판에 불과하다고 보던 것에서 영유아기만의 특성을 지닌 존재로 변화하게 되었다. 뿐만 아니라 영유아의 발달에 대한 다양한 이론들의 등장과 사회적 여건의 변화로 인해 보육과정에 대한 관점도 변화해 왔다. 다음에서는 현재의 보육과정에 대한 관점을 영유아 중심의 보육과정, 보편주의와 다양성을 반영한 보육과정의 측면에서 살펴보겠다.

### 1) 영유아 중심의 보육과정

영유아 중심의 환경이란 영유아가 스스로 선택할 수 있는 다양한 기회를 제공하고, 놀이나 탐색, 발견 등을 통한 학습이 이루어지도록 격려하는 것을 말한다(Eliason & Jenkins, 1999). 또한 영유아 중심의 보육과정에서는 개별 영유아의 능력과 특성을 존중하여, 모든 영유아에게 획일적인 보육과정을 적용하는 것이 아니라 개별 영유아의 발달을 도모할 수 있는 보육과정으로 융통성 있게 활용하게 된다.

또한 영유아 중심의 보육과정에서는 교사가 일방적으로 보육과정을 계획하고, 실행하는 것이 아니라 영유아가 이 과정에 능동적으로 참여해야 한다. 즉, 교실에서 일어나는 교수-학습과정에 영유아의 생각이나 관심, 흥미 등이 적극적으로 반영되어야 한다. 따라서 영유아에게 동기를 부여하고, 영유아들이 개별적인 요구에 따라 선택할 수 있도록 다양한 경험을 제공하는 보육과정으로 운영되어야 한다.

### 2) 보편주의를 반영한 보육과정

우리나라 초기의 보육은 저소득층 가족 또는 맞벌이 부부 가족을 위한 보충적 복지 서비스였다. 즉, 돌봐줄 사람이 없는 영유아를 대신 돌보는 대리양육의 개념이 강했다. 그러나 현재는 누구나 동일한 보육 서비스를 받을 권리가 있다는 인식이 증가하면서 보육을 보편적 복지로서 이해하게 되었다. 모든 아동에게 동등한 기회를 제공함으로써 잠재력을 계발할 수 있도록 하는 것이 보육의 중요한 이념이 되었다.

### 3) 다양성을 반영한 보육과정

현대사회는 획일성보다는 개인의 다양성이 존중되는 사회이다. 다양한 가족 형태가 등장하고, 서로 다른 능력과 특성을 지닌 영유아들의 개별적인 요구가 수용되는 보육과정이 필요하다. 또한 보육과정의 내용에서 영유아들이 다양성을 자연스럽게 여길 수 있도록 하는 교육이 포함되어야 한다. 영유아기는 다양한 민족이나 인종, 성, 능력, 계층 등에 대한 사회적 편견이나 고정관념을 받아들이기 시작하는 시기로 다양성에 대한 이해와 함께 다양한 사람들이 함께 어울려 살아가야 함을 교육하기에 가장 적절하다(김숙자 · 김윤이, 2011). 특히, 유아들이 다양한 가족 유형에 대해서 가족이란 혼인과 혈연으로 맺어진 집단이라는 전통적인 가족 개념보다는 다양한 가족구성 형태를 인식하고 개방적인 가치관을 가질 수 있도록 함으로써 나와 다른 개인 또는 집단을 존중하는 자세를 갖도록 하는 교육이 필요하다(김성숙 · 강현경, 2012).

Childcare Curriculum

# 다양한 보육 프로그램

Chapter 2

1. 프로젝트 접근법
2. 레지오 에밀리아 접근법
3. 몬테소리교육
4. 발도르프 프로그램
5. 생태유아교육

# 2

본 장에서는 영유아를 대상으로 개발된 다양한 보육 프로그램들에 대해 알아보고자 한다. 프로젝트 접근법, 레지오 에밀리아 접근법, 몬테소리교육, 발도르프 프로그램, 생태유아교육 등 보육현장에서 관심을 받고 있는 다양한 보육 프로그램의 배경, 교육 목표 및 원리, 교육과정에 대해 알아봄으로써, 우수한 보육과정을 계획할 수 있는 기초를 제공하고자 한다.

# 1. 프로젝트 접근법

프로젝트 접근법은 통합적인 교육과정을 제공하고, 유아들의 능동적인 학습이 이루어질 수 있는 교수-학습방법으로 관심을 받고 있다. 카츠와 차드Katz & Chard에 의해 재조명된 프로젝트 접근법에 대해 본 절에서 알아보고자 한다.

## 1) 프로그램 접근법의 배경

프로젝트에 의한 학습방법은 1830년대 실생활 중심의 활동을 통한 교육방법을 시도한 코벳Cobbet의 교육방법에서 기원을 찾을 수 있다(Stewart, 1986). 이후 듀이Dewey는 1886년에 설립한 실험학교에서 활동 중심의 교육방법을 실현하였으며, 듀이가 제안한 교육과정은 전통적인 교과목 중심이 아닌 프로젝트 형식의 워크숍과 유사하였다(이경숙, 2008). 이러한 듀이의 진보주의사상과 생활 중심 · 유아 중심 교육철학이 프로젝트 접근법의 이론적 토대가 되었고(이대균 외, 2013), 이후 1919년 킬패트릭Kilpatrick은 《The project method: the use of the purposeful act in the educative process》라는 저술을 발표하여 듀이의 교육철학을 발전시킨 프로젝트 학습활동을 구체화시켰다.

프로젝트법project method은 듀이와 킬패트릭에 의해 학습자의 능동적인 활동을 통한 학습방법으로 이론적 토대를 갖추고 체계화되었으며, 이후 학문 중심의 교육과정이 강조되면서 쇠퇴하다가 1960년대와 70년대 초반에 지나치게 정형화된 교육과정에 대한 비판으로 등장한 미국의 '열린 교육'에서 핵심적인 부분을 차지하였다(고지희, 2007). 현대에 이르러 카츠와 차드(1989)에 의해 유아교육 분야에 재소개되었으며, 이들은 지난 20년 동안 이루어진 프로젝트 활동과 관련된 연구에서 프로젝트에 의한 학습활동이 유아의 지적 · 정서적 발달을 저해하기보다는 바람직한 영향을 미친다는 것을 확인하였다. 카츠와 차드는 프로젝트란 "한 명 또는 그 이상의 유아들이 책임을 지고 특별한 주제를 깊이 있게 연구하는 것"이라고 정의하였으며, '프로젝트 접근법project approach'이란 용어로 재조직하였다(Katz & Chard, 1989). 우리나라에서는 1990년대에 차드의 저서가 출간되고, 차드가 방문하여 워크숍을 통해 프로젝트 접근법을 소개하면서 관심이 증가하였다(김미화, 2013).

## 2) 교육 원리 및 교육 목표

프로젝트 접근법의 목적은 유아의 정신mind 계발에 있으며, 정신은 지식, 기능뿐 아니라 정서적 · 도덕적 · 심미적 감수성을 포함하고, 주변세계에 대한 유아의 이해를 증진시키며 학습하고자 하는 성향을 키우는 것을 주목적으로 한다(Katz & Chard, 1989). 프로젝트 접근법의 목적을 정리하면 다음과 같다(김미화, 2013). 첫째, 주변세계에 대한 유아의 이해를 증진시키고, 학습하고자 하는 성향을 개발한다. 둘째, 체계적 교수나 놀이를 통해 학습한 것을 프로젝트 활동으로 보완 · 강화한다. 셋째, 유아의 실제 경험과 학습이 분리되지 않도록 연계시킨다. 넷째, 유아가 속한 집단에 대한 소속감과 공동체의식을 발달시킨다. 다섯째, 교사는 도전의식을 가지고 자신의 역할을 수행한다.

이러한 목적을 달성하기 위한 프로젝트 접근법의 학습 목표는 지식의 획득**사회적, 물리적, 논리 · 수학적 지식, 개념, 정보 등**, 기능의 획득**문해 기술, 셈하기, 자르기, 그리기, 순서 지키기, 친구 사귀기, 의사소통하기 등**, 성향의 발달**협동하기, 자발적이고 지속적인 몰입과 흥미 가지기, 문제해결하기 등**, 정서의 발달**자존감, 소속감, 자신감 등**로 이루어진다(이대균 외, 2013). 첫째, 유아들은 주제에 대한 새로운 정보를 조사하고 이에 대한 토의를 통해 다양한 지식을 습득하게 된다. 둘째, 기술의 범주에는 프로젝트 수행과정에서 읽고 쓰기 및 셈하기 등 학문적 기능, 차례 지키기 및 협상하기 등의 사회적 역량, 의사소통능력이 포함된다(Katz & Chard, 1989). 셋째, 프로젝트를 탐구하면서 다양한 상황에서 이루어지는 경험을 통해 협동하기, 몰입하기, 문제 해결하기 등의 태도와 습관을 형성하는 것을 목표로 한다. 넷째, 정서의 발달은 자존감, 소속감, 자신감, 안정감 등 긍정적인 정서를 느끼는 것을 목표로 한다.

위의 교육 목표를 달성하기 위한 프로젝트 접근법의 특성은 다음과 같다(Chard, 1992 ; Katz & Chard, 1989).

첫째, 프로젝트 접근법은 교사와 유아에 의해 이루어지는 학습 내용 선정방법과 시작–전개–마무리로 이어지는 교수 · 학습방법을 제시하는 교육방법론적 이론이다. 둘째, 위에서 제시한 학습 목표에서 드러나듯 지식, 기능, 성향, 정서의 상호보완적 · 유기적 관계를 통해 인격적 통합을 목표로 한다. 예를 들면, 주제와 관련된 정보를 얻기 위해 책을 찾아보면서 조사하는 과정에서 읽기를 좋아하는 성향이 생기고, 이러한 성향은 읽기 기능을 촉진하게 되며 자신감을 느끼게 한다. 이와 같이 지식, 기능, 성향, 정서는 유기적으로 영향을 주고받으며 발달하게 된다.

셋째, 학습 내용은 유아에게 유의미한 활동이어야 한다. 유아들의 이전 경험 및 지식에 기초한 학습 내용을 선정하고 다양한 학습활동이 이루어지도록 함으로써, 유아에게 의미 있는 활동이 될 수 있도록 진행한다.

넷째, 교수 · 학습방법에서 프로젝트 접근법은 준비 및 시작–전개–마무리의 3단계로 이루어지며, 각 단계마다 활동 내용이 다르고 교사의 역할이 달라진다. 각 단계를 토의, 현장활동, 표현, 조사, 전시로 구조화하여 다양한 활동을 제시하고 교사는 유아들의 활동을 촉진시키는 역할을 한다.

다섯째, 프로젝트 접근법은 유아의 부모, 주변 사람들, 지역사회 구성원 등과 협력적 관계를 통해 효율적인 교육을 위한 연계를 필요로 한다. 부모로부터 활동에 필요한 자원을 지원받고, 지역사회 전문가를 초빙하거나 기관에 현장 견학을 가기도 하는 등 다양한 연계방법을 모색한다.

여섯째, 프로젝트 접근법에서는 교사와 유아, 유아와 유아 간의 적극적인 상호작용과 협동적 학습이 이루어진다. 이러한 협력학습을 통해 공동의 목적을 달성하기 위해 노력한다.

### 3) 프로젝트 전개과정

표 2–1은 프로젝트 접근법에서 가장 빈번하게 이루어지는 교수–학습방법인 토의, 현장활동, 표현, 조사, 전시가 단계별로 어떻게 이루어지는지 구조적 특성을 알려준다.

표 2-1 | 프로젝트 접근법의 구조적 특성

| 단계 / 활동 | 1단계<br>프로젝트의 시작 | 2단계<br>프로젝트의 전개 | 3단계<br>프로젝트의 마무리 |
|---|---|---|---|
| 토의 | 주제에 대한 이전 경험과 현재의 지식을 상호 공유하기 | • 현장활동과 면담을 위한 준비<br>• 현장활동 검토 : 2차적 자원으로부터의 학습 | • 프로젝트 전 과정을 주변 사람들과 나누기 위한 준비<br>• 프로젝트의 검토와 평가 |
| 현장활동 | 주제와 관련된 경험에 대해 부모와 함께 이야기 나누기 | • 조사를 위해 현장으로 나가기<br>• 교실이나 현장에서 전문가와의 만남 | 외부 사람의 눈을 통한 프로젝트 평가 |
| 표현 | 이전 경험과 현재 지식을 교사나 친구들과 상호 공유하기 위한 그림 그리기, 쓰기, 극화 놀이 등의 활동 | • 간단한 현장 스케치<br>• 새롭게 학습한 것을 그리기, 쓰기, 수 다이어그램, 지도 작성하기 등의 표현 | 관심을 가진 다른 사람들에게 설명하기 위하여 전 과정을 요약정리 |
| 조사 | 현재 지식에 기초하여 질문 만들기 | • 초기에 작성된 질문에 대한 조사<br>• 책을 통한 연구<br>• 보다 발전되고 진화된 질문 제기 | 새로운 질문거리에 대한 고찰 |
| 전시 | 주제에 대하여 개인적으로 표현한 것을 함께 보며 생각이나 지식을 상호 공유하기 | • 새로운 경험과 지식에 대해 표현한 것 상호 공유하기<br>• 프로젝트 활동에 대한 계속적인 보고 | 프로젝트 전 과정을 통해 이루어진 학습 요약 |

출처 : Chard(1992) 저, 지옥정 역(1995), 프로젝트 접근법 : 교사를 위한 실행 지침서.

### (1) 준비 및 시작단계

#### ① 주제 선정

프로젝트 접근법을 시작하기 전에 주제를 선정하는데, 다음과 같은 요소들을 고려하여 주제를 선정하도록 한다(Katz & Chard, 1989). 먼저 주제는 유아의 생활과 관련성이 있는 친숙한 주제로 하며 주제를 탐색하기 위한 자료나 전문가, 견학할 수 있는 현장 등이 가까이 있어야 한다. 또한 유아가 흥미로워 하는 동시에 성인이 보기에 가치 있는 것으로 여러 교과영역을 통합적으로 다룰 수 있어야 하며, 유아들 간의 협동의 기회를 제공하는 주제여야 한다.

#### ② 교사의 주제망 예비구성

주제가 결정되고 나면 교사는 주제에 관한 여러 가지 아이디어를 정리하여 예비

그림 2-1 | 주제망을 만드는 유아들

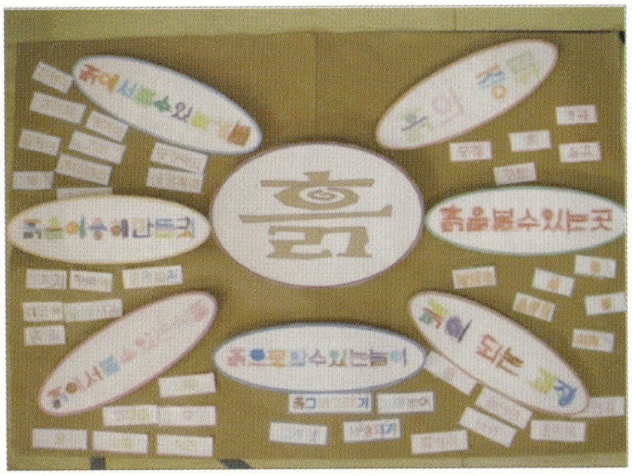


그림 2-2 | 교사와 유아가 함께 만든 '흙'에 관한 주제망

주제망을 구성한다. 교사가 사전에 주제망을 구성하여 자신이 그 주제에 대하여 어느 정도의 지식을 가지고 있으며 흥미가 있는지 점검한다(지옥정, 1995).

### ③ 교사와 유아의 주제망 구성

교사가 예비 주제망을 구성한 후 유아와 함께 주제망을 구성하며, 유아의 다양한 생각들을 자유롭게 제시하도록 한다. 주제와 관련된 중심 생각과 개념을 나타낸 주제망은 프로젝트가 진행되면서 안내 및 지침의 역할을 하게 된다.

### ④ 환경구성

주제가 선정되면 교사는 교실 안 환경을 재점검한 후 주제를 고려하여 영역별 환경을 구성하고 벽면 등에 사진이나 그림 자료를 게시한다.

### ⑤ 자원 목록 작성

프로젝트를 수행하는 과정에서 필요한 자원의 목록을 작성하고, 부모에게 가정통신문을 통해 주제를 알리며 가정에서 보낼 수 있는 자원이 있다면 가정으로부터 구하도록 한다.

### ⑥ 이전 경험 나누기

교사와 유아들은 주제에 대한 경험을 이야기하고, 주제와 관련한 경험과 이해를 그림 및 쓰기 활동으로 표현한다.

**그림 2-3** | '흙' 프로젝트를 위해 가정에서 수집해 온 모래들

**그림 2-4** | '흙' 프로젝트에서 흙에 관한 질문 목록 만들기

⑦ 질문 목록 만들기

유아들은 주제와 관련하여 궁금한 사항들을 목록으로 만든다. 질문 목록을 기초로 전개 단계에서 질문에 대한 다양한 탐색활동을 한다.

### (2) 전개단계

전개단계에서는 시작단계에서 작성한 질문 목록을 기초로 다음과 같은 탐구활동을 실시한다(김미화, 2013 ; 이경숙, 2008).

① 현장견학을 위한 준비 및 현장견학

프로젝트 수행 중에는 현장견학을 실시하는 것이 효과적이며, 주제와 관련된 현장에서 실물을 직접 보고 만져보는 경험을 한다. 현장견학에서 궁금한 사항들을 질문하고 관찰·측정을 통해 조사·탐구활동을 한다. 또한 견학활동을 그림 및 글로 기록한다.

② 현장견학 사후활동

견학 후 토의를 통해 견학에서 알게 된 사항들을 다양한 활동들을 통해 재확인한다. 스케치한 그림을 정교화하며, 글로 표현하고, 역할놀이 하기, 만들기 등을 통해 현장견학 사후활동을 한다.

▼ 그림 2-5 | 서울숲 어린이전용 모래놀이터에서 흙을 탐색하는 유아

▼ 그림 2-6 | '흙이 사라져 버린다면?'이라는 질문에 대한 유아들의 생각 적기

③ 전문가와의 만남

현재 탐구 중인 주제에 대해 경험이 풍부한 사람을 초청하여 유아들의 질문에 답하고 함께 활동을 한다.

### (3) 마무리단계

프로젝트의 마무리단계에서는 프로젝트를 수행하면서 나온 결과물과 성취물을 전시회나 발표회를 통해 부모 및 지역사회 인사들과 공유한다. 프로젝트를 마무리하면서 교사와 유아들은 프로젝트 수행과정에서 나온 결과물 중에서 전시할 자료를 선별하고, 이러한 과정을 통해 프로젝트의 전 과정을 돌아보며 재창조해 보는 기회

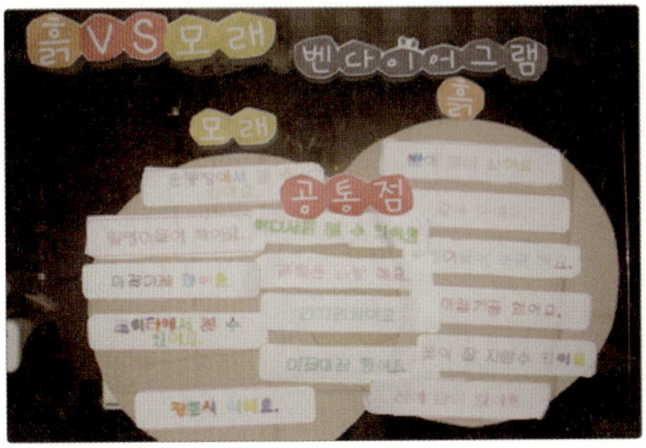


▼ 그림 2-7 | 흙과 모래의 공통점과 차이점을 나타낸 벤다이어그램

▼ 그림 2-8 | 프로젝트 마무리단계의 부모님 참여수업

를 갖는다(황지애, 2012).

전시회나 발표회를 통해 프로젝트의 결과물을 보여 주면서 의견을 교환한 후 프로젝트 진행과정에 대한 평가를 위해 잘한 점과 개선할 점에 대한 토의를 나눈다. 평가를 마친 후에는 프로젝트 파일에 결과물을 정리하고 전시회 · 발표회에 대한 느낌을 이야기, 그림, 글로 표현해 본다.

**표 2-2** | '세계 여러 나라'에 대한 프로젝트 진행과정

| 구분 | 준비 및 시작 | 전개 | 마무리 |
|---|---|---|---|
| 활동 목록 | • 자원 감상하기<br>• 여행 가본 경험 나누기<br>• 세계지도 퍼즐<br>• 세계 여러 나라 인사<br>• 세계 여러 나라 소개하기<br>• 세계 여러 나라의 건축물 감상하기<br>• 노란 풍선의 세계 여행 책 소개하기<br>• 1차 표상하기<br>• 그림 속 이야기 찾기<br>• 팀 정하기<br>• 세계지도 탐색하기<br>• 세계지도 그리기(협동)<br>• 비행기 접기<br>• 견학– 숲체험(열대우림기후 체험)<br>• 브레인스토밍<br>• 유목화<br>• 주제망 짜기<br>• 질문 만들기<br>• 배 접기 | • 그림책 속에 나오는 지역 알아보기<br>• 북극 영상 관람하기<br>• 북극과 남극 이야기 나누기<br>• 남극과 북극의 차이 동영상 관람하기<br>• 토의 : 남극과 북극의 특징 적기<br>• 남극과 북극의 동물들 이야기 나누기<br>• 북극, 남극 꾸미기<br>• 그림책 속 이야기 찾기 1(극지방)<br>• 토의 : 펭귄이 북극으로 간 까닭은?(그림책 속 이야기)<br>• 열대우림과 사막 조사하여 발표하기<br>• 열대우림 지역 영상 관람하기<br>• 열대우림 이야기 나누기<br>• 열대 나무 만들기<br>• 열대우림지역 동물 이야기 나누기<br>• 앵무새 접기<br>• 열대우림지역 꾸미기<br>• 악어 접기<br>• 아마존의 부족이 되어요.<br>• 열대우림에 대해 알게 되었어요.<br>• 그림책 속 이야기 찾기(열대우림)<br>• 사막 영상 관람<br>• 사막 이야기 나누기<br>• 사막에 대해 알게 되었어요.<br>• 사막 꾸미기<br>• 그림책 속 이야기 찾기(사막)<br>• 2차 표상<br>• 토의 : ○○로 여행갈 때 필요한 것 | • 극에서 극으로 영상 관람하기<br>• 열대우림, 사막, 극지방 특징 정리하기<br>– 열대우림, 사막, 극지방 위치 찾기<br>– 동물들이 사는 곳 찾기<br>• 새롭게 알게 된 단어<br>– 새롭게 알게 된 단어 정리하여 사전 만들기<br>• 사막, 열대우림, 극지방 특징 정리하여 적기<br>• 새롭게 알게 된 사실 적기<br>• 노란 풍선의 세계여행 동화 만들기<br>– 동화 내용 정하기<br>– 동화 삽화 그리기<br>– 책 완성하기<br>• 내가 여행 가고 싶은 곳 그리기<br>• 프로젝트 회상하기<br>• 프로젝트 전시하기 |

출처 : 서초중앙어린이집.

Box 2-1

### 흙 프로젝트를 마친 교사의 평가

오랜 시간 동안 흙과 아이들이 친해지면서 부모님과 함께 화산활동 실험까지 무사히 잘 마무리 할 수 있었던 것 같다. 아이들이 흙 프로젝트를 하면서 생명의 소중함과 주변에서 쉽게 볼 수 있는 모든 것들을 소중하게 생각하고 아껴주고 보살펴줘야 한다는 사실을 기억해줬으면 한다. 아이들이 단순히 흙 놀이만 즐겼던 것이 아니라 흙을 배우면서 흙속에 살고 있는 작은 생명체까지 관찰하고 소중함을 배울 수 있어 더 좋은 시간이 되었다. 흙 프로젝트 중 흙과 찰흙을 보고 만짐으로써 오감 발달에 좋은 활동을 할 수 있어 더욱더 좋은 기회가 된 것 같다. 다음 프로젝트에서도 아이들과 신체적으로 많이 움직이며 직접 체험할 수 있는 프로젝트를 더 연구해야겠다는 생각을 했다.

## 2. 레지오 에밀리아 접근법

영유아교육에서 강조되는 사회적 구성주의 학습이나 교육과정활동들과 유사한 맥락을 이루고 있는 레지오 에밀리아 접근법은 개방교육의 좋은 모델, 주제 중심 통합교육의 좋은 실천 사례로 평가받고 있다. 레지오 에밀리아는 이탈리아 북부의 산업도시인 로마냐 지방에 있는 도시이며, 제2차 세계대전 이후 단순한 보호적 차원을 넘어선 비종교적이면서 교육의 질이 높은 유아교육기관을 레지오 에밀리아 시와 주민의 참여 속에 손수 유아학교를 운영한 것이 시작이다. 1980년도 후반에 미국에 소개되기 시작한 본 접근법은 1990년대 이후 아시아지역까지 확대되어 전 세계 교육현장에서 주목받게 되었다.

### 1) 프로그램 배경

레지오 에밀리아 교육은 다른 교육과정과는 다르게 어느 한 가지 이론이나 교육철학을 바탕으로 만들어진 것이 아니라 교육현장에서 교사와 부모들이 경험한 교육과정을 기반으로 기존의 교육적 이론을 확인하며 개발된 교육과정이라는 것이 특징이다. 레지오 에밀리아 접근법은 일련의 발견 여정과 같아서 지식과 삶을 위한 근본적 가치인 인간의 역량을 지속시켜준다. 집단별 기록화와 프로젝트 작업을 통해 독창적으로 표현하는 것을 허용하고 유아의 아이디어 교환과 비교를 통해 상호작용을 촉진하도록 돕는다. 협력자, 연구자로서의 교사, 기록, 제3의 교사로서의 환경은 중요한 개념이다(홍순옥 · 임영심 · 김창숙, 2013).

레지오 에밀리아에 영향을 준 교육철학으로는 듀이의 이론, 피아제의 구성주의, 비고츠키의 사회문화적 인식론, 가드너의 다중지능이론과의 연계 등을 들 수 있다. 이러한 교육철학에 근거하여 본 교육과정은 인본주의이론에 의한 우주론과 신론을 구성하고 있으며, 인간관은 인간이란 태어나는 순간부터 자신의 생각과 이론이 있으며 사회적 관계를 맺으려는 강한 성향을 지닌 존재라고 보기 때문에 교사나 부모와 같은 성인이나 또래와의 상호작용을 통해 지식을 구성하고 발전시켜 나가는 존재로 보고 있다. 레지오 교수학습의 근간이 되는 사회적 구성주의에서 지식이란 관계체제 속에서 구성되는 것이다. 유아들이 단일 경험을 통해 학습한 것을 넓은 관계체제 속에서 다시 읽고, 반성하고, 재방문하여 조직하는 과정을 통해서만 지식 구성이 가능함을 의미한다. 이는 유아를 지식의 적극적인 구성자로 보는 이미지에 근거하며, 레지오 접근법의 철학과 실천에 근간이 되고 있다. 이러한 이론적 토대 위에 협력적 · 사회적 상호작용과 다양한 교수매체를 통한 상징적 표상을 학습의 수단으로 활용하는 다상징적 교수법에 체계적으로 초점을 맞춤으로써 유아의 지적 발달을 도모하고 있다. 레지오 에밀리아 접근법은 상호관계를 통한 학습을 능동적 학습으로 보아 학습은 가르치는 것이 아니라 학습 동기를 가진 유아와 전문적 자질을 가진 문화구성원들과의 호혜적reciprocal 상호관계의 결과로서 유아가 적극적으로 구성하는 것으로 믿는다. 이러한 철학적 이념은 과학적 이론을 바탕으로 한 교사의 부단한 실험, 연구정신과 어우러져 유아를 진정으로 존중하는 교육 원리와 실제를 실천하고자 하는 데 역점을 두고 있다(김은희, 2013). 이러한 맥락에서, 레지오 에밀리아 교육과정에서는 유아 자신의 능력과 상호작용을 강조하며 행복한 유아, 강한 유아, 능력 있는 유아를 중시하는 것으로 볼 수 있다.

## 2) 교육 원리 및 교육 목표

레지오 접근법은 유아를 또래나 성인, 사회문화적 환경과의 관계로부터 동기 유발되며, 학습하는 풍부한 잠재력과 권리를 가진 주체로 보는 관점에 기초하여 인간의 존재가치와 미래 지향적 목적의식을 가진 부모 협동으로 시작된, 학교의 의미 있는 역사를 중시한다. 지역사회가 유아교육에 대한 공동 책임의식을 갖는 사회문화적 맥락 속에서 교육의 3요소인 유아 · 교사 · 부모 간의 협동, 사회적 관계 형성, 의사소통을 강조하는 '상호관계를 통한 교육'의 철학을 가지고 있다. 따라서 본 접근법에서는 표현적 · 의사소통적 · 인지적 언어를 통합하여 사고할 수 있는 '총체적인 아동'을 길러내기 위해 아동, 교사, 부모의 상호호혜적 상호작용, 즉 관계적 화합에 대한 추구를 교육 목적으로 한다.

한편, 레지오 접근법에서는 성인의 시각에 따라 유아가 생각을 수정하거나 받아들이도록 요구하는 것에서 벗어나 비고츠키의 근접발달지대(ZPD)개념에서 강조하는 유아의 독특한 이해의 양식을 수용하고 개별 유아에 맞도록 학습을 지원하는 것을 강조한다. 교사는 '유아를 위하여'보다는 '유아에 맞게' 역할을 해주어야 하는 것으로 본다. 유아를 요구를 가진 존재로 보기보다는 권리를 가진 존재로 보아 교사와 성인의 역할에 대한 재개념화에 대한 필요성을 일깨워주는 관점을 제공하였다. 말라구치는 유아에 대한, 유아를 위한 것은 모두 유아로부터 배운다고 하였다. 레지오 에밀리아 교사들은 언제나 가장 먼저 자신들이 가지고 있는 유아의 이미지에 대해 이야기하도록 되어 있다. 모든 유아는 개개인의 독특한 준비성, 잠재능력, 호기심을 가지고 있으며, 관계를 형성하고 사회적 상호작용에 몰입하는 데 흥미를 갖는다고 본다. 그리고 주어진 환경의 모든 것들과 협상하면서 자신의 학습을 구성해 나간다고 본다. 즉, 유아를 또래, 성인, 사회 · 문화적 환경과의 관계로부터 동기 유발되면 학습하는, 풍부한 잠재력과 권리를 가진 자율적인 주체로서의 사회적 구성요인으로 본다. 이는 유아를 유능한 존재로 믿고, 모든 문제가 유아로부터 시작되어 유아 스스로의 다양한 경험을 통하여 그들의 사고의 변화과정을 볼 수 있고, 나아가 새로운 지식이 어떻게 쌓이고 실현되는지를 관찰할 수 있는 능력을 지닌 존재로 믿는 것이다.

## 3) 교육과정

### (1) 프로젝트와 발현적 교육과정

레지오 에밀리아 교육은 유아 스스로 발견하고 능동적인 탐구과정을 통하여 문제해결을 하도록 제시하는 발현적 교육과정emergent curriculum의 학습형태를 따른다. 발현적 교육과정에서 교사는 유아들의 흥미와 관심이 어떠한 방향으로 전개될 것인가를 관찰하고 그런 가능성에 대하여 준비하며 계획하되 교사가 일반적인 교육의 목표는 세워놓지만 각 프로젝트나 활동의 세부 목표는 미리 세우지 않는다는 특징이 있다. 프로젝트는 교수학습을 위한 토대로서, 유아와 교사들은 추론을 위한 학습에 대한 강한 신념에 기초하여 그룹으로 토의하고 아이디어와 경험을 재방문하면서 더 나은 이해와 의미 있는 학습을 추구하는 중요한 교수학습방법이다. 따라서 발현적 교육과정은 교사와 유아의 상호작용에 의해서 계획된 교육과정이라고 할 수 있으며 충분한 교감을 통해 수정 및 보완되고 유아의 잠재된 능력이 발현될 수 있도록 하는 과정이라고 할 수 있다.

레지오 에밀리아 교육방법에서는 관계, 의사소통, 상호작용이 중요하고, 모든 지식은 유아와 사회적 관계를 형성하는 과정에서 얻어진다고 본다. 유아는 사회적 상호작용을 통해 또래 · 교사와 함께 적극적 역할을 하면서 배우며, 또래 유아와의 관계에서 반대, 협상, 수용, 전체의 재구성을 통하여 학습하게 된다. 수업시간에 교사는 유아가 충족시켜야 할 욕구를 가진 존재가 아니라 도전에 개방적이고, 또래와 협력할 수 있으며, 목표한 것을 실행할 수 있는, 능력 있는 권리를 가진 존재로 보기 때문에 유아의 활동에 끊임없는 실험과 기록화를 수행한다. 이러한 기록화를 토대로 유아의 잠재력을 반영하고 지원해 줄 수 있는 단서를 찾을 수 있다. 즉, 레지오교육방식은 학습에 있어서 성인의 역할은 최소화할 수 없으며 유아의 자발적 참여가 강조되고 교사와 유아가 함께 프로젝트를 수행하는 것이 가장 바람직한 교육환경으로 제시한다.

### (2) 표상/상징화 주기를 통한 학습

레지오 교육방식을 따르는 교사들은 발달을 학습과정에서 표상representation을 통해 지식 간의 논리적 일관성을 증진시킴으로써 학습자로 하여금 자신과 주변 세계에 대한 이해를 증진시키는 것으로 본다. 표상은 유아들이 자신의 경험을 반성하고 해석하게 하거나, 기억력을 일깨우거나, 다른 사람과 아이디어를 나누기 위해 사용된다. 프로젝트에서 유아와 교사는 추론을 위한 학습 원리에 기초하여 그룹으로 탐색하고 토의하면서 다양한 매체를 사용하여 주제에 대해 방문·재방문, 재표상·재고찰해나가면서 보다 깊이 있는 이해가 가능하고 유아들의 지적인 부분을 심화해 가는 데 의미를 둔다. 이러한 과정을 상징화주기라 한다. 상징은 다른 사람이 이해할 수 있는 정도에서 평가되는데, 교사는 유아들이 창안한 여러 개의 상징 중 의미를 가장 잘 전달할 수 있는 상징을 결정하게 함으로써 유아들은 상징에 대해 사고할 수 있는 기회를 가질 수 있다.

교사들은 유아들의 탐색과 학습을 지속하는 방법과 제공할 매체를 선택하고 유아들과 공유하며, 교사는 새로운 과제를 시작할 때 유아가 이전 학습을 재고찰하고 새로운 주기의 질문과 의미를 명료화할 수 있도록 이전 주기의 경험 내용을 함께 재방문한 후 전개한다. 이런 식의 강화와 심화과정은 유아들에게 심화된 학습 내용을 인지할 수 있도록 돕는다. 이상에서 살펴본 바와 같이, 레지오 에밀리아 접근법에서의 표상/상징화 주기를 통한 학습은 유아들이 새로운 아이디어를 탐색하는 데 도움을 줌으로써 그들이 지식을 구축하고 심화·확대해나가는 데 의미를 둔다.

### (3) 사회적 상호작용을 통한 협력학습

레지오 교육과정 진행 중에 생기는 교사와 유아, 유아와 유아 간의 관계형성 및 협력과 같은 사회적 상호작용은 유아와 교사 모두에게 중요한 요소이다. 사회적 구성주의 학습을 근간으로 하는 교육과정에서는 사회·인지적 갈등을 학습의 중요한 기제로 보기 때문에 교사는 유아들 간의 갈등을 억제하기보다는 발전적 토의나 새로운 학습의 계기로 활용한다. 또래 간뿐 아니라 유아와 성인 간 그리고 환경적 맥락과의 사회적 상호작용이 이루어질 수 있는 학습상황을 의도적으로 계획하여 제시한다. 이러한 상호작용을 통해 유아의 지식이 구성되는 것으로 보기 때문에 레지오 접근법에서 유아를 둘러싼 교사와 지역사회 구성원의 사회적 상호작용을 통한 협력과 참여는 유아의 학습과 발달에 중요한 역할을 하고 있다.

레지오에서는 집단의 크기에 따라 사회적 · 인지적으로 서로 다른 역동성을 가져온다고 본다. 유아가 어릴수록 소수의 상호작용이 바람직하며, 유아의 의사소통 효율성을 고려하면 5명 이하로 제한하여 상호작용을 할 수 있도록 구성하는 것이 좋다고 본다. 유아들은 또래 간 상호작용에 참여하여 상징적 · 언어적 의사소통을 통해 불일치와 일치를 경험하고, 협상해 나가는 과정에서 유아 자신에 대한 정체감을 강화하며 개인과 또래 집단의 자율성을 증진시키고 학교에 대한 자신감과 소속감을 갖게 된다. 이러한 과정은 유아들이 공동의 목표를 향해 문제를 공유하고 문제해결을 위해 협의하고 논의하는 과정에서 사회 · 인지적 갈등을 경험하고 조정하면서 타협안을 도출하게 되는 상호작용을 만들 수 있다(김은희, 2013).

#### (4) 교사의 역할

사회적 구성주의 학습이 기존 학습방식과의 차이 중 하나는 교사가 협력적 지식 구성자로 역할을 한다는 것이다. 즉, 레지오 접근법에서의 교사 역할은 유아들과의 대화, 공동작업, 지식의 공동 건설을 자극하고 촉진하는 것을 통해 발견의 기회를 제공한다는 점이 강조된다. 교사는 또한 유아들이 스스로 문제나 질문을 생각해 내도록 돕는 역할을 하며, 어린 유아나 영아들도 사회적 상호작용이 가능한지, 프로젝트가 가능한지에 대해 질문을 많이 해야 한다. 교사의 가치관이나 학습이론에 따라 교사와 유아 간 대화 내용이 달라질 수 있기 때문에 진정한 유아의 생각을 토대로 이루어지는 대화는 유아의 기존 지식에 새로운 정보를 계속적으로 제시하는 형태의 행동주의 대화방식이나 지속적인 강화를 위한 칭찬과 인정을 주는 대화 형태를 유지함으로써 교사와 유아 간 상호작용에서 지식의 공동 구성자로서 교사역할을 가능하게 해준다. 결국, 교사의 중심역할은 유아들 간의 대화, 공동작업, 지식의 공동구축을 자극하고 촉진하는 데 있다.

한편, 레지오 접근법에서는 부모와 지역사회 참여를 강조하는 특징이 있는데, 이를 위해 교사들은 유아의 발달역사를 중시하며 유아-교사-부모 간의 돈독한 관계 형성을 이끌어 내고 장기적인 프로젝트도 수행해 나갈 수 있는 여건을 마련하는 것을 중요하게 여긴다. 이를 위해 3년간 같은 교사에게 교육을 받음으로써 가정과 학교 간의 긴밀한 관계를 유지하도록 한다. 레지오 에밀리아 접근법에서의 교사역할은 동료교사나 지역사회와의 의사소통, 전문가로서의 자기성장, 공립 유아교육을 보호하기 위한 정치적인 활동, 교육과정 계획 및 전문가로서의 교육 및 교실 운영을 하는 역할수행도 포함된다.

## 3. 몬테소리교육

몬테소리교육은 이탈리아 의사 마리아 몬테소리에 의해 만들어졌다. 몬테소리교육에서 주장하는 유아들의 내재적 동기부여는 현재 유아들이 경험하는 교육환경에서도 매우 강조되는 교육방식이기도 하다. 본 장에서는 몬테소리에서 주장하는 교육 내용과 과정에 대해 살펴보고자 한다.

### 1) 프로그램 배경

20세기 초 이탈리아 의사 마리아 몬테소리1870~1952에 의해 창안된 몬테소리 교육은 전 세계 유아교육현장에 적용되고 있다. 몬테소리는 아버지의 반대와 그 당시 여자들이 배척당했던 의학공부에 대한 편견에 맞서 실증심리학과 생물학, 임상의학, 정신의학, 철학, 인류학 등의 학문적 배경을 가지고 유아들을 깊이 관찰하고 가르치면서 유아교육의 새로운 원리와 교육방법을 개발하였다.

몬테소리는 감각교육의 원리를 주장하면서 아동의 본성을 과학적으로 바르게 이해하여 아동의 내적 활동력을 발견하고 그것을 계발하는 데 초점을 두었다. 이를 위해 유아들은 자기표현의 자유를 가져야 한다고 보았으며 아동발달에 영향을 주는 환경을 풍요롭게 준비하여 체계적인 교육을 할 것을 주장하였다. 몬테소리의 교육철학은 전통적으로 부모와 교사 그리고 양육자들이 자기 스스로 훈련하고 자율적으로 교실을 운영할 때 무엇을 우선적으로 언급해야 하는지에 대한 이론에 근거하고 있다. 몬테소리의 이러한 요인들은 몬테소리 교실에서 동기유발을 위해 우선적으로 필요한 것들이다. 어린이들이 훈련되는 교실환경에서 작업에 장애요인이나 방해를 받는다면 어린이들은 양육자들로부터 동기유발에 장애물을 만나게 되고 자기가 원하는 것에 제대로 집중할 수 없을 것이다. 몬테소리교육법은 전통적인 교육방식과는 차이가 있다. 몬테소리교육에서의 핵심은 교사가 교실 안에서 공동체 리더십의 중요한 역할을 수행하면서, 어린이들의 자기훈련으로부터 성공적인 결과를 얻고 발달을 스스로 이끌어 갈 수 있는 능력을 훈련하는 것이다.

몬테소리는 루소, 페스탈로치, 프뢰벨로 이어지는 자연주의 교육사상과 신교육운동, 의학과 생태학적 인류학 및 실험적・과학적 아동연구법, 생리학적 접근법, 진화론에 기초한 환경의 중요성 강조, 프로이트의 정신분석학적 입장과 왓슨의 행동주의적 입장 등 다양한 사상을 통합하여 자신의 독특한 인간관을 형성하였고 그에 따라 교육사상을 체계화시켰다. 몬테소리교육이론은 당대의 교육사상과 공통점을 지님으로써 사상적 계보를 따르면서도 그녀 자신이 어린이들 관찰을 통해서 이해한 아동의 특성과 교육적 원리를 실천하는 과정에서 매우 구체적인 방법론을 개발하고 발전시킨 것이다.

### 2) 교육 원리 및 교육 목표

몬테소리는 교육이란 문화의 다양한 측면이 주는 지식을 전달하는 것이 아니라 전인적 유아로 발달시키는 것이 되어야 한다고 믿었다. 몬테소리교육은 유아가 성공적인 학교생활과 일생을 사는 데 필요한 기본적인 지식, 태도, 기술을 발달시키는 것을 돕는다. 몬테소리교육을 통해 유아들은 배움에 대한 열망, 집중력, 질서감, 독립심, 동작의 조절능력, 창의성 그리고 자신감 등을 발달시킨다고 본다. 즉, 몬테소리교육의 목적은 유아의 미래 삶을 위해 유아가 가지고 태어난 잠재능력을 충분히 실현할 수 있도록 돕는 것이라 할 수 있다.

몬테소리교육은 유아의 정상화normalization가 교육 목표이다. 유아의 정상화란 신체, 인지, 정서, 사회성이 균형 있게 발달한 유아를 의미한다. 유아들은 자신이 선택한 작업에 집중을 하고 난 후에는 만족감을 느끼고, 매우 즐거워하며 평화로움과 안정감을 느끼게 된다. 이 과정이 반복되면서 유아는 내적 인내심과 자신감이 발달하여 점차 목적이 있는 활동을 선호하게 된다. 몬테소리는 이 과정을 통해 유아들이 이전에 가지고 있던 공격적이며 적대적인 행동 또는 수동적이며 무관심한 행동과 같은 일탈행동들이 사라지는 것을 관찰하였다. 이러한 과정을 정상화라고 표현하였다.

몬테소리교육에서 말하는 정상화는 어느 날 갑자기 나타나는 것이 아니다. 몬테소리교실에서 유아들이 이러한 수준의 내적 발달을 하려면 많은 시간과 노력을 통한 숙달된 행동이 필요하다. 몬테소리는 종종 유아에게 정상화라는 개념을 자주 사용하지만 일반적으로는 작업시간에 일탈하는 아동이 없이 집중하여 작업하는 교실을 정상화된 교실이라고 본다. 일반적으로 주말이나 방학이 끝난 후 시작하는 수업은 집중되어 있지 않은 상황을 종종 보게 되는데, 이러한 무질서는 시간이 어느 정도 흐르면 다시 질서 있는 정상화된 교실로 변한다. 정상화된 교실은 유아가 순순히 따르도록 언어로 지시하는 것이 아니라 시간이 흐르고 다양한 영역에서 교구를 가지고 좀 더 시간을 보내기 시작한 다음에 나타나는 현상이다. 유아들이 작업에 참여하여 집중하고 자유선택활동에 참여함으로써 정상화된 안정적인 분위기가 나타나게 된다. 따라서 교사들의 교육 목표는 어린이들이 움직이지 않고 조용하게 수동적인 자세로 학습하도록 유아들을 강요하여 훈육하는 것이 아니다. 몬테소리교육은 유아들의 활동을 독립적으로 할 수 있도록 촉진하는 것이 목표이다.

한편, 몬테소리에 의하면, 이미 인격이 잘못 형성된 성인이 정상화된 인격을 되찾는 것은 쉽지 않으나 유아들은 발달을 위한 최적의 환경이 주어진다면, 질병의 모든 증상들이 사라지고 건강을 되찾듯이 정상화된 행동 특징들이 쉽게 나타난다고 하였다. 몬테소리가 말하는 정상화된 유아의 특성은 작업에 대한 사랑, 집중, 자기훈육, 사회성의 네 가지로 요약할 수 있다(박경희 · 이성숙, 2011).

정상화과정에서 유아가 처음으로 보이는 행동은 작업에 대한 관심이다. 정상화된 유아는 자신이 원하는 작업을 자발적으로 선택하고, 침착하게 작업을 하며, 작업을 하면서 기쁨을 느끼게 된다. 스스로 선택한 작업에 몰입되어감에 따라 유아는 집중현상을 보인다. 유아가 작업에 집중하는 것을 도우려면 교사는 유아가 발견적인 흥미를 느낄 수 있도록 해주어야 한다. 유아는 스스로 선택한 활동을 완성시키려고 노력하는 과정을 반복하면서 내적 훈련 또는 자기훈육을 발달시킨다. 유아의 사회성은 자기가 원하는 교구를 다른 유아가 사용하고 있을 때 그 유아가 작업을 마칠 때까지 기다

그림 2-9 | 다른 유아의 작업이 끝나기를 기다리고 있는 유아

리는 인내심을 보이는 데서부터 시작되어 타인에 대한 이해와 동정심을 보이며 집단 구성원 간에 조화로운 관계를 유지하는 것으로 발전해간다. 정상화된 유아는 자신의 삶에 대한 긍정적인 태도와 주도성을 보이며, 다른 사람과도 잘 어울리고 어떤 환경에서도 잘 조화를 이룬다. 또한 삶의 과정에서 부딪히는 어려움에 대하여 좌절하거나 남의 탓을 하기보다는 건설적으로 문제를 해결하기 위해 스스로 사고할 줄 아는 사람으로 성장하게 된다. 이렇게 자신의 의지에 따라 어떤 일을 완성한 경험이 있는 유아들은 자기 생활에서 즐거움과 만족감을 축적하고, 일관성 있는 행동을 함으로써 평화로움과 안전함 그리고 인내심을 얻게 된다. 이렇게 자기 의지에 따라 작업을 완성하는 훈련을 통해 유아는 자신의 행동을 계획하고 완전한 결과를 얻을 때까지 수행하는 능력을 갖게 된다. 즉, 몬테소리교육에서는 유아가 경험하는 모든 활동을 유아의 인격을 정상적으로 형성하게 하는 매우 중요한 요소로 본다.

### 3) 교육과정

#### (1) 교구 중심의 작업 몰입 및 내재적 동기부여

유아들의 집중력은 작업을 통해 강화될 수도 있고 약화될 수도 있는데, 새롭게 시작하는 작업에서 교사가 유아들이 수업에 집중할 때까지는 인내심을 가지고 기다려줘야 한다. 이 시간 동안 유아들은 교구작업에 점차 몰입하고 집중할 수 있게 되기 때문이다. 몬테소리교육 접근방식에서는 작업과 사물에 많은 관심과 흥미를 가지는 유아들이 긍정적인 사회적 능력을 보여 준다고 믿기 때문에 유아들이 스스로 교구에 집중하고 작업 몰입을 할 수 있도록 도와주는 교육방식이 중요하다고 본다.

유아들의 활동은 자연적인 현상이며 활동은 본능적인 에너지를 산출해 내는 특성을 갖는다. 유아들이 준비된 환경에 자유롭게 노출되었을 때 또는 그들이 자유롭게 행동할 수 있을 때 유아들은 자기 행동을 구성하려는 특성이 있으며 행동구성은 정확한 목표를 갖게 된다. 유아들은 일에 집중하며 어떤 작업이 완성될 때까지 작업을 지속하는 경향이 있다. 유아들은 작업에 집중하기 위해서 사물과 대상 그리고 교구와의 만남이 우선적이고, 만남의 과정에서 논리성을 학습하게 된다. 즉, 몬테소리 방식은 유아의 생물학적, 사회학적, 교육학적, 도덕적 측면 모두를 고려한 내재적 동기부여가 가능한 교육방식의 중요성을 강조하고 있다고 볼 수 있다.

몬테소리교육의 교육 내용은 일상생활 훈련, 감각교육, 언어교육, 수학교육, 문화교육의 5개 영역으로 구성되어 있다.

#### ① 일상생활 훈련

일상생활 훈련은 생활 중에 가정에서 관찰하거나 경험하게 되는 활동들을 성인의 도움 없이 실천해 보는 것으로 독립심을 증진시키고 기본적인 생활태도를 형성시킨다(이대균 외, 2013). 활동들은 옷 입고 벗기, 의생활 틀 활동**단추 채우기, 지퍼 올리기, 리본 묶기 등**, 청소하기, 손 씻기, 상 치우기, 인사하기, 바느질하기 등을 포함한다.

#### ② 감각교육

감각교육은 시각, 촉각, 청각, 미각, 후각의 발달을 위해 다섯 가지 감각을 활용하는 활동들로 구성되어 있다. 꼭지 달린 원기둥, 분홍탑, 색판, 소리 상자, 냄새 맡기병, 비밀 주머니 등의 교구를 활용하여 감각을 훈련하도록 한다.

그림 2-10 | 집게로 색솜을 옮기는 유아

그림 2-11 | 색판으로 작업하고 있는 유아

그림 2-12 | 숫자와 바둑알로 수개념을 익히고 있는 유아

그림 2-13 | 지도퍼즐을 맞추고 있는 유아

③ 언어교육

몬테소리 언어교육은 노래하기, 계절에 대해 말하기, 질문하기, 보고 말하기 등의 구두 언어교육과 모래글자, 음성단어카드 등을 활용한 읽고 쓰기 언어교육으로 이루어져 있다.

④ 수학교육

몬테소리 수학교육의 내용은 숫자 막대 등을 통한 수의 소개, 구슬과 카드를 사용한 십진법 및 수세기, 분수 그리고 선, 면, 도형을 통한 기하학의 기초를 포함한다.

⑤ 문화교육

몬테소리 문화교육은 지구본, 지도퍼즐, 시계와 달력, 식물카드, 음표와 오선 등을 활용하여 지리, 역사, 생물, 미술, 과학, 음악에 관한 활동을 한다.

### (2) 자기주도적 학습과 자율성 지지

몬테소리 교실에서 유아에게 내재적 동기를 촉진하고 스스로 하는 작업을 독려하는 방법은 몬테소리교육의 핵심요인인 동시에 원리이다. 이는 근래 많은 이슈가 되고 있는 자기주도적 학습원리와도 일맥상통하는 것으로 보인다. 몬테소리 교실에서는 교사가 말로 표현하는 훈육방법과 유아의 질문에 즉각적인 대답을 해주는 방식을 지양하고, 유아가 스스로 답을 찾고 생각해보고 다른 친구들과의 작업활동과 의견교환을 통해 문제해결을 할 수 있도록 교사가 기다려준다. 몬테소리 교사들은 유아가 스스로 오류를 발견하고 수정하도록 도와주고 이를 통해 유아들은 작업성취감과 심리적 만족감을 극대화시킬 수 있다.

몬테소리교육방식에서 교사는 유아들의 내재적 동기부여를 위해 끊임없이 연구해야 하고, 유아의 욕구를 외부로 이끌어 낼 수 있는 환경을 제공해야 한다. 또한 유아에게 끊임없는 호기심을 유발할 수 있도록 하고, 원하는 것을 얻기 위한 협력적 관계를 조성하는 방식을 익히도록 하며, 매사에 열정을 가지고 임하는 습관을 길러주는 것이 중요하다. 몬테소리교육철학의 핵심이론은 자유개념인데, 유아들이 작업과정에서 언제 가장 집중력이 강화되고 몰입상태에 도달하는가는 바로 자기 스스로 동기화되는 시점으로 본다. 이는 항상 새로운 사고에 도전하기를 즐겨하는 창의적 인간상을 만들어가는 시작점이 될 수 있다.

### (3) 교사의 역할

몬테소리 교사는 유아가 스스로 행동하고, 의지를 가지며, 스스로 생각하도록 도와야 하고, 유아들의 자발적 작업을 돕기 위한 지도자이다. 유아의 발달을 돕기 위한 교구를 제공하는 역할과 유아의 자발적인 행동에 맞추어 유아의 작업을 긍정적이고 실험적인 방법으로 조직하는 역할이 강조된다. 또한 교사는 유아가 잠재력을 충분히 발현시켜 자신을 완성해나가는 것을 돕고자 자신이 준비한 환경과 유아가 상호작용하는 과정을 과학적으로 관찰하는 능력도 갖추어야 한다. 몬테소리 교사는 유아들이 자유롭고 재미있게 작업할 수 있도록 환경을 디자인하고 유아의 내면에 있는 보물을 발견해서 교사가 평가하지 않고 관찰한 다음 유아가 자유롭게 자신의 능력을 표현할 수 있도록 안내자 역할을 해야 한다.

안내자로서 몬테소리 교사는 표면적으로는 수동적인 것처럼 보일 수 있지만, 그 이면에는 매우 능동적이고 복잡한 역할을 수행한다. 유아가 필요로 하는 모든 활동은 교사의 적극적인 준비와 지도에 의한 것이며, 나중에 나타나는 교사의 수동적인 모습은 그 수업시간에 성공적으로 역할을 다했다는 것을 의미한다. 이처럼 몬테소리 교사는 학급에서 환경의 준비자, 수업의 촉진자, 관찰자, 교수자 그리고 역할 모델로서의 역할을 수행하게 된다.

교사들은 몬테소리가 지향하는 교실환경에 대해 충분한 이해를 필요로 한다. 유아들이 자기훈련을 할 수 있도록 도와야 하고 정상화된 교실 운영을 하는 지도자역할을 할 수 있어야 한다. 이러한 생각을 가지고 가르치는 교사는 유아들에게 보다 훌륭하고 건강한 인성과 인격을 양육해 나가기 위한 동기부여가 됨은 물론, 동기를 불러일으킬 수 있는 준비된 환경적 조건들을 만들어 가는 데도 중요한 요소로 작용할 것이다.

몬테소리는 위에서 언급한 교사의 역할을 세 가지 측면으로 설명하였다. 첫 번째 단계에서 교사는 환경의 보호자이자 관리자로서 문제유아의 결점을 탓하는 대신에 환경이 그 결점을 고칠 수 있을 것이라는 믿음을 가지고 환경을 꾸미는 일에 전념해야 한다. 두 번째 단계에서 교사는 아직 무질서하고 목적 없이 방황하는 마음을 가진 유아들이 작업에 몰입할 수 있도록 도와야 한다. 세 번째 단계에서는 유아가 흥미가 생기기 시작하면 교사는 뒤로 물러서야 하며 어떤 방법으로라도 방해가 되지 않도록 조심해야 한다. 이 모든 단계에서 잊지 말아야 할 중요한 점은, 몬테소리 교사는 작업에 집중하기 시작한 유아에게 에너지를 쏟아야 한다는 것이다.

## 4. 발도르프 프로그램

독일에서 시작된 발도르프교육은 슈타이너Steiner의 인지학적 인간관에 기초한 프로그램으로 우리나라에서도 최근에 많은 관심을 받고 있다. 본 절에서는 슈타이너의 교육철학을 기초로 발도르프 프로그램의 적용에 대해 알아보고자 한다.

### 1) 발도르프 프로그램의 배경

발도르프교육의 창시자는 슈타이너로 1861년 오스트리아와 헝가리 사이에 위치한 크랄예벡에서 태어났다. 오스트리아에서 출생했으나 교육에 대한 슈타이너의 철학을 기반으로 자유 발도르프 학교가 최초로 설립된 곳은 독일이었다. 제1차 세계

대전이 끝난 20세기 초 독일의 교육은 유아를 공장의 노동자로서 양성하는 것이 목적이었으나, 공장근로자 자녀들에게 교육의 기회를 제공하기 원했던 발도르프 아스트리아Waldorf-Astria 담배회사 사장인 몰트Molt를 만나 학교를 설립하면서 슈타이너 교육철학을 펼치게 되었다(Petrash, 2002). 이렇게 1919년 최초의 발도르프초등학교가 생긴 이후 세계적으로 성장하여 전 세계적으로 2,000여 개의 발도르프교육 관련 기관이 있을 정도로 인정받고 있으며, 발도르프 유치원은 1,600여 개에 이른다(강인구 · 최경, 2006). 우리나라에는 1990년 이후부터 발도르프교육을 연구하고 적용하는 단체들과 기관들이 급속도로 생기고 있다(강인구, 2009). 발도르프교육은 유치원뿐 아니라 12학년까지 초 · 중등 · 고등교육을 포함하며, 우리나라에서도 발도르프 유치원뿐 아니라 이렇게 통합학교가 설립되고 있다.

## 2) 교육 목표 및 교육 원리

발도르프교육은 슈타이너의 인지학적 인간 이해에 기초하고 있다. 인지학anthroposphy이란 그리스어인 Anthropos인간와 Sophia지혜를 결합한 것으로 '인간 영혼에 지혜를 부여하는 것'이라는 뜻을 가지고 있으며(강인구, 2009), 사람에 대한 편견 없는 이해를 통해 자신의 인간성을 이해하고 삶의 본질을 탐구하는 것을 뜻한다(김성원, 2001). 슈타이너는 교육의 출발은 인간 본성에 대한 올바른 인식이며, 인간 본성에 대한 올바른 인식에서 출발하여 잠자고 있는 능력을 개발하는 것이라고 할 수 있다(김미연, 2013). 따라서 유아를 교육하기 위해서는 유아 본성에 대한 지식에서 출발해야 한다고 강조하면서 유아를 끊임없이 변화하고 성장하는 존재로 보았다. 이러한 유아의 변화와 성장은 씨앗을 보면서 현재는 눈에 보이지 않지만 미래에 예쁜 꽃을 피울 거라는 가능성까지 내다보는 것과 같다(강인구 · 최경, 2006). 슈타이너는 인간은 육체body, 영혼soul, 정신spirit의 통합체로 보았다. 육체는 인간을 이루는 물질적 부분으로(강인구, 2009) 감각을 통하여 자신 밖에 존재하는 물질의 존재를 지각한다(정영근, 2009). 영혼은 감정을 느끼고 사고하는 것으로 육체와 정신을 연결하고 영혼의 활동을 통해 인간은 내면세계를 형성한다(서남숙, 2012). 정신은 영혼처럼 볼 수 없는 것이며 신체와 영혼을 통합하여 인간의 마음을 조정하고 통제할 수 있는 보다 고차원적인 세계를 의미한다(강인구, 2009 ; 서남숙, 2012). 발도르프교육에서 변화와 성장은 이렇게 인간을 이루는 육체, 영혼, 정신의 통합적인 발달을 의미하는 것이며, 전인적인 발달을 목표로 한다. 이와 같이 발도르프교육은 슈타이너의 인지학적 인간이해에 기초하여 전인적인 발달을 강조하기 때문에, 손hands, 가슴heart, 머리head의 균형 있는 발달을 위해 미술, 음악, 만들기 활동이 전통적인 교과영역인 읽기, 쓰기, 셈하기만큼 중요하다(정옥분 외, 2009). 다음은 발도르프교육에서 제안하는 유아를 위한 교육의 주요 원리들이다.

### (1) 7년 주기의 발달단계

슈타이너(1965)는 인간의 발달단계를 7년 주기로 구분하였다. 1단계는 영유아기로 출생 후 7년까지를 의미하며 물질적인 신체가 두드러지게 발달하는 시기이다. 이 시기는 모방과 본보기를 통한 교육이 중심이 되어야 한다. 2단계는 8~14세에 해당하는 유아기로, 영혼 중에서 특히 감정의 발달이 활발한 시기이므로 예술적이고 상상력을 자극하는 활동을 제시하도록 한다. 3단계는 15~21세에 해당하는 청소년기로, 추상적이고 개념적인 사고력이 발달하는 시기이므로 독립적인 판단을 할 수 있도록 돕는다. 이러한 7년 주기의 발달과정을 거쳐서 21세가 되면 성년기가 되어 독립적이고 자율적인 '자유로운 인간'이 완성된다.

### (2) 모방과 본보기의 학습 원리

생후 첫 7년은 감각기관들이 발달하는 시기이기 때문에 외부 세계를 민감하게 지각한다. 이 시기를 '거대한 하나의 감각기관' 이라고 할 수 있으며(강인구, 2009), 주위 사람의 의식적 · 무의식적 행동, 몸짓, 언어 등의 외현적인 것뿐만 아니라 태도, 마음가짐 등 내면세계와 정신적인 세계까지 지각하고 모방한다(김미연, 2013). 성인의 행동은 유아를 위한 중요한 학습수단이기 때문에 유아가 모방해도 되는 행동을 본보기로 보여 주어야 한다. 따라서 교사는 모범적인 행동을 본보기로 보여 주어야 하며, 유아는 모방을 통해 모범적인 성인의 행동을 내면화하게 된다.

### (3) 감각교육

그림 2-14 | 산책활동을 하고 있는 발도르프 어린이집 유아들

슈타이너는 인간의 감각을 12가지로 분류하였으며, 이 중에서 생명감각, 균형 및 방향감각, 고유운동감각이 영유아기에 발달한다(김성원, 2001). 그러나 텔레비전, 컴퓨터, 플라스틱 장난감 등이 감각작용을 저해하며 영유아기에 발달하는 4가지 감각을 손상시키고 있다(김미연, 2013). 따라서 발도르프교육 프로그램에서는 영유아에게 적합한 환경을 제공하고, 자연물로 이루어진 장난감으로 놀이활동을 하도록 함으로써 감각교육을 강조한다.

### (4) 리듬의 원리

발도르프교육은 리듬으로 구성된 생활을 강조한다. 인간에게는 호흡, 심장박동, 맥박과 같은 리듬이 있지만 신생아는 리듬이 완전히 형성되지 않아서 이러한 리듬이 불규칙하다(김미연, 2013). 출생 직후부터 스스로 리듬을 만들 수 없으므로 발도르프교육에서는 일상생활의 반복과 같이 안정된 리듬을 형성하고 하루일과, 요일별 활동, 행사를 반복하는 리듬의 주기를 통해 유아에게 안정감을 제공한다.

### (5) 상상력 발달

발도르프 교육은 상상력의 발달을 중요하게 여기는 교육으로 영유아는 상상력이 내재된 존재로 인식한다. 그러나 완성된 놀잇감은 상상력을 자극할 수 없으므로 자연물을 활용한 소박한 놀잇감을 통해 상상력을 훈련하는 것이 필요하다고 강조한다.

## 3) 교육과정

### (1) 라이겐

라이겐reigen은 리듬활동의 하나로 교사와 유아가 함께 시, 노래, 동화의 내용을 신체를 활용하여 표현하는 것으로 계절의 변화와 인간활동 등을 주요 주제로 하는 '주제가 있는 움직임'이다(강인구, 2009). 예를 들면, 겨울에 나타나는 자연의 변화가 주제가 될 수 있다. 유아들은 원형으로 서서 이야기 내용을 표현하며, 라이겐에 들어가는 음들은 5도 음정으로 정서적인 안정감을 준다.

### (2) 오이리트미

오이리트미eurythmie는 슈타이너가 만든 동작예술로, 영적인 세계를 몸으로 표현하고 몸을 움직이는 놀이라고 할 수 있다(주진희, 2004). 간단한 리듬에 맞춰 몸을 움직이거나 나무막대 등을 이용하여 표현하기도 하는데, 오이리트미를 통해 시, 동화, 음악의 내용을 표현하기도 한다(곽노의, 1999). 오이리트미 활동의 목적은 동작을 습득하는 것이 아니라 신체를 통해 리듬을 느끼고 또래 및 교사와 공동체 속의 일체감을 느끼는 것이다.

### (3) 동화 읽기

발도르프 프로그램에서는 매일 하원하기 전 동화 모임을 갖고, 교사가 같은 동화를 2주 정도 매일 반복하여 들려준다. 교사는 자신이 소화한 동화 내용을 일관성 있게 반복적인 이야기로 들려주면서 유아에게 다가가고, 교사와 유아는 동화를 통해 인격적 관계를 맺어나간다(주진희, 2004). 교사의 이야기는 이후에 유아에게 자연스럽게 상상놀이로 나타날 수 있다.

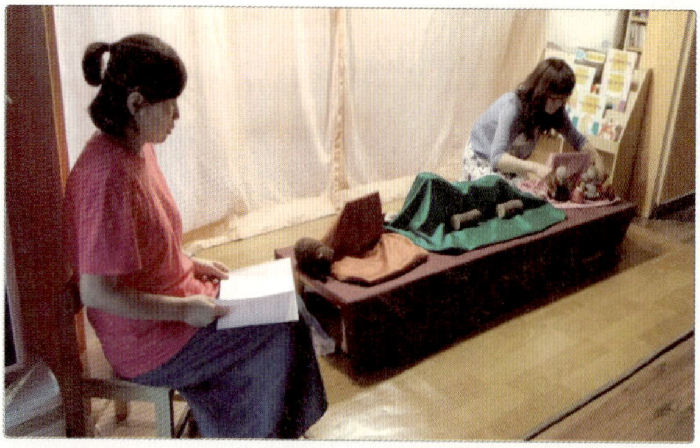

그림 2-15 | 동화를 읽으며 인형극을 보여 주는 선생님

### (4) 예술활동

발도르프 프로그램은 유아의 예술적인 작업을 중요하게 여기며, 유아들은 밀랍 점토 만들기, 라이겐, 그림 그리기, 노래 부르기, 동화 듣기 등을 통해 예술활동을 경험한다. 미술, 음악, 동작적 표현과 같은 예술교육에 중점을 두는 것은 살면서 부딪히는 위기를 극복하는 능력을 키우는 것이 목적이다(이대균 외, 2013).

### (5) 생활작업

수공예 및 목공예 등의 생활작업은 발도르프 프로그램의 교육과정에서 중요한 특징 중 하나이다. 유아들은 뜨개질, 바느질, 수놓기 등의 수공예를 통해 소근육을 발달시키고 집중력을 증진시키며 결과물은 유아들에게 성취감을 느끼게 한다(황민정, 2006). 또한 나무토막을 자르고 다듬는 목공예를 하며 자연을 느끼고 가꾸는 과정을 경험하게 된다.

### (6) 환경구성 및 놀잇감

발도르프 유치원의 물리적 환경에서 눈에 띄는 특징은 건물에 각이 없이 모두 곡선으로 이루어진 것이다. 이러한 환경적 요인은 각이 없는 곡선으로 이루어진 자연의 특성을 반영하는 것이다(주진희, 2004). 발달단계 중에서 7세까지의 교육에서 환경은 매우 중요한 교육적 요소로서, 발도르프 프로그램은 유아에게 신뢰감을 줄 수 있도록 질서 있는 환경을 제공하고자 한다. 공간적 질서는 세상에 대한 안정감 형성에 기여하기 때문에 놀이 중간 중간에 교사는 놀잇감을 점검하여 제자리에 배치하도록 한다(김미연, 2013). 교실환경은 주제에 따라 변화를 주는데, 반영한 계절탁자는 계절의 변화를 교실에 들여와서 유아들이 리듬생활의 변화를 예

그림 2-16 | 습식 수채화를 그리고 있는 유아들

측하고 계절의 변화를 느낄 수 있게 한다(서남숙, 2012).

장난감은 자연물로 만들어졌으며, 전자제품이나 플라스틱으로 만들어진 상업용 완제품은 장난감으로 사용하지 않는다. 완제품은 기능이 확정되어 있어서 자유로운 상상력을 펼칠 수 있는 기회를 제공하기 어렵기 때문이다. 발도르프에서 사용하는 장난감은 조개껍질, 솔방울, 돌 등의 자연물과 눈, 코, 입이 없는 인형 등으로 놀이를 통해 유아들이 의미를 부여하고 상상력을 발휘할 수 있는 대상들이다.

## 5. 생태유아교육

생태유아교육은 생명체에 대한 존중을 기초로 유아로 하여금 자연과 공생하는 방법을 습득하도록 한다. 산업화된 시대를 살아가고 있는 현대 유아들에게 자연과 놀이를 되찾아주는 것을 목적으로 하는 생태유아교육에 대해 알아보고자 한다.

### 1) 생태유아교육의 배경

생태교육은 생태학ecology과 유아교육의 합성어로 생명 중심적 가치를 지향하고, 총체적 시각에서 생태적 삶을 추구하는 생태론적 세계관에 기초한 유아교육이다(임재택, 2005). 현대화된 사회에서 문명의 발달로 생태계가 파괴되고 인간성이 상실되는 위기를 '생명존중교육', '생태 중심 교육', '공동체 중심 교육', '전인교육'의 가치로 극복하고자 하는 새로운 교육 패러다임이다(김현아, 2005). 생태유아교육의 목적은 사람과 자연이 하나 되는 생명공동체의 실현과 사람과 사람이 함께 사는 세상을 구현하며, 아이들이 행복한 세상을 만드는 것이다(임재택, 2005). 생태유아교육은 지식과 기능 중심의 교육에서 벗어나 생명가치를 존중하고 자연성을 실현하는 것에 초점을 둔 교육으로(김지은 외, 2006), 유아교육의 하나의 영역이나 교과를 뜻하는 유아생태교육과는 의미가 다르다. 생태유아교육에서는 아동을 각자의 고유한 성장 가능성을 가지고 있는 존재로 보고, 성장과 발달은 자연의 시간 속에서 스스로의 노력으로 이루어진다고 본다(홍강혜, 2011).

## 2) 교육 목표 및 교육 원리

생태유아교육은 유아에게 자연과 놀이를 찾아주는 데 그 목적이 있으며, 자연과 인간이 함께 공존하고 공생하는 것을 목표로 하기 때문에 아이의 몸과 마음, 영혼을 살릴 수 있는 활동을 중심으로 교육과정을 운영한다(안현주, 2008). 또한 우리의 전통적 가치와 놀이를 적용하여 가장 한국적인 아이로 키우는 것을 추구한다. 생태유아교육의 교육 원리는 다음의 세 가지로 설명할 수 있다(김현아, 2005 ; 임재택, 2005).

### (1) 잃어버린 자연을 되찾아주는 교육

산업화되고 도시화된 현대사회에서 영유아들은 자연 속에서 친구들과 함께 뛰어노는 경험을 하지 못하고 있다. 생태유아교육에서는 자연을 잃어버린 영유아들이 자연과 함께 자라고 자연의 순리를 알아가도록 교육한다.

### (2) 잃어버린 놀이를 되찾아주는 교육

생태유아교육에서는 일, 놀이 그리고 공부가 하나로 통합되어, 농부에게는 씨앗을 뿌리고, 가꾸고, 수확하는 과정이 재미있는 일이며, 과정 전체가 공부인 것처럼, 아이들에게도 손과 발을 움직여 다양한 활동을 하면서 마음껏 놀이를 하도록 하고, 놀이 안에서 공부가 자연스럽게 이루어지도록 한다.

### (3) 아이다움을 되찾아 주는 교육

생태유아교육에서는 자연에서 태어난 아이들은 자연을 닮아 있으며, 자연의 품에서 자연의 원리에 따라 타고난 선한 본성을 간직하도록 키워져야 한다고 강조한다. 현대 산업사회에서 아이다움을 잃어버린 아이들이 아이다움을 되찾아 자연의 이치대로 자라게 해주는 것이 생태유아교육이다.

### 3) 교육과정

생태유아교육 프로그램의 구체적인 교육과정은 다음과 같다(임재택 · 하정연, 2004).

#### (1) 바깥놀이

생태유아교육 프로그램에서는 유아들을 교실에서 데리고 나가 교실로부터 해방시키는 것이 생태유아교육 실천의 출발점이라고 강조한다(임재택, 2005). 바깥놀이를 통해 지적 호기심과 상상력을 증진시키고 계절의 변화를 체감하며, 자연을 통해 생명의 소중함을 알아가게 된다. 이러한 과정에서 사회성이 증진되어 또래와 더불어 사는 능력을 키우게 된다. 바깥놀이는 일상적인 활동이 되어야 하고, 하루 중 오전 혹은 오후 내내 이루어질 수도 있다. 바깥놀이를 통해 주제에 대한 탐색활동이 이루어져서 바깥놀이가 확장될 수 있도록 계획하고 자연물을 활용한 놀이를 계획한다.

#### (2) 산책놀이

유아들은 걸어다니면서 다양한 사람, 사물, 자연현상을 만나며 관찰하게 되고, 걸으며 사색하고 즐거움을 느끼게 되는 산책은 자연물을 직접 시각 · 촉각 · 후각 · 청각을 통해 경험하는 체험적 교육활동이다(임재택, 2005). 맑은 날뿐 아니라 흐린 날, 바람 부는 날, 비 오는 날은 나름대로 자연을 경험하고 관찰할 수 있는 기회가 된다. 산책 장소는 가까운 곳에서 조금씩 거리를 넓혀가고, 동네, 시장, 동사무소, 경찰서 등 사람과 자연이 있는 곳이면 산책놀이가 이루어질 수 있으며(이부미, 2001), 인위적인 곳보다 자연적이고 조용하며 볼거리가 많은 곳을 선택하도록 한다(하정연, 2004).

#### (3) 텃밭 가꾸기

텃밭 가꾸기는 교사와 유아들이 함께 텃밭에 씨앗을 뿌리고 가꾸면서 흙을 가까

그림 2-17 | 바깥놀이 중에 흙을 탐색하고 있는 유아들

그림 2-18 | 어린이집 앞 공원을 산책하면서 꽃을 관찰하고 있는 유아

이 하게 되고, 식물의 성장과정을 관찰할 수 있으며 수확의 기쁨을 누리게 한다. 또한 수확을 위한 노동의 보람을 느낄 수 있고, 자연의 변화를 체감할 수 있는 기회가 된다.

### (4) 노인 · 아동 간 상호작용

노인과 아동들의 세대 간 교류를 위해 노인들이 어린이집 보육활동에 자원봉사자로 참여하도록 한다. 자원봉사자에 대한 사전교육을 실시하고, 예절지도, 민속활동지도, 요리활동지도, 바깥놀이지도, 산책 및 텃밭 가꾸기 등 다양한 활동에 참여하게 된다(하정연, 2002). 이러한 노인 · 아동 간 상호작용 프로그램을 통해 노인들은 보람을 얻을 수 있고 아이들은 노인에 대한 긍정적인 인식을 갖게 되며 가족적 분위기를 느낄 수 있다.

### (5) 세시풍속

세시풍속은 계절의 변화에 대한 생활의 주기성을 알게 하며, 우리나라 고유의 놀이와 삶의 지혜를 아는 기회를 제공한다(임재택 · 하정연, 2004). 설, 정월대보름, 삼월삼짇날, 한식, 단오, 칠석, 백중, 추석, 중양절, 동지 섣달그믐 등의 명절에 먹을거리, 놀거리, 풍습을 알아보고 직접 재현해 본다(하정연, 2002).

그림 2-19 | 차 마시기를 통해 명상활동을 하는 유아들

### (6) 명상

명상은 눈을 감고 마음을 닦는 것으로, 명상을 통해 감각이 예민해지고 건강해진다. 침묵하기, 생각하기, 기도하기, 자신의 모습 관찰하기, 바라보기, 귀 기울여보기, 일터의 엄마, 아빠 생각해보기, 동화를 들은 후 눈을 감고 내용을 회상하기, 차 마시기 등 다양한 활동을 통해 명상을 할 수 있다(정현순, 2010). 명상시간은 스트레스를 완화시키고 정서적으로 안정감을 줄 수 있으며, 인내심을 증진시킬 수 있다.

### (7) 절제 · 절약 프로그램

무절제하게 물질을 소비하는 현대사회에서 아껴 쓰고, 나눠 쓰고, 바꿔 쓰고, 다시 쓰는 '아나바다 운동'과 같이 실천적으로 절제하고 절약하는 습관을 형성할 수 있도록 한다. 벼룩시장 및 알뜰마당을 열어서 자신이 쓰지 않는 물건들을 타인이 재사용할 수 있는 기회를 제공하고, 물과 에너지 아껴 쓰기, 일회용품 안 쓰기 등과 같은 활동을 함께 한다.

### (8) 손끝놀이

손끝놀이는 손끝을 사용하여 손가락 체조하기, 바느질, 곡식을 숟가락과 젓가락을 이용해서 옮기기, 종이접기, 실뜨기, 털실 짜기 등을 하는 것으로 손의 사용을 통해 머리, 마음, 손이 조화롭게 발달하는 것을 목표로 한다(임재택 · 하정연, 2004).

이 외에도 올바른 식습관을 형성하고 계절에 맞는 먹을거리를 나누며 음식의 소중함을 느끼게 하는 먹을거리 프로그램이 있고, 동물을 키우며 생명의 세계를 경험하는 동물 교감 프로그램, 농촌과 도시의 아이들이 서로의 문화를 이해할 수 있는 도시농촌 교류 프로그램, 몸을 자극하여 오장육부를 건강히 하고 몸을 유연하게 하는 몸짓놀이 등이 있다(임재택 · 하정연, 2004).

# 우리나라 현행 보육과정

Chapter 3

1. 보육과정의 구성과 역사
2. 표준보육과정과 누리과정의 비교
3. 표준보육과정과 누리과정의 연령별 목표와 내용
4. 표준보육과정과 누리과정의 연령별 지도 내용

# 3

보육과정은 표준보육과정의 개정과 누리과정의 실시를 통해 변화를 거듭해 왔다. 현재는 만 0~2세에 해당하는 표준보육과정과 만 3~5세에 해당하는 누리과정을 표준으로 하여 보육이 이루어지고 있다. 본 장에서는 표준보육과정과 누리과정의 개발 변천사와 연령별 지도 목표 및 지도 내용을 비교해 보았으며, 본 장의 내용은 교육부, 보건복지부, 육아정책연구소에서 공동 발행한 〈5세 누리과정지도를 위한 유치원·어린이집 교사 연구자료집〉 등을 참고로 하여 기술되었다.

# 1. 보육과정의 구성과 역사

## 1) 제1차 표준보육과정

2004년 1월 30일에 시행된 영유아보육법 '제29조 제2항'에서 표준보육과정의 개발과 보급이 명시된 바 있다. 이는 1990년대 이후 어린이집의 양적 성장을 기반으로 한 질적 수준 향상에 대한 수요가 반영된 것이었다. 여성의 사회참여가 확대되고 영유아의 어린이집 이용률이 증가하면서 어린이집에서 제공되는 보육의 질이 국가적 수준을 갖출 필요성이 제기되었다.

이러한 사회적 필요에 의해 제1차 표준보육과정이 2007년 1월 개발되고 고시되었다. 표준보육과정의 어린이집 보급과 적용을 위해 '표준보육과정의 구체적 보육내용 및 교사지침'이 개발되었고, 보육교사들이 현장에서 적용할 수 있도록 연령별 보육 프로그램 개발 또한 이루어졌으며, 표준보육과정 해설서도 영역별로 2005년과 2007년에 걸쳐 개발 수정되었다. 그러나 2007년의 '표준보육과정의 구체적 보육내용 및 교사지침'은 책자를 통한 공식적인 보급이 이루어지지 않았고, 내용이 지나치게 단순하거나 중복되었으며 영유아의 연령이나 월령에 따른 수준 적용이 현실적이지 않는 등 내용 면의 완성도도 떨어져 어린이집에서 실제로 표준보육과정을 적용하기에는 어려움이 많았다.

### (1) 추구하는 인간상

- 자율적인 사람
- 창의적인 사람
- 다양성을 인정하는 사람
- 민주적인 사람
- 우리 문화를 사랑하는 사람

#### (2) 구성체계

① 각 영역을 연령집단별로 구분

만 2세 미만, 만 2세, 만 3~5세

② 각 연령집단별 수준의 구분

- 만 2세 미만 : 1·2·3수준
- 만 2세 : 1·2수준
- 만 3~5세 : 1·2·3수준

③ 총 6개의 영역

기본생활, 신체운동, 사회관계, 의사소통, 자연탐구, 예술경험

### 2) 제2차 표준보육과정

제2차 표준보육과정 개정에서는 제1차 표준보육과정의 개발과정에서 거쳤던 시행착오를 개선하여 만 2세 미만 연령집단의 3가지 수준을 4단계의 수준으로 세분화하여 6개월 단위로 수준을 구분하였다. 해설서에 각 영역별 구성체계를 더 상세히 기술하고 표준보육과정의 방향을 잘 나타내기 위해 총론을 추가하였다.

#### (1) 추구하는 인간상

- 자율적인 사람
- 창의적인 사람
- 다양성을 인정하는 사람
- 민주적인 사람
- 자연과 우리 문화를 사랑하는 사람

#### (2) 구성체계

① 각 영역을 연령집단별로 구분

만 2세 미만, 만 2세, 만 3~4세

② 각 연령집단별 수준의 구분

- 만 2세 미만 : 1·2·3수준
- 만 2세 : 1·2수준
- 만 3~5세 : 1·2·3수준

③ 총 6개의 영역

기본생활, 신체운동, 사회관계, 의사소통, 자연탐구, 예술경험

### 3) 만 5세 누리과정

누리과정은 그동안 이원화되어 있던 유치원교육과정과 보육과정을 통합하는 의미를 지닌다. 만 5세를 위한 보육과정이 2011년 9월 5일 '5세 누리과정'으로 고시되면서 만 5세아를 위한 보육과 교육이 공통된 국가적 수준을 갖추게 되었다.

### 4) 만 3~4세 누리과정 확대 및 만 3~5세 누리과정 개정

2012년 7월 교육과학기술부와 보건복지부는 유치원과 어린이집에 만 3~5세 누리과정을 고시하였다. 이 과정에서 만 3~4세 누리과정이 포함되고 만 5세 누리과정이 일부 개정되었다. 이어 만 5세 해설서, 지침서, 교사용 지도서가 개정되고, 만 3~4세 해설서, 지침서, 교사용 지도서가 마련되었다. 마련된 누리과정은 각 어린이집의 담당교사가 집합연수를 통해 누리과정을 국가적으로 표준화된 교육과정으로 전달받았다.

### 5) 제3차 표준보육과정

제3차 표준보육과정은 2013년 1월 21일에 개정되었다. 누리과정에서 시행하는 만 3~5세 교육과정에 맞춰 제3차 표준보육과정에서는 만 0~2세를 위한 표준보육과정과 만 3~5세를 위한 누리과정을 연계하여 만 0~5세의 연령별, 수준별 보육 ·

교육 내용을 마련하였다.

### (1) 추구하는 인간상

- 심신이 건강하고 행복한 사람
- 자율적이고 창의적인 사람
- 자신과 타인을 존중하고 배려하는 사람
- 자연과 우리 문화를 사랑하는 사람
- 다양성을 인정하는 민주적인 사람

### (2) 구성체계

#### ① 각 영역을 연령집단별로 구분

만 0~1세, 만 2세, 만 3~5세

#### ② 각 연령집단별 수준의 구분

- 만 0~1세 : 1·2·3·4수준

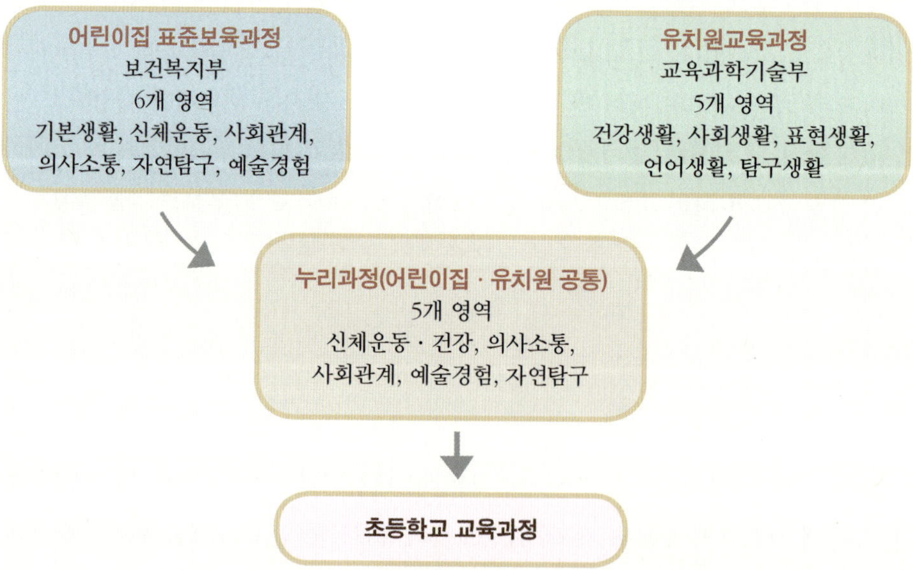


그림 3-1 | 표준보육과정과 누리과정의 개발경로

• 만 2세 : 1·2수준
• 만 3~5세 : 1·2·3수준

③ 각 연령별 영역구분
• 만 0~1세와 만 2세는 총 6개의 영역기본생활, 신체운동, 의사소통, 사회관계, 예술경험, 자연탐구
• 만 3~5세는 총 5개의 영역 : 신체운동·건강, 의사소통, 사회관계, 예술경험, 자연탐구

## 2. 표준보육과정과 누리과정의 비교

보육과 교육과정을 통합하는 누리과정을 개발하기 위해서는 영역과 연령에 따른 구성체계를 정비하였고, 이에 따라 표준보육과정과 누리과정은 유사점과 차이점을 가지고 있다. 영유아를 돌보고 교육하는 내용에서 기본적인 전제는 유사하나 구성체계나 대상연령의 구분에서 차이를 발견할 수 있다.

표 3-1 | 표준보육과정과 누리과정의 비교

| 구분 | 표준보육과정 | 누리과정 |
|---|---|---|
| 정의 | 어린이집 표준보육과정은 어린이집의 만 0~5세 영유아들에게 국가 수준에서 제공하는 보편적이고 공통적인 보육의 목표와 내용을 제시한 것이다. 어린이집 표준보육과정은 0~1세 보육과정, 2세 보육과정, 3~5세 보육과정(누리과정 포함)으로 구성된다. | 우리나라 만 3~5세 어린이 모두의 꿈과 희망을 위해 국가가 공정한 보육 · 교육의 기회를 보장하는 제도로, 어린이집과 유치원에서 동일한 내용을 학습한다. (기존 소득하위 70%에게만 제공되었던 보육료와 유아교육비가 부모의 소득 수준에 관계없이 모든 계층에 제공된다) |
| 대상 | 만 0~5세(3~5세는 누리과정에 포함) | 만 3~5세 |
| 인간상 | • 심신이 건강하고 행복한 사람<br>• 자율적이고 창의적인 사람<br>• 자신과 타인을 존중하고 배려하는 사람<br>• 자연과 우리문화를 사랑하는 사람<br>• 다양성을 인정하는 민주적인 사람 | |
| 영역 | 기본생활, 신체운동, 의사소통, 사회관계, 예술경험, 자연탐구 | 신체운동 · 건강, 의사소통, 사회관계, 예술경험, 자연탐구 |

(계속)

<table>
<tr><th>구분</th><th>표준보육과정</th><th>누리과정</th></tr>
<tr><td>구성체계</td><td>• 만 0~1세 및 2세 : 수준별 세부 내용<br>• 만 3~5세 : 연령별 세부 내용(누리과정 포함)</td><td>연령별 세부 내용</td></tr>
<tr><td>기본전제</td><td colspan="2">• 영유아는 개별적 특성을 지닌 고유한 존재이다.<br>• 영유아는 연령에 따라 발달적 특성이 질적으로 다르다.<br>• 영유아는 그 자체로서 존중받아야 하는 존재이다.<br>• 영유아는 직접적으로 경험할 때 의미 있는 지식, 기술 및 바람직한 태도를 형성해 간다.<br>• 영유아는 일상생활이 편안하고 학습과 경험이 놀이 중심으로 이루어질 때, 최대의 능력이 발휘된다.<br>• 영유아는 민감하고 반응적인 성인과의 신뢰 있는 관계 속에서 최적의 발달을 이룬다.<br>• 영유아가 속한 가정, 지역사회가 함께 협력할 때 영유아에게 가장 긍정적인 영향을 미친다.</td></tr>
<tr><td>목적</td><td colspan="2">영유아의 건강과 전인적 발달을 도와 행복을 도모하며 민주시민의 기초를 형성하는 것을 목적으로 한다.</td></tr>
<tr><td>만 0~1세</td><td>• 건강하고 안전한 일상생활을 경험한다.<br>• 감각 및 기본 신체운동능력을 기른다.<br>• 말소리를 구분하고 의사소통의 기초를 마련한다.<br>• 친숙한 사람과 관계를 형성한다.<br>• 아름다움에 관심을 가진다.<br>• 보고, 듣고, 만지면서 주변환경에 관심을 가진다.</td><td rowspan="2">• 기본운동능력과 건강하고 안전한 생활습관을 기른다.<br>• 일상생활에 필요한 의사소통능력과 바른 언어 사용 습관을 기른다.<br>• 자신을 존중하고 다른 사람과 더불어 생활하는 태도를 기른다.<br>• 아름다움에 관심을 가지고 예술경험을 즐기며, 창의적으로 표현하는 능력을 기른다.<br>• 호기심을 가지고 주변세계를 탐구하며, 일상생활에서 수학적 · 과학적 문제해결능력을 기른다.</td></tr>
<tr><td>만 2세</td><td>• 건강하고 안전한 일상생활을 경험한다.<br>• 감각, 신체조절 및 기본운동능력을 기른다.<br>• 의사소통능력의 기초를 기른다.<br>• 나를 인식하고 다른 사람과 더불어 생활하는 경험을 한다.<br>• 아름다움에 관심을 가지고 예술경험을 즐긴다.<br>• 주변환경에 호기심을 갖고 탐색하기를 즐긴다.</td></tr>
</table>

## 3. 표준보육과정과 누리과정의 연령별 목표와 내용

### 1) 기본생활영역

**표 3-2** | 기본생활영역의 연령별 목표

<table>
<tr><th colspan="2">표준보육과정</th><th>누리과정</th></tr>
<tr><th>만 0~1세</th><th>만 2세</th><th>만 3~5세</th></tr>
<tr><td>건강하고 편안한 일상생활을 경험한다.</td><td>건강한 생활습관의 기초를 경험한다.</td><td rowspan="2">해당 없음</td></tr>
<tr><td>안전한 생활을 경험한다.</td><td>안전한 생활습관의 기초를 경험한다.</td></tr>
</table>

표 3-3 | 기본생활영역의 연령별 내용범주

| 과정구분 / 내용범주 | 표준보육과정 | | 누리과정 |
|---|---|---|---|
| | 만 0~1세 | 만 2세 | 만 3~5세 |
| 건강하게 생활하기 | 몸을 깨끗이 하기 | 몸을 깨끗이 하기 | 해당 없음 |
| | 즐겁게 먹기 | 바르게 먹기 | |
| | 건강한 일상생활하기 | 건강한 일상생활하기 | |
| | | 질병에 대해 알기 | |
| 안전하게 생활하기 | 안전하게 지내기 | 안전하게 놀이하기 | 해당 없음 |
| | 위험한 상황에 반응하기 | 교통안전 알기 | |
| | | 위험한 상황 알기 | |

## 2) 신체운동영역

표 3-4 | 신체운동영역의 연령별 목표

| 표준보육과정(신체운동영역) | | 누리과정 (신체운동 · 건강영역) |
|---|---|---|
| 만 0~1세 | 만 2세 | 만 3~5세 |
| 감각기능을 발달시키고 자신의 신체를 탐색한다. | 감각능력을 기르고, 자신의 신체 움직임을 탐색한다. | 감각능력을 기르고, 자신의 신체를 긍정적으로 인식한다. |
| 대 · 소근육을 조절하고 걷기 등의 능력을 기른다. | 안정된 자세로 대 · 소근육을 조절하고 기본운동능력을 기른다. | 신체를 조절하고 기본운동능력을 기른다. |
| 규칙적으로 신체활동에 참여한다. | 규칙적으로 신체활동에 참여한다. | 신체활동에 즐겁게 참여한다. |
| | | 건강한 생활습관을 기른다. |
| | | 안전한 생활습관을 기른다. |

표 3-5 | 신체운동영역의 연령별 내용범주

| 과정구분 / 내용범주 | 표준보육과정 | | 누리과정 |
|---|---|---|---|
| | 만 0~1세 | 만 2세 | 만 3~5세 |
| 감각과 신체 인식하기 | 감각적 자극에 반응하기 | 감각능력 기르기 | 감각능력 기르고 활용하기 |
| | 감각기관으로 탐색하기 | 감각기관 활용하기 | 신체를 인식하고 움직이기 |
| | 신체 탐색하기 | 신체를 인식하고 움직이기 | |

(계속)

| 과정구분 / 내용범주 | 표준보육과정 | | 누리과정 |
|---|---|---|---|
| | 만 0~1세 | 만 2세 | 만 3~5세 |
| 신체조절과 기본운동하기 | 신체 균형 잡기 | 신체 균형 잡기 | 신체 조절하기 |
| | 대근육 조절하기 | 대근육 조절하기 | |
| | 소근육 조절하기 | 소근육 조절하기 | 기본운동하기 |
| | 기본운동하기 | 기본운동하기 | |
| 신체활동에 참여하기 | 몸 움직임 즐기기 | 신체활동에 참여하기 | 자발적으로 신체활동에 참여하기 |
| | 바깥에서 신체 움직이기 | 바깥에서 신체활동하기 | 바깥에서 신체활동하기 |
| | 기구를 이용하여 신체활동 시도하기 | 기구를 이용하여 신체활동하기 | 기구를 이용하여 신체활동하기 |
| 건강하게 생활하기 | 해당 없음 | 해당 없음 | 몸과 주변을 깨끗이 하기 |
| | | | 바른 식생활하기 |
| | | | 건강한 일상생활하기 |
| | | | 질병 예방하기 |
| 안전하게 생활하기 | 해당 없음 | 해당 없음 | 안전하게 놀이하기 |
| | | | 교통안전규칙 지키기 |
| | | | 비상시 적절히 대처하기 |

## 3) 의사소통영역

**표 3-6** | 의사소통영역의 연령별 목표

| 표준보육과정 | | 누리과정 |
|---|---|---|
| 만 0~1세 | 만 2세 | 만 3~5세 |
| 주변의 소리와 말소리 듣기에 관심을 보인다. | 다른 사람의 말과 짧은 이야기 듣는 것을 즐긴다. | 다른 사람의 말을 주의 깊게 듣는 태도와 이해하는 능력을 기른다. |
| 표정, 소리, 몸짓으로 자신의 생각과 느낌을 표현한다. | 자신의 생각과 느낌을 말로 주고받기를 즐긴다. | 자신의 생각과 생각을 말하는 능력을 기른다. |
| 짧은 그림책이나 친숙한 환경 인쇄물에 관심을 가진다. | 그림책이나 환경 인쇄물에 관심을 가지며 글의 내용에 흥미를 가진다. | 글자와 책에 친숙해지는 경험을 통하여 글자 모양을 인식하고 읽기에 흥미를 가진다. |
| 끼적이기에 관심을 가진다. | 글자 형태 끼적이기에 관심을 가진다. | 말과 글의 관계를 알고 자신의 생각, 느낌, 경험을 글로 표현하는 데 관심을 가진다. |

**표 3-7 | 의사소통영역의 연령별 내용범주**

| 과정구분 / 내용범주 | 표준보육과정 | | 누리과정 |
|---|---|---|---|
| | 만 0~1세 | 만 2세 | 만 3~5세 |
| 듣기 | 주변의 소리와 말소리 구분하여 듣기 | 말소리 구분하여 듣고 의미 알기 | 낱말과 문장 듣고 이해하기 |
| | 경험과 관련된 말 듣고 알기 | 짧은 문장 듣고 알기 | 이야기 듣고 이해하기 |
| | 운율이 있는 말 듣기 | 짧은 이야기 듣기 | 동요, 동시, 동화 듣고 이해하기 |
| | 말하는 사람을 보기 | 말하는 사람을 주의 깊게 보기 | 바른 태도로 듣기 |
| 말하기 | 발성을 발음으로 소리 내기 | 낱말과 간단한 문장으로 말하기 | 낱말과 문장으로 말하기 |
| | 표정, 몸짓, 말소리로 말하기 | 자신이 원하는 것을 말하기 | 느낌, 생각, 경험 말하기 |
| | 말할 순서 구별하기 | 상대방을 바라보며 말하기 | 상황에 맞게 바른 태도로 말하기 |
| 읽기 | 그림책과 환경 인쇄물에 관심 가지기 | 그림책과 환경 인쇄물에 흥미 가지기 | 읽기에 흥미 가지기 |
| | | | 책 읽기에 관심 가지기 |
| 쓰기 | 끼적이기 | 끼적이며 즐기기 | 쓰기에 관심 가지기 |
| | | | 쓰기 도구 사용하기 |

## 4) 사회관계영역

**표 3-8 | 사회관계영역의 연령별 목표**

| 표준보육과정 | | 누리과정 |
|---|---|---|
| 만 0~1세 | 만 2세 | 만 3~5세 |
| 자신과 다른 사람을 구별된 존재로 인식한다. | 자기존중감을 형성한다. | 자신을 소중히 여기며 자율성을 기른다. |
| 기본 정서를 표현하고 다른 사람의 감정에 주의를 기울인다. | 자신의 감정을 알고 다른 사람의 감정에 반응을 보인다. | 자신과 타인의 감정을 알고, 자신의 감정을 적절하게 표현하고 조절한다. |
| 안정적인 애착을 형성하고 또래나 교사와 함께 지낸다. | 가족을 사랑하고 또래, 교사와 즐겁게 지내며 간단한 규칙 등을 지킨다. | 가족과 화목하게 지내며 서로 협력한다. |
| | | 친구, 공동체 구성원들과 서로 돕고, 예의·규칙 등 사회적 가치를 알고 지킨다. |
| | | 우리 동네, 우리나라, 다른 나라에 관심을 가진다. |

**표 3-9** | 사회관계영역의 연령별 내용범주

<table>
<tr><th rowspan="2">과정구분<br>내용범주</th><th colspan="2">표준보육과정</th><th>누리과정</th></tr>
<tr><th>만 0~1세</th><th>만 2세</th><th>만 3~5세</th></tr>
<tr><td rowspan="2">나를 알고 존중하기</td><td>나를 구별하기</td><td>나를 구별하기</td><td>나를 알고, 소중히 여기기</td></tr>
<tr><td>나의 것 인식하기</td><td>좋아하는 것 해보기</td><td>나의 일 스스로 하기</td></tr>
<tr><td rowspan="2">나와 다른 사람의 감정 알기</td><td>나의 감정을 나타내기</td><td>나의 감정을 나타내기</td><td rowspan="2">해당 없음</td></tr>
<tr><td>다른 사람에게 주의 기울이기</td><td>다른 사람의 감정에 반응하기</td></tr>
<tr><td rowspan="2">나와 다른 사람의 감정 알고 조절하기</td><td rowspan="2">해당 없음</td><td rowspan="2">해당 없음</td><td>나와 다른 사람의 감정 알고 표현하기</td></tr>
<tr><td>나의 감정 조절하기</td></tr>
<tr><td rowspan="4">더불어 생활하기</td><td>안정적인 애착 형성하기</td><td>내 가족 알기</td><td rowspan="4">해당 없음</td></tr>
<tr><td>또래에 관심 가지기</td><td>또래와 관계하기</td></tr>
<tr><td>자신이 속한 집단 알기</td><td>자신이 속한 집단 알기</td></tr>
<tr><td>사회적 가치를 알기</td><td>사회적 가치를 알기</td></tr>
<tr><td rowspan="2">가족을 소중히 여기기</td><td rowspan="2"></td><td rowspan="2"></td><td>가족과 화목하게 지내기</td></tr>
<tr><td>가족과 협력하기</td></tr>
<tr><td rowspan="3">다른 사람과 더불어 생활하기</td><td rowspan="3"></td><td rowspan="3"></td><td>친구와 사이좋게 지내기</td></tr>
<tr><td>공동체에서 화목하게 지내기</td></tr>
<tr><td>사회적 가치를 알고 지키기</td></tr>
<tr><td rowspan="3">사회에 관심 가지기</td><td></td><td></td><td>지역사회에 관심을 가지고 이해하기</td></tr>
<tr><td></td><td></td><td>우리나라에 관심 갖고 이해하기</td></tr>
<tr><td></td><td></td><td>세계와 여러 문화에 관심 가지기</td></tr>
</table>

## 5) 예술경험영역

표 3-10 | 예술경험영역의 연령별 목표

| 표준보육과정 | | 누리과정 |
|---|---|---|
| 만 0~1세 | 만 2세 | 만 3~5세 |
| 자신의 신체와 주변의 감각 자극에 호기심을 가지고 반응한다. | 주변생활에서 예술적 요소를 발견하고 흥미롭게 탐색한다. | 자연과 주변환경에서 발견한 아름다움과 예술적 요소에 관심을 갖고 탐색한다. |
| 소리와 움직임으로 반응하고, 단순한 미술을 경험하며, 모방행동을 즐긴다. | 간단한 리듬이나 노래, 움직임, 자발적인 미술활동을 자유롭게 시도하고 모방이나 상상놀이로 표현한다. | 자신의 생각과 느낌을 음악, 움직임과 춤, 미술, 극놀이를 통해 창의적으로 표현하는 것을 즐긴다. |
| 친근한 소리나 노래를 즐겨듣고, 자연물, 사물, 주변환경에 관심을 가진다. | 주변의 환경과 자연 및 다양한 표현에서 예술적 요소를 관심 있게 보고 즐긴다. | 자연과 다양한 예술작품을 감상하며, 풍부한 감성과 심미적 태도를 기른다. |

표 3-11 | 예술경험영역의 연령별 내용범주

| 과정구분 / 내용범주 | 표준보육과정 | | 누리과정 |
|---|---|---|---|
| | 만 0~1세 | 만 2세 | 만 3~5세 |
| 아름다움 찾아보기 | 예술적 요소에 호기심 가지기 | 예술적 요소 탐색하기 | 음악적 요소 탐색하기 |
| | | | 움직임과 춤 요소 탐색하기 |
| | | | 미술적 요소 탐색하기 |
| 예술적 표현하기 | 리듬 있는 소리로 반응하기 | 리듬 있는 소리와 노래로 표현하기 | 음악으로 표현하기 |
| | 움직임으로 반응하기 | 움직임으로 표현하기 | 움직임과 춤으로 표현하기 |
| | 단순한 미술경험하기 | 자발적으로 미술활동하기 | 미술활동으로 표현하기 |
| | | | 극놀이로 표현하기 |
| | 모방행동 즐기기 | 모방과 상상놀이하기 | 통합적으로 표현하기 |
| 예술 감상하기 | 아름다움 경험하기 | 아름다움 즐기기 | 다양한 예술 감상하기 |
| | | | 전통예술 감상하기 |

## 6) 자연탐구영역

표 3-12 | 자연탐구영역의 연령별 목표

| 표준보육과정 | | 누리과정 |
|---|---|---|
| 만 0~1세 | 만 2세 | 만 3~5세 |
| 주변 사물에 대한 탐색을 시도한다. | 호기심을 가지고 주변세계에 대해 다양하게 탐색한다. | 주변의 사물과 자연세계에 대해 알고자 하는 호기심을 가지고 탐구하는 태도를 기른다. |
| 주변에서 일어나는 수학적 상황을 지각한다. | 주변에서 경험하는 수학적 상황을 인식한다. | 생활 속의 여러 상황과 문제를 논리 · 수학적으로 이해하고 해결하기 위한 기초능력을 기른다. |
| 감각과 조작을 통하여 주변 사물과 자연환경에 대해 지각한다. | 다양한 탐색을 통하여 주변 사물과 자연환경을 인식한다. | 주변의 관심 있는 사물과 생명체 및 자연현상을 탐구하기 위한 기초능력을 기른다. |

표 3-13 | 자연탐구영역의 연령별 내용범주

| 과정구분 / 내용범주 | 표준보육과정 | | 누리과정 |
|---|---|---|---|
| | 만 0~1세 | 만 2세 | 만 3~5세 |
| 탐구하는 태도 기르기 | 사물에 관심 가지기 | 호기심 가지기 | 호기심을 유지하고 확장하기 |
| | 탐색 시도하기 | 반복적 탐색 즐기기 | 탐구과정 즐기기 |
| | | | 탐구기술 활용하기 |
| 수학적 탐구하기 | 수량 지각하기 | 수량 인식하기 | 수와 연산의 기초개념 알아보기 |
| | 주변공간 탐색하기 | 공간과 도형에 관심 가지기 | 공간과 도형의 기초개념 알아보기 |
| | 차이를 지각하기 | 차이에 관심 가지기 | 기초적인 측정하기 |
| | 간단한 규칙성 지각하기 | 단순한 규칙성에 관심 가지기 | 규칙성 이해하기 |
| | | 구분하기 | 기초적인 자료수집과 결과 나타내기 |
| 과학적 탐구하기 | 물체와 물질 탐색하기 | 물체와 물질 탐색하기 | 물체와 물질 알아보기 |
| | 주변 동 · 식물에 관심 가지기 | 주변 동 · 식물에 관심 가지기 | 생명체와 자연환경 알아보기 |
| | 주변자연에 관심 가지기 | 자연을 탐색하기 | 자연현상 알아보기 |
| | 생활도구 탐색하기 | 생활도구 사용하기 | 간단한 도구와 기계 활용하기 |

# 4. 표준보육과정과 누리과정의 연령별 지도 내용

## 1) 기본생활영역

### (1) 만 0~1세

그림 3-2 | 빨대컵을 이용해 스스로 물을 마시는 영아

영아가 안정된 수면주기를 형성하고 건강한 배설능력을 갖추도록 하기 위해 교사는 편안한 낮잠경험과 위생적인 기저귀 갈기를 제공해 주어야 한다. 신체를 청결하게 유지하고 발달 특성과 환경조건에 맞는 적절한 의복 입히기 활동도 건강한 신체를 유지하기 위해 필수적이다. 질병 예방을 위한 예방접종에 대해 인식하고 건강한 생활습관을 위해 쾌적한 환경을 유지한다. 등원 시 일상적 건강상태를 확인하고 수시로 영아 건강상태를 관찰하며, 촉탁 의사제도 등을 통해 정기적으로 건강검진을 실시한다.

영아가 보이는 배고픔의 신호를 교사는 항상 정확하게 파악해야 하며 영아발달상태에 맞게 적절한 시간간격과 양을 파악하여 수유한다. 수유할 때는 애정적인 자세로 수유해야 하고, 우유병과 젖꼭지를 늘 청결하게 관리해야 한다. 6개월 이후에는 이유단계를 정확히 파악하고, 균형 있는 영양이 담긴 이유식을 제공한다. 음식 알러지가 있는 영아와 아토피 피부염이 있는 영아의 경우, 이유시기와 이유식 재료가 일반 영아와 다를 수 있으므로 부모와 상의 후 결정해야 한다.

사고를 예방할 수 있는 안전한 보육환경을 제공하고, 뒤집기, 걷기 등의 운동을 위해 안전하게 활동할 수 있는 공간을 마련한다. 입에 넣을 수 있는 물건을 주의하여 배치하며, 적절한 온도의 목욕물을 제공한다. 뜨거운 물체를 주위에 두지 않도록 하고 전기사고가 일어날 수 있는 콘센트나 기기 등을 멀리 두도록 한다.

### (2) 만 2세

식욕이 감퇴하는 시기이며 자율적으로 음식을 거부하고 선호하는 등의 고집을

그림 3-3 | 손 씻기 교육을 받고 있는 영아들

보이기도 하므로 올바른 식습관 형성을 위한 활동을 제공한다. 수저와 식기 사용하기 활동을 놀이처럼 진행하여 자연스럽게 익히도록 하며, 식사 시 기본예절과 식사준비에 대해 감사하는 마음도 갖도록 지도한다. 식품과 음식의 명칭 익히기 활동도 병행한다.

양치질은 억지로 시키기보다 책이나 놀이를 통해 거부감 없이 흥미를 느낄 수 있도록 배려해준다. 처음에는 교사가 칫솔질을 시작해주고 바른 방법을 보여 준 뒤, 영아 스스로 하도록 유도하며, 교사가 마무리해주는 방식이 좋다.

위험한 물건이나 장소, 사람, 상황에 대해 알도록 지도한다. 칼이나 자동차, 도로 같은 물건이나 장소뿐 아니라 가족 외 낯선 사람이 위험하다는 것도 알려준다. 등하원 시 차량을 이용한다면 차량안전 등에 대한 지도를 실시한다. 어린이집 내부의 계단이나 모서리 등 위험한 시설에 대해서도 조심하도록 지도한다. 놀잇감이나 책 등을 밟고 미끄러져 넘어지는 사고도 빈번하므로 평소의 정리정돈이 안전과 연결된다는 사실도 알려준다.

## 2) 신체운동영역

### (1) 만 0~1세

감각운동기에 해당하는 영아들에게는 감각을 통해 주변환경을 탐색하고 운동경

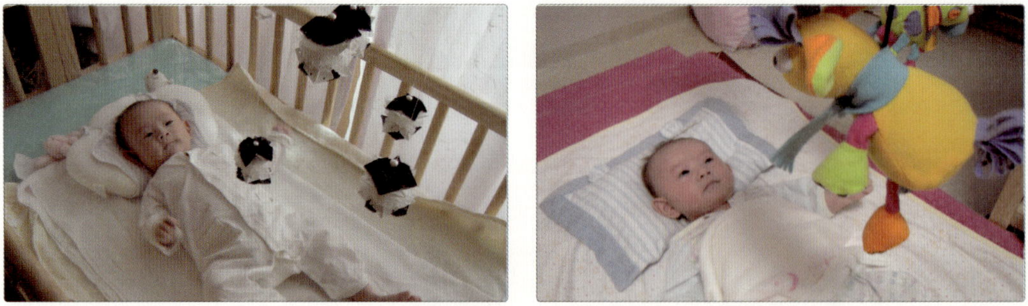

그림 3-4 | 흑백 모빌과 컬러 모빌의 움직임을 보며 시각적 경험을 하는 영아

험을 격려하는 것이 중요하다. 영아들이 오감을 통한 다양한 경험을 하도록 준비하여 영아가 감각기능을 발달시키고 감각을 통해 자극에 반응하면서 상호작용이 형성될 수 있도록 한다. 6개월 미만의 아기들은 엎드려 가슴 들기, 앉기나 물건 집기 등을 통해 신체조절능력과 협응력을 기른다. 6개월 이상 영아들은 배 밀기, 기어가기 등을 격려하며 걷기를 도와준다. 도구를 이용한 놀이를 교사가 유도해주고, 걷다가 넘어졌을 때를 대비하여 주변을 안전한 환경으로 만든다. 1세 전후에는 손잡고 계단 오르내리기, 물건 옮기기 등을 통해 신체조절능력을 키우고, 놀잇감이나 컵, 숟가락 등 간단한 도구를 이용하여 놀이를 하도록 하여 협응력을 키운다.

#### (2) 만 2세

만 2세의 영아는 다양한 감각기능이 발달되어 있으므로 신체활동 참여를 격려하고 기초체력 형성을 도와준다. 숟가락과 포크 사용법을 통한 협응력과 신체조절능력발달을 도와주고, 공이나 미끄럼틀과 같은 놀이도구를 이용해 대근육활동을 유도한다. 음악에 맞춰 춤추기도 영아가 즐길 수 있는 대근육활동이다. 청결과 위생을 위해 손을 씻거나 양치질하는 놀이와 습관을 기르도록 하고 혼자서 옷 벗고 입기도 도와준다.

그림 3-5 | 공 던지기와 미끄럼틀 타기를 통해 대근육활동 중인 영아들

#### (3) 만 3~5세

감각기관이 보다 발달하고 기본운동능력도 향상되는 시기이므로 자신의 신체에 대한 탐색과 운동능력에 대한 이해를 높이게 된다. 신체 움직임을 통해 신체구조와 기능을 이해하고 힘과 무게, 시간의 개념을 이해하게 된다. 장소를 옮기지 않고 움직이는 비이동동작을 통해 몸의 균형을 잡고 바른 자세의 형성을 도울 수 있으므로

그림 3-6 | 운동기구나 도구를 이용한 신체활동이 증가하는 유아기

구부리기, 구르기, 회전하기, 균형 잡기 등의 활동을 권장한다.

3세에는 한 발로 서서 몸의 균형을 유지하는 활동이 될 정도로 대근육 사용과 균형감각이 발달하므로 달리기와 놀이기구를 이용한 대근육활동에 참여하는 기회를 제공해주어야 한다. 4세에는 놀이기구를 이용한 대근육활동을 스스로 하고, 교사는 훌라후프나 팥주머니 등의 소도구를 제공하여 체육활동을 유도한다. 5세에는 매트활동, 트램펄린 등의 기구를 이용하여 유연성과 순발력 향상을 이루도록 하며, 게임 등 대그룹 활동을 통해 신체활동에 참여하도록 지도한다.

### 3) 의사소통영역

#### (1) 만 0~1세

영아기에는 다양한 형태의 의사소통을 한다. 언어로 의사소통하기 전부터 울음, 미소나 찡그림과 같은 표정, 목 울림소리, 옹알이, 손짓, 몸짓 등의 방법을 통해 자신의 의사를 표현하거나 상대방의 자극에 반응한다. 다양한 소리 중 특히 사람의 목소리를 더 좋아하며, 생후 5개월 이후에는 특정 단

그림 3-7 | 엄마와 그림책을 보는 영아

어에 반응하여 초보적인 단어구분능력을 보이기도 한다. 8~10개월경에는 단어의 의미를 이해하게 되고(박정민, 2002), 생후 12개월 전후에는 '엄마', '아빠'와 같은 첫 단어를 말하기 시작하여 2~5개의 단어를 말할 수 있게 된다. 말할 수 있는 단어보다 이해할 수 있는 단어가 훨씬 많다. 따라서 이 시기에는 다양한 언어자극이 중요하며, 영아가 보이는 비언어적인 의사소통방식에도 상호작용을 해주어야 한다. 영아가 보이는 행동을 묘사하듯 설명해주는 방식도 영아에게 적절한 언어자극이 될 수 있다.

생후 18개월 이후에는 어휘력이 급속히 증가하고 "엄마 물"과 같은 두 단어를 말하기 시작한다. 간단한 그림책을 함께 읽고, 사진을 보면서 이름을 이야기하고, 영아가 시도하는 새로운 말에 강화를 해주는 방법으로 어휘력을 향상시킬 수 있다.

### (2) 만 2세

만 2세가 되면 어휘력이 급격히 증가하고 주어와 목적어와 동사로 이루어진 문장을 사용하는 영아가 늘어난다. 일상생활에서 흔히 쓰는 단어에 대한 지식이 늘어나고, 그림책에서 보거나 들은 단어를 일상에서 적용할 줄 알게 된다. 간단한 노랫말도 할 줄 알게 되고 노래에 관심을 가진다. 이 시기에는 경험의 범위를 넓혀 다양한 자극물을 일상에서 접하고 새로운 상황을 경험하면서 어휘력을 확장시켜 줄 수 있다. 전화놀이, 극놀이 등은 말하기와 듣기를 연습할 수 있는 좋은 놀이방법이다.

그림 3-8 | 교사의 설명을 통해 어휘력을 확장시키는 영아들

### (3) 만 3~5세

유아기에 접어들면 다른 사람이 하는 좀 더 복잡한 말을 주의 깊게 듣고 이해할 줄 알게 되며 자신의 생각도 좀 더 정확히 전달할 능력이 생긴다. 또한 글 읽기와 쓰기에 관심을 가지고 문자에 익숙해지는 시기이다.

이 시기에는 듣기와 말하기의 일환으로 불분명했던 발음을 정확하고 올바르게

그림 3-9 | 또래와의 상호작용, 읽기 경험을 통해 의사소통능력을 확장하는 유아들

발음할 수 있도록 도와주어야 하며, 서사구조에 대한 이해를 발전시킬 수 있도록 이야기를 듣는 경험을 많이 하도록 해주어야 한다. 이에 더하여 이야기를 들려주고 스토리의 이해를 도와주는 질문을 하여 유아 스스로 생각하고 답하는 경험을 하게 해주면 다음 이야기를 들을 때 유아가 더 집중하여 이야기 구조를 이해하려는 노력을 하도록 유도할 수 있다. 동요, 동시, 동화 등에 대한 이해도도 증가하므로 이 영역에 대한 다양한 경험을 하는 것도 중요하다. 유아가 자신의 경험과 생각을 말할 수 있는 기회를 많이 주는 것도 단순히 말하기 훈련을 넘어 스토리를 이해하고 표현하는 능력을 향상시키는 데 도움이 된다. 읽기와 쓰기에 대한 관심을 보이면 주변에서 친숙한 글자를 찾아 읽어주는 경험을 하게 한다. 이름과 친숙한 단어를 써 보는 것으로부터 쓰기 훈련을 시작할 수 있다.

### 4) 사회관계영역

#### (1) 만 0~1세

영아기의 사회관계영역에서 가장 중요한 발달적 과업은 안정적인 애착관계를 형성하는 것이다. 이 시기에 안정적 애착을 형성한 영아는 이후 형성하게 되는 대인관계에도 신뢰와 애정을 가지고 접근하게 되어 긍정적인 관계를 맺을 가능성이 커지며, 자신감과 호기심을 가지고 새로운 환경을 탐색할 수 있어 인지발달에서도 효율적인 성장을 이루게 된다.

따라서 이 시기의 영아는 먹고 입고 씻는 일상적인 욕구의 충족을 해결해줄 뿐 아니라 애정적인 유대를 형성하여 자신의 정서에 반응해주는 양육자와 같은 교사를 필요로 한다. 영아의 다양한 정서상태를 이해하고 영아가 보내는 신호를 민감하게 알아차리는 부모와 교사는 영아와 신뢰감을 형성하게 되므로 이를 통해 안정적 애착뿐 아니라 자신의 정서를 이해하고 보다 다양하게 표현할 수 있는 능력도 함양된다.

그림 3-10 | 할아버지와 긍정적 관계를 경험하는 영아

#### (2) 만 2세

만 2세는 자아에 대한 인식이 좀 더 구체화되는 시기로, 자아에 대한 인식인 자의식을 바탕으로 다양한 2차 정서가 발달한다. 수치심, 죄의식, 수줍음, 자부심, 질투심, 부끄러움 등이 이에 해당된다. 양육자나 교사가 영아에게 민감한 반응을 보이고 안정적인 애착을 형성하게 되면 영아는 긍정적인 자아를 형성하게 되고, 이에 따라 자신이 이루어놓은 결과물에 대해 자랑스러워하는 자부심을 보이게 된다. 자아가 형성되면서 자신과 타인, 자신과 사회의 분리가 이루어지고, 이에 따라 타인이나 사회가 자신에게 기대하는 바를 알게 되면서 이를 어기게 되면 당혹감이나 부끄러움, 죄의식 같은 부정적인 감정도 느끼게 된다.

그림 3-11 | 교사 및 또래와의 관계를 통해 사회생활을 경험하는 영아

부모와 교사로부터 제공되는 외부통제를 경험한 영아들은 차츰 외부에서 제공되었던 통제의 기준을 내면화하여 초보적인 수준의 자기통제를 할 수 있게 된다. 이러한 자기통제는 양육자와 교사가 영아의 감정을 수용하고 인내심을 가지며 사회적으로 허용되는 방식으로 표현하는 법을 알려줄 때 효율적으로 발달할 수 있다.

그림 3-12 | 또래와의 다양한 관계를 경험하는 유아들

### (3) 만 3~5세

유아기는 스스로의 목표달성을 위한 도전에 있어서도 주도성을 발휘하고, 사회적 관계에서 주도성을 발휘하기 시작하는 시기이다. 자아가 성장하면서 스스로의 생각과 감정에 대해 이해하고 나를 중심으로 한 주변사람들에 대한 관심도 증가하며, 그 관심이 친구, 교사, 이웃, 사회로 확장된다.

자아와 자조행동의 성장에 따라 간단한 정리정돈이나 청결습관, 식습관 등의 영역에서 일상행동을 스스로 할 수 있도록 도와주며, 나와 다른 사람의 감정을 알고 표현하고 조절할 수 있는 기회를 마련해 준다. 친구들과 갈등을 해결하는 다양한 방법을 경험하게 하거나 같은 목표를 향해 협력하는 경험을 하게 하는 것도 사회성 향상을 돕는 방법이다. 친구나 교사 외에 나아가 우리나라와 세계의 존재에 대해 인식할 수 있도록 다문화가정과 월드컵 같은 세계적 행사를 소개하여 견문을 넓히도록 하는 것도 유아기 사회성발달에 필요한 부분이다.

## 5) 예술경험영역

### (1) 만 0~1세

영아기 초기에는 청각, 미각, 촉각 등은 매우 발달되어 있으며 시각은 아직 완전하지 못한 상태에 머물러 있다. 양육자의 목소리, 음악소리, 자연의 소리, 일상에서 들려오는 소리 등 청각자극을 통해 주변환경을 인식하며, 동물소리 흉내, 의태어 또는 의성어를 들려주는 활동을 통해 즐거운 경험을 하게 해준다.

양육자와의 접촉, 옷과 이불이나 장난감 등을 통한 촉각경험으로 환경을 탐색함과 동시에 환경과 분리된 자아를 느껴보는 경험을 하게 된다. 이에 따라 자신의 신체에 관심을 가지고 주변의 감각자극에 호기심을 보이게 되므로 이러한 경험을 격려하도록 한다. 생후 1년 전후에 영아는 손으로 만지고 쥐어보는 경험을 하고, 서툴지만 도구를 이용해 그리기 경험을 하기도 한다. 악기를 만져보아 촉각경험과 청각경험을 동시에 하기도 한다.

그림 3-13 | 자연물을 접하며 촉각과 시각 경험을 동시에 하는 영아

시각발달을 촉진하고 시각을 통해 환경을 지각하도록 하기 위해서는 눈앞에 있는 모빌이나 딸랑이를 볼 수 있게 해주거나 수유 시 양육자와의 눈맞춤 경험을 제공하는 것이 좋다. 색깔이 선명하고 매력적인 그림책을 보여 주는 것도 시각발달과 더불어 초보적인 심미안을 갖추는 데 도움이 된다. 다양한 색깔의 나뭇잎, 꽃잎 등을 경험하는 것도 자연의 예술적인 요소를 일찍부터 경험하는 과정이라고 할 수 있다.

### (2) 만 2세

자아의 성장과 함께 언어발달, 근육발달이 이루어지면서 자신의 생각이나 느낌을 말이나 동작으로 표현할 수 있는 능력이 생긴다. 영아가 자신의 느낌을 표현하려고 할 때 이를 적극적으로 격려해야 하며, 교사가 더 다양한 방법으로 자신을 표현할

그림 3-14 | 다양한 재료를 활용해 표현활동 중인 영아

수 있는 방법을 알려줄 수 있다면 영아의 예술적 경험은 보다 자연스럽게 이루어질 수 있다. 예를 들면, 영아에게 간단한 리듬의 노래나 음악을 들려주고 율동을 알려주거나 교사의 지시에 따라 몸을 움직여 표현하는 방법을 알려준다면, 영아는 노래나 율동과 유사한 자신의 감정을 인식하고 적절하게 표현할 수 있는 기회를 갖게 될 것이다.

### (3) 만 3~5세

유아기의 예술경험은 아름다움을 찾아보고 스스로 생각하는 아름다움을 표현해보며 기존의 예술작품을 감상하는 영역으로 구분된다. 이를 위해 음악적 요소, 움직임과 춤, 미술적 요소를 골고루 경험할 수 있는 환경의 제공이 중요하다. 음악적 요소를 위해서는 동요나 경음악 등 제한된 종류의 음악에 국한하지 않고 다양한 소리와 악기 등을 제공하고, 움직임과 춤의 영역에서는 자신의 신체가 만들어 낼 수 있는 움직임을 탐색할 기회와 더불어 실물이나 실체를 관찰할 기회 또는 동영상이나 영상매체를 통해 관찰하고 감상할 기회가 필요하다. 미술적 요소는 일상적 환경에서 자연스럽게 탐색과 감상이 이루어질 수 있다. 창가의 화분이나 붉게 물드는 단풍과 같은 일상에서 경험하는 상황도 민감하게 관찰하는 태도가 중요하다. 이러한 관찰과 감상을 바탕으로 다양한 표현기회를 제공하면 유아들의 예술적 표현은 눈에 띄게 성장한다.

그림 3-15 | 좀 더 다양하고 정교해진 유아기의 예술경험

유아기에는 모든 종류의 음악에 대한 선호경향이 가장 개방적이므로 이 시기에 다양한 종류의 소리에 노출되는 경험을 많이 한 후, 배운 노래로 자신을 표현하고, 즉흥적으로 만든 노래를 불러 자신의 생각이나 느낌을 표현하는 경험을 하도록 격려해준다. 생활에서 쉽게 구할 수 있는 다양한 도구들을 사용하여 춤과 미술에서 창의적으로 표현하기도 한다.

## 6) 자연탐구영역

### (1) 만 0~1세

영아기에는 주변환경에 관심을 가지고 탐색을 시도할 수 있는 기회를 마련해주는 것이 중요하다. 다양한 소재의 환경을 제공하고, 영아가 탐색을 시도할 때 격려하고 탐구기술을 확장시켜 나갈 수 있도록 배려해야 한다. 감각운동기에 해당되는 시기이므로 다양한 감각적 자극을 경험할 수 있는 환경을 제공하고, 반복된 경험을 통해 충분히 탐색할 기회를 줄 필요가 있다. 종이를 만지는 경험을 예로 들면, 손으로 만지는 방법이라는 탐구방법은 같지만 신문지, 색종이, 종이상자, 상품포장지, 광고지 등 다양한 질감의 종이를 경험하면서 탐구하는 태도와 함께 물리적 지식 또한 성장하게 된다.

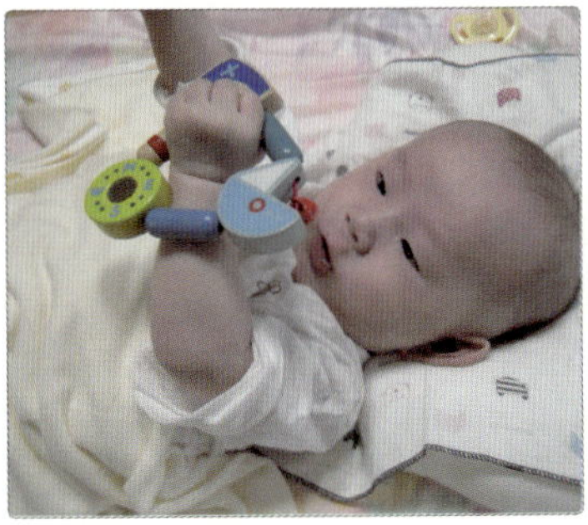

그림 3-16 | 놀잇감과 주변의 사물을 탐색하는 영아

그림 3-17 | 동물을 관찰 중인 영아

#### (2) 만 2세

만 2세도 여전히 감각운동적인 경험이 중요한 시기이므로 다양한 감각적 경험을 활용하는 것이 필요하고, 아울러 대근육 및 소근육 운동능력이 증가하였으므로 활동범위가 넓어져 더 다양한 환경을 더 활동적인 방법으로 탐색하고자 하는 시도가 이루어진다. 종이를 만지고 구기는 단순한 경험을 중심으로 탐색하던 만 0~1세에 비해 종이를 가위로 자르고, 색종이를 접어 간단한 도형을 표현하는 등 탐구방법이 다양해진다.

또한 언어적 성장과 함께 문제해결력과 같은 사고력도 함께 성장하므로 간단한 목표를 가지고 이루고자 시도해보는 목표지향적인 사고와 행동이 나타나게 된다. 다양한 상황에서 수와 관련된 경험을 하게 하면 수학적 경험도 할 수 있다. 과자를 먹을 때 친구와 하나씩 나누어먹는다든지, 손에 든 과자를 세어본다든지 하는 경험이 모두 주변에서 경험하는 수학적 상황에 대한 인식이다.

#### (3) 만 3~5세

유아기는 언어적 발달과 더불어 개념적 사고가 성장하므로 탐구하는 태도와 이해력, 사고력에서 큰 변화를 보이는 시기이다. 유아의 호기심을 격려하기 위해 친숙한 현상이나 자료도 새로운 방법으로 관찰해볼 기회를 주고, 유아의 궁금증을 구체적으로 인식할 수 있도록 언어나 그림 등 다양한 방법으로 표현하게 한다. 나의 생각과 다른 사람의 생각이 다를 수 있음을 알도록 또래 유아와 의견을 나누어보도록 해준다.

수가 사용되는 다양한 상황과 방법을 제공하기 위해 전화번호, 생일, 우리 반 친구들 수 등과 같은 주제로 이야기를 나누고, 간단한 셈하기는 바둑알이나 책의 숫자 등과 같은 구체물을 가지고 경험하게 한다. 건물이나 사물의 방향을 인식하게 하고 도형의 분해나 결합활동을 통해서 공간의 원리를 익히도록 하며 점토나 창문의 길

그림 3-18 | 자연물탐구와 구성놀이 중인 유아들

이 등을 활용해 무게나 길이, 깊이, 넓이 등의 물리적 개념도 익힐 수 있다. 하루일과, 옷이나 동물의 무늬, 예술작품 속에서 규칙성을 발견하고, 블록이나 단추, 크레파스 등으로 기존의 패턴을 따라해 보아 규칙성을 표현하거나 재구성하는 능력을 길러줄 수 있다.

자신의 성장과정을 사진으로 관찰하고 이야기해보아 변화와 성장의 개념을 이해할 수 있다. 나아가 관심 있는 주변의 물체나 동 · 식물의 변화와 성장, 흙, 돌, 물, 계절, 날씨 등 자연현상의 상태나 변화도 관심을 갖고 탐구할 기회를 준다.

*Childcare Curriculum*

# 보육과정 운영계획

Chapter 4

1. 보육과정 운영계획의 원리
2. 보육과정 운영계획의 수립
3. 연간 · 월간 · 주간 · 일일계획의 수립
4. 보육과정 일과계획과 운영

# 4

보육시설은 영유아보육법에 의거해 주 6일, 평균 12시간 이상 운영을 원칙으로 한다. 보육시설을 이용하는 영유아와 부모, 지역사회의 특성을 고려해 그들의 발달적 욕구와 필요에 부응하는 보육과정을 계획한다. 보육과정 운영이 어린이집의 실제 현장에서 영유아를 대상으로 보육활동이 이루어지는 것이라면, 보육과정 운영계획은 그러한 실제 운영활동을 위한 기본 설계도를 작성하는 것이다. 보육과정 운영계획은 보육 목표, 내용, 방법, 평가를 체계적으로 구성한 밑그림으로서 1년 단위로 연간계획, 월간계획, 주간계획, 일일계획을 수립한다. 이 과정은 대략 '보육계획 수립 → 보육과정 편성 → 보육과정 실시 → 보육과정 평가 → 평가가 반영된 보육계획 재수립'(한국보육진흥원, 2011)의 과정으로 이루어진다.

# 1. 보육과정 운영계획의 원리

영유아는 성인과는 다른 관점에서 발달이 일어나고 사회적 상호작용을 한다. 따라서 영유아의 전인적 성장과 발달을 위한 보육과정 운영계획 및 프로그램 운영과 교수학습활동에서는 다음과 같은 몇 가지 기본 원리를 전제한다.

## 1) 놀이 중심의 원리

최상의 교육적 효과는 영유아의 자발적인 활동이 놀이의 방식으로 진행될 때 나타나기 쉽다. 따라서 보육과정의 많은 활동들은 대부분 놀이 중심으로 계획되며, 영유아는 놀이활동의 계획과 전개과정에 능동적으로 참여할 수 있어야 한다. 교사는 교육 목표를 잘 반영하는 교육 내용을 바탕으로 놀이활동을 계획하고 환경을 구성하여, 영유아가 자발적으로 참여·몰입할 수 있도록 지원한다. 아이는 놀이를 하면서 감정통제, 타인과의 상호작용, 사회적 갈등해결상황을 경험하고 배운다. 이러한 놀이 중심의 활동은 특히 자유선택활동시간의 실내 흥미영역과 실외놀이에서 자연스럽게 이루어진다.

그림 4-1 | 실외에서 친구들과 노는 유아들

## 2) 개별화의 원리

개별 영유아 간 발달적 차이는 상당히 크므로 같은 학급에 속하더라도 월령, 기질, 흥미, 욕구, 사전경험을 고려하여 보육과정 운영을 구성한다. 교사는 학급 전체

그림 4-2 | 사물을 가지고 교사와 상호작용하는 유아

의 발달적 수준을 고려하면서도 동시에 개별 영유아들의 흥미와 욕구가 충분히 만족되고 성취감을 느낄 수 있도록 지도·배려하는 개별적 상호작용을 한다. 가령, 자유선택활동시간에 읽기 능력이 발달한 영유아에게는 긴 문장의 책을 읽도록 하고, 읽기 능력이 덜 발달한 영유아에게는 낱말 카드나 짧은 문장의 책을 주어 읽도록 할 수 있다.

### 3) 탐구학습의 원리

앎에 대한 욕구와 흥미는 선천적인 것으로서 다양한 학습활동을 자극하는 중요한 요인이다. 영유아는 주변환경 및 사물과의 능동적인 상호작용을 통해 스스로 지식체계를 구성해 나간다. 따라서 교사는 영유아의 흥미를 유발하고 알고자 하는 내적 동기를 강화할 수 있는 교육과정과 교수방법을 연구해야 한다. 영유아의 동기와 흥미에 입각한 교육과정은 집중력, 근면성, 성취감, 자신감 등과 같은 바람직한 발달성향을 촉진할 수 있다.

### 4) 실제 경험 중심의 원리

지식과 사고력, 태도와 가치는 다양한 사물의 탐구와 실제 경험을 통해 형성되기 쉽다. 구체적인 실물과 체험 없이 추상적인 설명만으로는 영유아의 사물에 대한 이해와 탐구활동을 이룰 수 없다. 여러 도구와 방법을 사용하고 다른 사람과 의사소통

그림 4-3 | 자연과 실제 생활로부터 경험을 하는 유아들

하는 과정에서 창의적 문제해결이 가능하며, 이러한 자발적 탐구가 이루어질 때 학습동기가 유발되고 자신감이 향상된다. 따라서 교사는 다양한 사회적 · 자연적 현상과 경험을 영유아가 실제로 체험하며 감각으로 느끼고 실험할 수 있는 실내 · 외 환경과 기회를 제공한다. 예를 들어, 직접 봄에 씨앗을 심고 물을 주고 꽃을 가꿔봄으로써 식물에 대한 지식과 이해가 쉬워진다.

## 5) 생활 중심의 원리

주변에서 일상적으로 경험하는 일들과 관련된 체험 속에서 영유아는 흥미와 호기심, 지식의 욕구를 자연스럽게 충족한다. 따라서 사소한 많은 일상의 체험과 사물, 현상이 중요한 교육적 도구이자 학습의 매체가 된다. 화장실 사용, 식습관 예절 등 기본생활습관도 일상생활의 경험을 통해 제시될 때 교육의 효과가 크다. 예를 들어, 봄이라는 생활주제하에 영유아는 꽃과 풀을 찾아 산책하고 관찰하면서 봄에 대한 생활경험을 학습의 영역으로 가지고 올 수 있다.

그림 4-4 | 양치질 놀이를 통한 치아관리를 배우는 유아들

## 6) 통합의 원리

보육과정 운영에 있어서 통합이란 영역별 내용 간의 통합**발달영역 간의 통합**과 각각의 교육활동들이 통합되어 운영되는 것**교육 및 보육내용 간의 통합**의 두 가지를 말할 수 있다.

### (1) 영역별 내용 간의 통합

표준보육과정에서는 기본생활영역, 신체운동영역, 사회관계영역, 의사소통영역, 자연탐구영역, 예술경험영역의 총 6개 영역, 누리과정에서는 신체운동영역, 건강영역, 의사소통영역, 사회관계영역, 예술경험영역, 자연탐구영역의 총 5개 과정

Box 4-1

### 보육과정계획 시 고려해야 할 기본사항

어린이집의 보육철학과 보육이념을 존중하고 연간 보육일수, 일일보육시간, 연령별 및 학급당 원아의 수를 고려해 프로그램을 계획한다. 이때 국공립 · 법인 · 민간 · 직장 · 공공형 · 가정 등 어린이집 유형에 따라 연간 보육일수와 일일보육시간을 융통성 있게 계획한다.

- **영유아의 연령과 발달 수준**
  영유아의 발달 수준이 다르고 같은 연령이라도 개별적 차이가 존재한다. 발달적 차이를 고려해 기본일상생활 운영과 교육 프로그램의 시간 및 운영을 다르게 계획한다.
- **다양한 발달영역**
  신체 · 언어 · 인지 · 정서 · 사회적 영역의 균등 있는 발달을 고려한 활동을 계획한다.
- **실내 · 외 공간의 확보**
  계획한 활동을 진행하는 데 적절한 실내 · 외 공간이 확보되었는가를 고려한다. 너무 크거나 작은 공간, 혹은 부적절한 공간배치는 자칫 사고로 이어질 수 있다. 여러 활동이 유기적으로 편안하게 연결될 수 있는 실내 · 외 공간의 배치가 필요하다.
- **적절한 활동시간**
  영유아의 발달 수준을 고려하지 않고 너무 많은 활동을 계획하거나 하나의 활동에 지나치게 많은 시간을 배정하는 것은 바람직하지 않다. 하루 일과 동안 일어나는 다양한 활동에 시간을 알맞게 배치하고 적정 속도를 유지하여 서두르지 않도록 한다.
- **유용한 비품 및 자원**
  활동 진행에 필요한 비품과 교재 · 교구, 유용한 물리적 · 지역사회 자원의 정도를 염두에 둔다.
- **영유아와 교사의 인적 요소**
  영유아와 교사의 수, 영유아의 욕구를 고려해 보육과정을 계획한다. 영유아의 인원수에 적절한 활동인지, 한 명의 교사가 준비 · 진행하기에 적절한 활동인지를 고려한다. 장애를 가지고 있는 영유아가 있다면 그러한 상황을 충분히 반영하는 보육과정을 계획한다.
- **부모의 요구와 가족환경**
  맞벌이부모의 아이, 조손가족의 아이, 한부모가족의 아이, 부모와 떨어져 사는 아이, 아침 일찍 등원하거나 저녁 늦은 시간에 하원하는 아이, 몸이 아파도 병원에 데려갈 사람이 없는 아이 등 보육시설을 이용하는 영유아의 부모와 가족환경은 매우 다양하고 각기 다른 개인적인 사정들이 있을 수 있다. 어린이집에서는 이러한 개별 영유아의 여러 가지 상황들을 고려하여 도움이 될 수 있는 방향으로 보육 프로그램을 계획한다.
- **지역사회의 환경과 실정**
  영유아가 거주하고 어린이집이 위치한 지역사회의 지리적 실정과 사회문화적 특성을 고려하여 프로그램을 운영한다. 예를 들어, 문화적 체험을 누리기가 쉽지 않은 농어촌 지역의 경우 이러한 결핍을 충족시킬 수 있는 프로그램을 계획한다.

이 모두 유기적으로 통합되어 운영되어야 한다. 각 영역의 교육 내용이 분리되지 않고 영유아가 시행하는 하나의 활동 안에서 자연스럽게 통합되도록 계획한다. 예를 들어, 음악활동을 하면서 악기와 음악에 대한 탐구, 다양한 어휘습득, 악기연주의 이해를 통한 과학적 지식의 습득, 바람직한 음악감상 태도 습득이 이루어지고, 영역별 교육 내용들이 유기적으로 통합되어 균형 있게 발달한다.

#### (2) 교육활동 간의 통합

하나의 주제와 개념 습득을 위해 개별활동들을 서로 유기적으로 관련시켜 전개하는 것이다. 가령, 우리 이웃이라는 생활주제는 우리 동네에 있는 것 알아보기, 동네 어른께 인사하기, 시장놀이, 동네 산책하기 등의 활동들을 통해 전개될 수 있다.

## 2. 보육과정 운영계획의 수립

보육시설에서 이루어지는 모든 활동과 행사는 보육과정을 근거로 진행된다. 연간계획, 월간계획, 주간계획, 일일계획으로 구성되는 보육과정은 영유아가 언제, 무엇을, 어떻게 활동하는지를 사전에 계획함으로써 발달의 모든 영역에서 최적의 발달과 학습을 준비한다.

### 1) 보육과정 운영계획의 중요성 및 필요성

- 연계성 있는 다양한 교육활동과 최상의 교육적 효과를 위해 연간 보육계획안부터 월간 · 주간 · 일일보육계획안을 체계적, 구체적으로 작성한다.
- 연령에 적합한 최적의 발달과 교육적 효과를 이루기 위해 장기적 계획뿐만 아니라 중 · 단기적 계획과 일정을 구성한다.
- 교육활동의 계획을 통해 교사는 각각의 주제와 활동에 필요한 시설 및 물리적 환경과 교재 · 교구, 교수매체를 파악하고 준비한다.

- 교사뿐 아니라 영유아와 가족이 교육활동을 예측하고 필요한 것을 준비함으로써 교육의 효과를 높인다.
- 영유아의 특별한 요구와 발달적 욕구를 충족시키기 위해 여러 다양한 시설과 자료를 활용한다.
- 다양한 활동들의 구성과 진행을 미리 계획함으로써 실제 진행 시 부족한 점을 보완하고 여러 발달영역 간의 균형 있는 성장을 꾀할 수 있다.

## 2) 생활주제의 계획과 운영

생활주제란 학습 가능한 내용의 범위를 영유아의 생활과 관련지어 계열성 있게 분류한 것이다. 학습 전개의 범위를 결정하게 되는 생활주제는 영유아의 흥미와 요구, 발달 수준, 지역사회의 실상, 일상생활을 고려해서 선정하며 융통성 있게 배열한다. 생활주제를 통해 영유아의 삶과 경험, 다양한 분야의 학습과 발달을 통합할 수 있다.

### (1) 생활주제 선정의 기준

- 영유아의 흥미와 경험에의 적합성을 고려한다. 일차적으로 영유아가 흥미를 보이는 주제를 선정하지만, 교사가 다양한 매체와 방식을 통해 영유아의 흥미와 관심을 자극하고 여기에서 흥미를 보이는 주제를 선정할 수도 있다.
- 즐거움과 만족감을 줄 수 있어야 한다. 교사는 영유아가 좋아하는 것들을 충분히 인지하고 사전에 고려한다.
- 영유아가 일상생활에서 쉽게 접하고 소통하기 쉬운 주제를 선정한다.
- 영유아가 자발적으로 충분히 탐색할 수 있고 교육적 의미가 있는 주제인가를 고려한다.
- 영유아보육기관에서 탐색할 만한 가치가 있는지, 지나치게 편협하거나 국가수준의 보육과정

그림 4-5 | 낙엽 줍기를 통해 가을에 대한 계절 탐구를 하는 유아들

에서 추구하는 방향을 벗어나지는 않는지를 고려한다.

- 영유아의 연령과 개인차, 발달단계 등을 고려한다.
- 지역적 특색을 반영하고 영유아가 거주하는 환경의 조건에 따라 융통성 있게 선정한다. 도시지역 거주 영유아와 농어촌 지역 거주 영유아의 실생활경험은 조금씩 다르기 때문에 영유아가 거주하는 지역에서 손쉽게 찾고 경험할 수 있는 것들인가를 고려한다.

그림 4-6 | 교사와 길거리의 상점을 구경하는 유아들

- 계절과 관련된 생활주제는 동물과 식물, 음식, 날씨, 사람들의 생활 등과 같이 영유아의 홍미를 이끌어 낼 수 있는 내용들을 포함한다.
- 영유아가 다양한 활동으로 쉽게 전개 가능할 수 있는 주제인가를 검토한다.

### (2) 생활주제의 배열

생활주제는 영유아들이 가장 가까이 접하고 있는 것에서 멀리 떨어진 환경으로, 단순하고 구체적인 주제에서 복잡하고 추상적인 주제로, 친숙한 것에서 생소한 것으로, 쉬운 개념의 주제에서 어려운 개념의 주제로 범위를 확대하면서 전개한다. 가령, '나'와 같이 자기 자신에 관한 생활주제에서 출발하여 부모와 형제를 포함하는 가족, 이웃, 우리나라, 세계 여러 나라로 연계하면서 영유아에게 영향을 주는 현재의 모든 것으로 확장해 나간다(이정환 · 김희진, 2011).

- 보육시설 입학 후 처음 전개되는 생활주제는 새롭게 만난 환경의 변화를 이해하는 것으로부터 시작한다. 예를 들어, '즐거운 어린이집', '우리 어린이집' 등의 생활주제를 선정한다.
- 새로운 환경을 탐색하는 주제가 진행된 후에는 영유아에게 가장 익숙한 개념인 자기 자신에 대한 생활주제를 전개하는 것이 적절하다. 가령, 아이는 '나'에 대한 생활주제를 통해 자신의 신체부분을 알고 신체 기능을 이해하며 기분과

감정을 조절하고 자신의 능력에 대한 자신감을 갖게 된다. 그 다음에는 가족 및 친구와 같이 영유아에게 익숙한 다른 사람에 대한 탐색으로 주제를 연계한다.

- 봄, 여름, 가을, 겨울의 계절에 관련된 주제는 시기를 고려해 다른 주제들의 사이에 배치하며, 이때 계절별 날씨, 동 · 식물, 사람들의 일상생활과 같은 소주제들을 포함시킨다.
- '나와 우리 집'과 같이 일상적인 경험을 포함하는 생활주제 이외에 영유아들을 좀 더 먼 경험으로 발전시킬 수 있는 생활주제를 배치한다. 가령, 지역사회의 기관, 직업, 동물, 교통기관 등의 생활주제는 영유아가 부분적으로나 가끔 접하는 주제들이기 때문에 흥미를 확장할 수 있다.
- 영유아의 연령에 따라 우리나라 혹은 세계 여러 나라와 같은 생활주제를 포함시킴으로써 자신이 속한 보다 큰 집단을 이해하고 사회문화적인 지식을 습득할 수 있다.
- 같은 생활주제라 하더라도 소주제 결정과 전개에서는 연령차를 고려하여 계획한다.

**표 4-1** | 생활주제와 그에 따른 소주제 내용의 예

| 생활주제 | 소주제 | 생활주제 | 소주제 |
|---|---|---|---|
| 어린이집 생활 | • 어린이집은 어떤 곳<br>• 어린이집의 하루 일과<br>• 어린이집의 생활과 규칙<br>• 어린이집에서의 친구 | 교통기관 | • 교통의 발달<br>• 교통수단<br>• 교통생활 |
| 계절(봄) | • 봄의 변화<br>• 봄의 생활<br>• 봄의 꽃과 나무<br>• 봄의 과일 | 동 · 식물 | • 계절별 주요 식물<br>• 애완동물<br>• 동물원<br>• 식물원 |
| 이웃과 지역사회 | • 우리 집과 이웃<br>• 내가 사는 곳<br>• 서로 돕는 이웃<br>• 지역사회의 기관들 | 세계의 여러 나라 | • 우리의 이웃나라<br>• 다른 나라의 생활 모습<br>• 세계의 문화유산<br>• 함께 사는 세계 |
| 가족 | • 가족의 구성<br>• 가족의 역할<br>• 가족 안에서 나의 위치<br>• 서로 돕는 가족 | 특별한 날들 | • 우리나라의 국경일<br>• 명절과 절기<br>• 가족의 기념일<br>• 특별한 행사 |

# 3. 연간 · 월간 · 주간 · 일일계획의 수립

## 1) 연간 보육계획안 수립

연간 보육계획은 보육의 목적에 기초하여 각 연령에 따라 1년 동안의 전체적인 흐름과 보육 진행과정을 월별로 계획하는 것이다. 이는 1년 동안의 보육 목표와 내용, 전체 프로그램에 대한 흐름을 보여 주며, 보육시설에서 진행되는 연간행사의 일정을 계획하는 토대가 된다. 새 학년 시작 전 연초에 전년도 연간 보육계획안에 대한 평가를 반영하면서 세운다. 새 학년도의 연간 교육 목표에 따라서 월별 생활주제와 주간 소주제를 진행하고 다양한 행사계획을 구성한다. 월별에 따른 생활주제 중심으로 영유아의 연령과 발달, 흥미와 요구, 시기, 계절, 지역사회의 여건과 부모의 요구 등을 반영해 연계성 있게 계획한다. 월별계획을 연간 보육계획안에 구체적으로 작성하여 반영할 경우 월간 보육계획안을 따로 작성할 필요는 없다.

### (1) 연간 보육계획안 작성 원리 및 고려할 점

- 어린이집의 유형국공립 · 법인 · 민간 · 직장 · 공공형 · 가정어린이집을 고려해 연간 보육일수와 일일 보육시간을 융통성 있게 계획한다. 종일제 보육7 : 30~19 : 30을 원칙으로 하며 보호자와 영유아의 사정에 따라 탄력성 있게 보육시간을 조정한다.

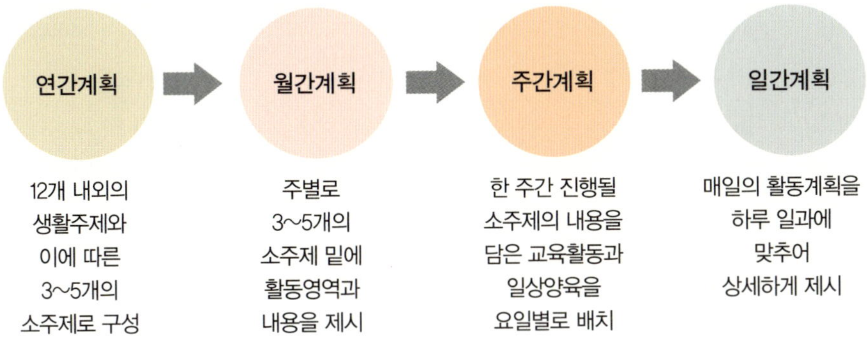


그림 4-7 | 계획안 수립의 연계

- 연간 보육계획안을 바탕으로 연계성과 계열성을 고려해 월간 및 주간 보육계획안을 수립한다. 어린이집의 교육철학, 국가 수준의 표준보육과정과 누리과정, 영유아의 연령, 부모와 지역사회의 요구 등을 숙지하고 고려해야만 월간 및 주간 보육계획 실천 시 문제가 생기지 않는다.
- 연간 및 월간 보육계획의 장기적 계획과 주간 및 일일 보육계획의 단기적 계획은 서로 연계성을 갖도록 한다.
- 전년도 계획안에 대한 평가기록을 중심으로 생활주제, 활동 내용, 프로그램 운영시간과 기간 등이 적절하였는지를 검토하고, 이에 기초하여 새 연간계획안을 작성한다.
- 각 월별 생활주제는 계절적 특성을 반영하여 결정한다.
- 다른 연령과의 연계성과 계열성을 고려해 연령에 따라 다루게 될 내용의 깊이와 범위를 결정한다. 각 연령별 소주제의 내용은 연령에 따른 난이도를 고려한다.
- 월별 혹은 주제별 소주제 간에는 연계·심화·확장이 이루어지도록 한다. 첫

**표 4-2** | 유아반 연간 생활주제의 연계와 계열성

| 월 \ 연령 | 만 3세 | 만 4세 | 만 5세 |
|---|---|---|---|
| 3월 | 우리 반과 친구 | 어린이집 생활 | 신나는 어린이집 |
| 4월 | 우리 반과 친구/ 봄 | 봄 | 봄꽃과 채소 |
| 5월 | 나와 가족 | 나와 가족 | 소중한 가족 |
| 6월 | 동물 | 우리 동네 | 건강한 몸과 마음 |
| 7월 | 여름 | 여름 | 물과 우리 생활 |
| 8월 | 탈것 | 여름 / 교통수단 | 우리나라 대한민국 |
| 9월 | 탈것 / 안전한 생활 | 건강한 몸과 마음 | 세계 여러 나라 |
| 10월 | 가을 | 건강한 몸과 마음 / 가을 | 나무와 숲 |
| 11월 | 우리의 이웃 | 우리 주변의 것들 / 도구와 기계 | 발명과 발견 |
| 12월 | 겨울 | 도구와 기계 / 겨울 | 우주여행 |
| 1월 | 우리나라와 명절 | 우리나라와 다른 나라의 생활 | 책 |
| 2월 | 많이 컸어요 | 형, 언니가 되어요 | 초등학교에 가요 |

출처 : 여성가족부(2007), 보육 프로그램 개발 제1권 : 보육 프로그램 개발 총론.

소주제는 탐색으로 시작해서 이후 두 번째 소주제부터는 다양하고 구체적인 활동경험으로 연계·심화·확장되며, 마지막 소주제는 해당 주제를 마무리하고 통합적으로 정리하는 활동으로 연계되어야 한다.

- 부모참여 및 지역사회 연계활동 등과 같은 연간행사 일정을 같이 명시한다. 견학, 부모교육, 운동회 등의 행사는 생활주제, 영유아 연령, 시기, 참여방식 등을 고려해 계획한다. 지역사회 연계활동은 지역사회 여건과 어린이집의 상황, 부모의 실정을 고려해 수립한다.
- 연간 보육계획안을 새학년 부모 오리엔테이션에서 미리 부모에게 배부하여 부모의 관심과 참여를 유도한다.

Box 4-2

### 유의사항

- 대부분 연령에서 다루어지는 생활주제의 경우 다른 연령과의 연계성과 계열성을 고려한다. 연령 간 연계성이 있으면서도 차별화되고, 높은 연령으로 갈수록 더 심화되며 구체화된 주제로 발전되도록 한다.
- 높은 연령으로 갈수록 추상적 사고가 발달하므로 동일한 주제를 상위 수준에서는 더 어려운 개념으로 다룬다.
- 어린 연령의 학급에서는 학기 초 적응을 위한 주제를 좀 더 길게 다루어 영유아가 편안하게 보육시설에 적응하도록 돕는다.

**표 4-3** | 연령을 고려한 만 3~5세 소주제 선정의 예

| 주제 \ 연령 | 만 3세 | 만 4세 | 만 5세 |
|---|---|---|---|
| 어린이집과 친구 | • 나는 ○○반<br>• 우리 선생님<br>• 친구가 좋아요<br>• 어린이집을 둘러보아요 | • 새로운 반<br>• 어린이집 하루 일과<br>• 어린이집에서 함께 지내는 사람들<br>• 친구와 사이좋게 지내요<br>• 안전하게 놀아요 | • 새로운 반 친구와 함께 해요<br>• 어린이집을 나타내는 것<br>• 어린이집의 특별한 날<br>• 어린이집의 자랑거리 |
| 나와 가족 | • 나는 누구일까요?<br>• 내 몸을 살펴 보아요<br>• 내가 좋아하는 것<br>• 혼자 할 수 있어요<br>• 우리 가족 | • 나는 특별해요<br>• 나의 출생과 성장과정<br>• 소중한 나의 몸<br>• 나와 가족이 좋아하는 것이 있어요<br>• 우리 가족은 소중해요 | • 나는 커서 무엇이 될까?<br>• 가족 속의 나<br>• 가족과 친척들<br>• 가족의 특별한 날<br>• 가족의 문화 |
| 동물 | • 내가 좋아하는 동물<br>• 우리 집에 사는 동물<br>• 소리와 움직임이 달라요 | • 농장(동물원) 동물의 생김새와 먹이<br>• 농장(동물원) 동물의 성장과정과 사는 곳<br>• 농장(동물원)에서 일하는 사람들<br>• 동물을 보호해요 | • 보호해야 할 동물들이 있어요<br>• 사라진 동물들이 있어요<br>• 공룡들이 사는 나라 |
| 우리나라와 다른 나라 | • 새해가 되었어요<br>• 우리나라의 놀이<br>• 우리나라의 음식<br>• 우리나라의 옷 | • 우리나라와 다른 나라의 새해맞이<br>• 우리나라와 다른 나라의 옷<br>• 우리나라와 다른 나라의 음식<br>• 우리나라와 다른 나라의 집 | • 우리나라를 알아보아요<br>• 우리나라의 한글<br>• 우리나라를 빛낸 사람들<br>• 세계 속의 우리나라<br>• 세계의 문화유산<br>• 함께 사는 세계 |

출처 : 한국보육진흥원(2011), 2011 보육교사 승급교육교재.

### (2) 연령별 연간 보육계획안의 계획

#### ① 0세 연간 보육계획안

**표 4-4** | 0세아 연간 보육 프로그램 운영 유의사항

| 연간 보육계획 | |
|---|---|
| 발달과 일상을 중심으로 주제를 선정하고 반(집단)구성의 특성에 따라 융통성 있게 계획하고 적용한다. | 주제 6개 소주제 30개로 이루어진다. |
| 선정된 주제의 추정기간은 6~8주 정도이며, 동시에 2개의 주제를 계획하거나 운영할 수 있다. | 신입 영아가 있는 경우 언제든지 '낯설어요' 주제를 통해 적응과 안정을 돕도록 한다. |

(계속)

| 연간 보육계획 | |
|---|---|
| 연간 보육계획 시 반드시 월별로 새로운 주제를 선정하여야 하는 것은 아니다. | 주제를 중심으로 한 계획을 월별로 작성하더라도 영아가 보이는 흥미와 관심에 따라 융통성 있게 주제를 바꾸거나 반복한다. |

출처 : 보건복지부(2013), 어린이집 표준보육과정에 기초한 영아보육 프로그램의 이해 참조.

**표 4-5 | 0세아 연간 보육계획 주제 및 소주제(주제 6개와 소주제 30개로 구성)**

| 주제 | 소주제 | 주제 | 소주제 |
|---|---|---|---|
| 낯설어요<br>(3~4월) | 엄마와 함께 해요 | 놀이는 재미있어요<br>Ⅰ(9~10월) | 움직이는 놀잇감 |
| | 선생님을 만나요 | | 구멍이 있는 놀잇감 |
| | 선생님을 만져봐요 | | 굴러가는 놀잇감 |
| | 선생님과 놀아요 | | 까꿍 놀잇감 |
| | 익숙해졌어요 | | 소리가 나는 놀잇감 |
| 느껴보아요<br>(5~6월) | 씻으며 느껴요 | 놀이는 재미있어요<br>Ⅱ(11~12월) | 통 · 상자 놀이 |
| | 입으며 느껴요 | | 헝겊 · 천 놀이 |
| | 먹으며 느껴요 | | 공놀이 |
| | 놀며 느껴요 | | 악기놀이 |
| | 자연을 느껴요 | | 그릇놀이 |
| 움직여요<br>(7~8월) | 누워서 움직여요 | 좋아해요<br>(1~2월) | 마주봐요 |
| | 앉아서 움직여요 | | 안아줘요 |
| | 기어요 | | 같이 해봐요 |
| | 서고 걸어요 | | 함께 웃어요 |
| | 잡아 보아요 | | 사랑해요 |

출처 : 보건복지부(2013), 어린이집 표준보육과정에 기초한 영아보육 프로그램의 이해.

Box 4-3

## 유의사항

- 적용기간은 언제든 순서, 월령과 발달 수준, 소주제 순서에 맞추어 전개한다. 또 교사와의 애착을 위해 일상생활을 통한 전개활동을 진행한다.
- 0세아 연간 보육계획에서 제시한 주제는 월별로 수립하지 않으므로 '주제별 보육계획'이라는 용어를 사용한다.
- 0세아의 경우 1개의 소주제를 2~3주 지속할 수 있다.

### ② 1세 연간 보육계획안

**표 4-6** | 1세아 연간 보육 프로그램 운영 유의사항

| 연간 보육계획 | |
|---|---|
| 1세아를 위한 연간 보육계획은 생후 13~24개월까지(총 12개월) 1세아의 발달적 특성에 기초하여 구성한다. | 1세반을 위한 연간 보육계획이 아니라 1세아를 위한 보육계획이므로, 현장의 1세반에 소속되어 있는 24개월 이상의 영아에 대한 보육계획은 2세반을 위한 보육계획을 참고한다. |
| 1세아의 발달적 특성과 발달과업, 적응을 중심으로 주제를 구성한다. | 또래들과 어울려 놀이하는 것을 강조하기 위하여 '친구가 있어요'라는 주제를 별도로 선정하기보다 놀이나 활동을 통해 또래와 익숙해질 수 있는 경험을 제공하도록 계획한다. |
| 계절과 관련된 주제를 연간 보육계획에 선정하지 않는다. | 계절과 관련된 주제를 선정하여 계절의 특성을 알도록 하는 것이 1세아들에게 어려울 수 있다. 따라서 계절에 따른 자연의 변화를 자연물과 실외에서 연중 경험하고 탐색하는 놀이와 활동을 실시할 수 있도록 활동계획안으로 제시한다. |

출처 : 보건복지부(2013), 어린이집 표준보육과정에 기초한 영아보육프로그램의 이해 참조.

Box 4-4

#### 유의사항

- 1세아는 놀이나 활동에 대한 관심이 반복되고 지속된다. 하나의 주제는 4주 이상, 경우에 따라서는 10주까지도 지속되기 때문에 월별이 아닌 주제별 보육계획이라는 용어를 사용한다.
- 기존의 연간 보육계획안처럼 월별로 진행하지 않고 주제와 진행기간을 주차로 제시한다.
- 흥미가 높은 주제는 연중 반복하여 놀이할 수 있도록 특정한 주제로 선정하지 않고 전체 연간 보육계획안에서 활동계획안으로 계획한다.

**표 4-7** | 1세아 연간 보육계획 주제 및 소주제(주제 7개와 소주제 26개로 구성)

| 순서 | 주제 | 주 | 소주제 | 순서 | 주제 | 주 | 소주제 |
|---|---|---|---|---|---|---|---|
| 1 | 새로운 것이 낯설어요 | 1 | 어린이집에 왔어요 | 4 | 나는 할 수 있어요 | 1 | 즐겁게 할 수 있어요 |
| | | 2 | | | | 2 | |
| | | 3 | 만나고 친해져요 | | | 3 | 말할 수 있어요 |
| | | 4 | | | | 4 | |
| | | 5 | 우리 반에 무엇이 있을까요? | | | 5 | 찾을 수 있어요 |
| | | 6 | | | | 6 | |
| | | 7 | 밖으로 나가 보아요 | 5 | 움직이는 것이 재미있어요 | 1 | 바깥놀이는 재미있어요 |
| | | 8 | | | | 2 | |
| 2 | 느낄 수 있어요 | 1 | 만져보아요 | | | 3 | 몸을 움직여요 |
| | | 2 | | | | 4 | |
| | | 3 | 살펴보아요 | | | 5 | |
| | | 4 | | | | 6 | 움직이게 할 수 있어요 |
| | | 5 | 들어보아요 | | | 7 | |
| | | 6 | | 6 | 좋아하는 놀이가 있어요 | 1 | 그림책으로 놀아요 |
| | | 7 | 맡아보아요 | | | 2 | |
| | | 8 | | | | 3 | 춤추고 놀이해요 |
| | | 9 | 맛보아요 | | | 4 | |
| | | 10 | 온몸으로 느껴보아요 | | | 5 | 흉내 내요 |
| 3 | 놀이할 수 있어요 | 1 | 놀잇감은 재미있어요 1 | | | 6 | |
| | | 2 | | | | 7 | |
| | | 3 | 놀잇감은 재미있어요 2 | | | 8 | 응가, 쉬놀이가 좋아요 |
| | | 4 | | | | 9 | |
| | | 5 | 물놀이는 재미있어요 | 7 | 새로운 것도 좋아요 | 1 | 함께 놀아요 |
| | | 6 | | | | 2 | |
| | | 7 | 까꿍놀이는 재미있어요 | | | 3 | 선생님이 좋아요 |
| | | 8 | | | | 4 | |

출처 : 보건복지부(2013), 어린이집 표준보육과정에 기초한 영아보육 프로그램의 이해.

## ③ 2세 연간 보육계획안

**표 4-8** | 2세 연간 보육계획 주제 및 소주제(주제 9개와 소주제 52개로 구성)

| 순서 | 주제 | 주 | 소주제 |
|---|---|---|---|
| 1 | 어린이집이 좋아요 (7주) | 1 | 나는 ○○반이에요 |
| | | 2 | 엄마, 아빠와 헤어질 수 있어요 |
| | | 3 | 우리 반 선생님과 친구들이에요 |
| | | 4 | 재미있는 놀잇감이 있어요 |
| | | 5 | 내가 좋아하는 놀잇감이에요 |
| 2 | 봄나들이 가요 (5주) | 1 | 바깥놀이가 재미있어요 |
| | | 2 | 안전하게 바깥놀이해요 |
| | | 3 | 꽃구경은 즐거워요 |
| | | 4 | 벌레가 꿈틀꿈틀해요 |
| | | 5 | 봄나들이 갈까요 |
| 3 | 나는요(5주) | 1 | 나는 ○○○이에요 |
| | | 2 | 내 몸을 살펴 보아요 |
| | | 3 | 나는 느껴요 |
| | | 4 | 내가 좋아하는 것이 있어요 |
| | | 5 | 혼자서도 잘해요 |
| 4 | 재미있는 이름이에요 (7주) | 1 | 날씨가 더워졌어요 |
| | | 2 | 비가 많이 와요 |
| | | 3 | 깨끗하게 씻어요 |
| | | 4 | 물놀이가 재미있어요 1 |
| | | 5 | 물놀이가 재미있어요 2 |
| | | 6 | 여행을 가요 |
| | | 7 | |

| 순서 | 주제 | 주 | 소주제 |
|---|---|---|---|
| 5 | 나는 가족이 있어요 (5주) | 1 | 엄마 아빠가 좋아요 |
| | | 2 | 우리 가족을 흉내 내요 1 |
| | | 3 | 우리 가족을 흉내 내요 2 |
| | | 4 | 우리 가족을 소개해요 1 |
| | | 5 | 우리 가족을 소개해요 2 |
| 6 | 동물놀이해요 (6주) | 1 | 여러 가지 동물이 있어요 |
| | | 2 | 엄마동물 아기동물 |
| | | 3 | 동물처럼 소리를 내어보아요 |
| | | 4 | 동물처럼 움직여보아요 |
| | | 5 | ○○반이 좋아하는 동물 |
| | | 6 | 동물을 사랑해요 |
| 7 | 알록달록 가을이에요 (6주) | 1 | 가을이에요 |
| | | 2 | 가을나들이 |
| | | 3 | 단풍이 물들어요 |
| | | 4 | 자연물로 놀이해요 |
| | | 5 | 알록달록 색깔나라 |
| | | 6 | 재미있는 그리기 나라 |
| 8 | 겨울과 모양을 즐겨요 (5주) | 1 | 여러 가지 모양이 있어요 |
| | | 2 | 모양놀이해요 |
| | | 3 | 즐거운 성탄이에요 |
| | | 4 | 추워요 |
| | | 5 | 따뜻하게 지내요 |
| 9 | 나는 친구가 있어요 (6주) | 1 | 내 친구가 좋아요 |
| | | 2 | 친구와 함께 하는 놀이가 있어요 |
| | | 3 | 우리는 ○○살(설날) |
| | | 4 | 형 · 언니가 되었어요 |
| | | 5 | 즐거웠던 우리반이에요 |
| | | 6 | |

출처 : 보건복지부(2013), 어린이집 표준보육과정에 기초한 영아보육 프로그램의 이해.

Box 4-5

## 유의사항

- 2세반 보육 프로그램은 0세와 1세가 '0세아 프로그램', '1세아 프로그램'으로 '0세아', '1세아'라고 제시한 것과 달리 2세반이라고 명명하고 있다.
- 1년이 52주라고 볼 때 소주제 2개를 2주 동안 실행하도록 구성한다. 전체 소주제는 50개이다.
- 2세의 발달 특성을 반영하여 연간 보육계획의 주제를 월별이 아니라 9개로 선정한다. 해당 주제를 진행할 때 통합적인 활동이 자연스럽게 반복 · 심화 · 확장되도록 한다.
- 기존 연간 보육계획안처럼 월별로 진행하지 않고 주제와 진행기간 주차로 제시하지만 계절 특성과 영아의 초기적응 등을 고려해 주차를 조절하여 진행한다.

### ④ 3세 연간 보육계획안

**표 4-9** | 3세 연간 보육계획 주제 및 소주제

| 월 | 주제 | 주 | 소주제 | 월 | 주제 | 주 | 소주제 |
|---|---|---|---|---|---|---|---|
| 3 | 어린이집과 친구 | 1 | 어린이집의 환경 | 7 | 건강한 안전 | 1 | 즐거운 운동과 휴식 |
| | | 2 | 어린이집에서의 하루 | | | 2 | 깨끗한 나와 환경 |
| | | 3 | 어린이집에서 만난 친구 | 8 | 여름 | 1 | 여름의 날씨 |
| | | 4 | 함께 만드는 어린이집 | | | 2 | 여름 꽃과 과일 |
| 4 | 봄 | 1 | 봄의 날씨 | | 교통기관 | 1 | 여러 가지 육상 교통기관 |
| | | 2 | 봄의 풍경 | | | 2 | 고마운 육상 교통기관 |
| 4 ~ 5 | 동식물과 자연 | 1 | 궁금한 동 · 식물 | | | 3 | 항공/해상 교통기관 |
| | | 2 | 동 · 식물과 우리생활 | | | 4 | 즐거운 교통생활 |
| | | 3 | 식물과 우리생활 | 9 | 우리나라 | 1 | 우리나라 사람들의 생활 |
| | | 4 | 자연과 더불어 사는 우리 | | | 2 | 우리나라의 놀이와 예술 |
| 5 | 나와 가족 | 1 | 나의 몸과 마음 | | | 3 | 우리나라의 역사와 자랑거리 |
| | | 2 | 소중한 나 | 9 ~ 10 | 가을과 열매 | 1 | 가을 풍경 |
| | | 3 | 소중한 가족 | | | 2 | 가을의 변화 |
| | | 4 | 행복한 우리집 | | | 3 | 풍성한 가을 |
| 6 | 우리 동네 | 1 | 우리 동네 모습 | | | 4 | 추석과 놀이 |
| | | 2 | 우리 동네 생활 | | | 5 | 가을 나들이 |
| | | 3 | 우리 동네 사람들 | 11 | 환경과 생활 | 1 | 물과 우리생활 |
| 7 | 건강한 안전 | 1 | 즐거운 운동과 휴식 | | | 2 | 돌 · 흙과 우리생활 |
| | | 2 | 깨끗한 나와 환경 | | | 3 | 바람 · 공기와 우리생활 |

(계속)

| 월 | 주제 | 주 | 소주제 | 월 | 주제 | 주 | 소주제 |
|---|---|---|---|---|---|---|---|
| 11 | 환경과 생활 | 4 | 빛과 우리의 생활 | 1 | 생활도구 | 1 | 다양한 생활도구 |
| | | 5 | 소리와 우리의 생활 | | | 2 | 생활도구를 움직이는 힘 |
| 12 | 겨울과 놀이 | 1 | 겨울 날씨 | | | 3 | 생활도구로서의 미디어 |
| | | 2 | 겨울 풍경 | 2 | 형님이 되어요 | 1 | 많이 컸어요 |
| | | 3 | 사랑을 나눠요 | | | 2 | 동생들에게 알려 주어요 |
| | | 4 | 건강한 겨울나기 | | | 3 | 형님이 될 준비를 해요 |
| | | 5 | 눈과 눈사람 | | | 4 | 즐거웠던 우리 반 |

출처 : 한국아동학회(2013), 3~5세 누리과정 및 제3차 어린이집 표준보육과정.

### ⑤ 4세 연간 보육계획안

**표 4-10** | 4세 연간 보육계획 주제 및 소주제

| 월 | 주제 | 주 | 소주제 | 월 | 주제 | 주 | 소주제 |
|---|---|---|---|---|---|---|---|
| 3 | 어린이집과 친구 | 1 | 어린이집의 환경 | 6~7 | 건강한 안전 | 1 | 즐거운 운동과 휴식, 깨끗한 나와 환경 |
| | | 2 | 어린이집에서의 하루 | | | 2 | 맛있는 음식과 영양 |
| | | 3 | 어린이집에서 만난 친구 | | | 3 | 안전한 놀이와 생활 |
| | | 4 | 함께 만드는 어린이집 | 7 | 여름 | 1 | 여름의 날씨와 물놀이 |
| 4 | 봄 | 1 | 봄의 변화 | | | 2 | 여름 풍경 |
| | | 2 | 봄의 풍경 | 7~8 | 교통기관 | 1 | 여러 가지 육상 교통기관 |
| 4~5 | 동 · 식물과 자연 | 1 | 동 · 식물과 우리생활, 궁금한 동 · 식물 | | | 2 | 고마운 육상 교통기관 |
| | | 2 | 식물과 우리생활, 궁금한 동 · 식물 | | | 3 | 항공/해상 교통기관 |
| | | 3 | 자연과 더불어 사는 우리 | | | 4 | 즐거운 교통생활 |
| 5 | 나와 가족 | 1 | 나의 몸과 마음 | 8~9 | 우리나라 | 1 | 우리나라 사람들의 생활 |
| | | 2 | 소중한 나 | | | 2 | 우리나라의 놀이와 예술 |
| | | 3 | 소중한 가족 | | | 3 | 우리나라의 역사, 우리나라의 자랑거리 |
| | | 4 | 가족의 생활과 문화 | 9 | 세계 여러 나라 | 1 | 세계 여러 나라 사람들의 생활 |
| 6 | 우리 동네 | 1 | 우리 동네 모습, 우리 동네 생활 | | | 2 | 세계 여러 나라의 문화유산 |
| | | 2 | 우리 동네 사람들 | | | 3 | 세계 여러 나라의 기류, 세계의 자연과 사회현상 |
| | | 3 | 우리 동네 전통과 문화 | 10 | 가을과 열매 | 1 | 가을 풍경 |

(계속)

| 월 | 주제 | 주 | 소주제 | 월 | 주제 | 주 | 소주제 |
|---|---|---|---|---|---|---|---|
| 10 | 가을과 열매 | 2 | 가을과 변화 | 12 | 겨울과 놀이 | 3 | 감사와 사랑을 나눠요 |
| | | 3 | 풍성한 가을 | | | 4 | 건강한 겨울나기 |
| | | 4 | 추석과 놀이 | | | 5 | 신나는 겨울놀이 |
| | | 5 | 가을 나들이 | 1 | 생활도구 | 1 | 다양한 생활도구 |
| 11 | 환경과 생활 | 1 | 물과 우리생활 | | | 2 | 생활도구를 움직이는 힘 |
| | | 2 | 돌 · 흙과 우리생활 | | | 3 | 생활도구로서의 미디어, 미래의 생활도구 |
| | | 3 | 바람 · 공기와 우리생활 | 2 | 형님이 되어요 | 1 | 많이 컸어요 |
| | | 4 | 빛과 우리의 생활, 소리와 우리의 생활 | | | 2 | 동생들에게 알려 주어요 |
| 12 | 겨울과 놀이 | 1 | 겨울 날씨 | | | 3 | 형님이 될 준비를 해요 |
| | | 2 | 겨울 풍경 | | | 4 | 즐거웠던 우리 반 |

출처 : 한국아동학회(2013), 3~5세 누리과정 및 제3차 어린이집 표준보육과정.

### ⑥ 5세 연간 보육계획안

**표 4-11** | 5세 연간 보육계획 주제 및 소주제

| 월 | 주제 | 주 | 소주제 | 월 | 주제 | 주 | 소주제 |
|---|---|---|---|---|---|---|---|
| 3 | 즐거운 어린이집 | 1 | 새로 만난 우리반 | 6 | 우리 동네 | 1 | 우리 동네 모습 |
| | | 2 | 새로 꾸민 우리반 | | | 2 | 우리 동네 기관 1 |
| | | 3 | 어린이집 탐험 | | | 3 | 우리 동네 기관 2 |
| | | 4 | 사이좋은 친구 | | | 4 | 다양한 직업 |
| 4 | 봄과 동 · 식물 | 1 | 봄의 모습 | | | 5 | 함께하는 우리 이웃 |
| | | 2 | 식물의 봄맞이 | 7 | 신나는 여름 | 1 | 여름의 모습 |
| | | 3 | 동물들의 봄나들이 | | | 2 | 건강하게 여름 나기 |
| | | 4 | 우리들의 봄 이야기 | | | 3 | 즐거운 물놀이 1 |
| 5 | 소중한 가족 | 1 | 소중한 나 | | | 4 | 즐거운 물놀이 2 |
| | | 2 | 나와 우리가족 | 8 | 교통과 안전 | 1 | 내가 궁금한 교통수단 |
| | | 3 | 함께하는 가족놀이 | | | 2 | 편리한 교통시설 |
| | | 4 | 여러 가족의 모습 | | | 3 | 미래의 교통수단 |
| | | 5 | 사랑하는 우리 가족 | | | 4 | 안전한 교통문화 |

(계속)

| 월 | 주제 | 주 | 소주제 | 월 | 주제 | 주 | 소주제 |
|---|---|---|---|---|---|---|---|
| 9 | 세계 속의 우리나라 | 1 | 우리나라의 생활 | 12 | 겨울과 놀이 | 1 | 겨울의 모습 |
| | | 2 | 우리나라의 문화유산 | | | 2 | 동 · 식물의 겨울나기 |
| | | 3 | 세계 여러 나라와 사람들 | | | 3 | 겨울철 안전 |
| | | 4 | 세계 여러 나라의 생활 | | | 4 | 이웃과 함께 하는 겨울 |
| | | 5 | 함께 사는 세계 | | | 5 | 새해맞이와 놀이 |
| 10 | 가을과 자연 | 1 | 가을의 변화 | 1 | 기계와 생활 | 1 | 편리한 생활 도구 |
| | | 2 | 가을 곡식과 열매 | | | 2 | 우리 주변의 기계 |
| | | 3 | 가을 나무와 숲 | | | 3 | 우리는 발명가 |
| | | 4 | 우리들의 가을 이야기 : 추석 | | | 4 | 미래의 생활 |
| 11 | 지구와 환경 | 1 | 우리가 사는 지구 | 2 | 초등학교에 가요 | 1 | 즐거웠던 어린이집 1 |
| | | 2 | 지구의 변화 | | | 2 | 즐거웠던 어린이집 2 |
| | | 3 | 고마운 지구 | | | 3 | 궁금한 초등학교 |
| | | 4 | 지구의 보호 | | | 4 | 1학년이 되면 |

출처 : 한국아동학회(2013), 3~5세 누리과정 및 제3차 어린이집 표준보육과정.

## 2) 월간 보육계획안 수립

월간 보육계획안은 주제별 보육계획안이라고도 하며 연간 보육계획안에 근거해 대략 1달을 단위로 작성한다. 연간계획의 주제로 선정된 12개 내외의 생활주제를 3~5개의 구체적인 주간단위 소주제로 재구성한다. 따라서 4주간의 주간계획이 합쳐지며 보육과정 전 영역의 내용이 골고루 포함된다.

### (1) 월간 보육계획안 작성 원리 및 고려할 점

- 전체 영유아를 대상으로 소주제를 선정하더라도 어린 영아일수록 발달적 수준과 욕구, 월령 등을 고려해 소주제를 2개 이상 계획하여 운영할 수 있다.
- 0~2세 영아는 발달 수준상 월별보다는 주제별로 계획을 수립하여 주제별 활동기간을 충분히 갖도록 한다.
- 0~2세 영아반 월별주제별 보육계획안의 활동은 등원 및 맞이하기, 기본생활 및 안전, 일상생활, 놀이활동실내 · 외 자유놀이, 귀가 및 가정과의 연계 등으로 구성한다.

- 0~2세 영아반 일상생활활동은 교사가 항상 점검해야 할 활동과 영아가 경험해야 할 활동으로 구분하여 계획한다.
- 0~2세 영아반에서 등원 및 맞이하기, 기본생활 및 안전, 실외놀이, 귀가 및 가정과의 연계는 0~2세에서 공통적으로 사용하는 용어이지만, 일상생활과 실내자유놀이는 영아의 발달 수준을 고려해 연령에 따라 다르게 구성한다(보건복지부, 2013).
- 3~5세 유아반 대 · 소집단활동은 일주일간 이루어질 활동을 요일 순으로 제시하기보다는 활동의 종류별로 제시한다. 활동의 종류는 이야기 나누기, 동시, 동화, 동극, 언어, 음악, 신체, 미술, 과학, 게임, 요리, 통합활동 등의 순서로 제시한다.
- 오전 자유선택활동은 쌓기 놀이영역, 역할놀이영역, 미술영역, 언어영역, 수 · 과학영역, 음률영역 등 흥미영역으로 구분하여 활동을 제시한다. 수 · 과학영역은 수활동과 과학활동을 균형 있게 제시한다.
- 3~5세 유아반 월간 보육계획안 작성 시 오후 자유선택활동은 실내 · 외활동으로 이루어지며 실외활동인 경우에만 활동의 종류를 표시한다. 오후 자유선택활동은 오전 자유선택활동과 연계하여 반복 · 확장 · 심화할 수 있는 활동 등으로 구성하며, 반복 활동일 경우 별도로 활동명을 표기하지 않는다.
- 실외활동은 해당 소주제와 관련된 활동을 계획한다. 날씨 변화 등에 따른 대체 활동은 활동계획안의 참고사항란에 기술한다.
- 귀가 및 가정과의 연계는 해당 소주제와 관련하여 가정에서 실천하거나 가정에서 준비해야 할 것 등에 대해 제시한다.

**표 4-12** | 0~2세 일상생활 및 실내자유놀이

| 연령 | 일상생활 | | | 실내자유놀이 |
|---|---|---|---|---|
| 0세 | 수유 및 이유 | 낮잠 | 기저귀 갈이 | 신체, 언어, 감각 · 탐색 |
| 1세 | 점심 및 간식 | 낮잠 | 기저귀 갈이 · 배변활동 | 신체, 언어, 감각 · 탐색, 역할 · 쌓기 |
| 2세 | 점심 및 간식 | 낮잠 | 배변활동 | 신체, 언어, 감각 · 탐색, 역할 · 쌓기, 미술, 음률 |

### (2) 연령별 월간 보육계획안의 계획

#### ① 1세 월간 보육계획안

**표 4-13** | 경기도 화성시 시립 숲속어린이집 2014년도 3월 보육계획안

주제 : 새로운 것이 낯설어요

| 활동 \ 주 | | 1주 | 2주 | 3주 | 4주 |
|---|---|---|---|---|---|
| | | 어린이집에 왔어요 1 | 어린이집에 왔어요 2 | 만나고 친해져요 1 | 만나고 친해져요 2 |
| 기본생활습관 | | 헤어질 때 인사해요 | | | |
| 친사회적 활동 | | 친구의 얼굴을 알아요 | 친구에게 장난감을 던지지 않아요 | 놀잇감을 나누어 써요 | 친구와 웃는 얼굴로 이야기해요 |
| 일상생활활동 | | 어린이집 주변 산책하기 | | | |
| 등원 및 맞이하기 | | 부모와 영아의 적응과정에 대해 대화하기 | | | |
| 일상생활 | 식사 및 간식 | 어린이집의 음식을 먹어보아요 | | | |
| 일상생활 | 낮잠 및 휴식 | 토닥 토닥 잠이 들어요 | | | |
| 자유선택활동 | 신체 | 오르기 상자 오르내려요 | 놀이집 문을 '똑똑똑' | 선생님 목소리에 맞춰 몸을 흔들어요 | 공을 가지고 놀아요 |
| 자유선택활동 | 쌓기 역할 | 어떤 놀잇감이 있을까? | 스펀지 블록을 쌓아요 | 전화하는 흉내 내요 | 종이블록을 길게 놓아요 |
| 자유선택활동 | 언어 | 소리 나는 그림책을 보아요 | 엄마, 아빠 사진을 보아요 | 선생님 무릎에 앉아 책을 보아요 | 손인형으로 말해요 |
| 자유선택활동 | 감각 탐색 | • [탐색] 울룩불룩 주머니<br>• [음률] 소리가 나는 악기가 있어요<br>• [미술] 어린이집 사진에 스티커 붙이기 | • [탐색] 휴지를 만지고 뭉쳐요<br>• [음률] 새노래 '그대로 멈춰라'<br>• [미술] 밀가루 점토 놀이 | • [탐색] 놀잇감을 넣고 다녀요<br>• [음률] 선생님과 춤을 춰요<br>• [미술] 도장 찍기 놀이 | • [탐색] 공기 매트 위에서 놀아요<br>• [음률] 선생님과 노래를 불러요<br>• [미술] 손바닥 딸랑이 만들기 |
| 자유선택활동 | 실외 활동 | 엄마, 선생님과 손잡고 걸어요 | | 흔들말을 타요 | |
| 전이활동 | | 〈이야기 나누기〉<br>어린이집에 왔어요 | 〈이야기 나누기〉<br>어린이집에 적응해요 | 〈이야기 나누기〉<br>만나고 친해져요 | 〈이야기 나누기〉<br>헤어질 때 인사해요 |
| 중점 프로그램 (베이비 마사지) | | 적응 기간 | | | |
| 귀가 및 가정과의 연계 | | 반갑게 만나요 | | | |

### ② 2세 월간 보육계획안

**표 4-14** | 경기도 화성시 시립 숲속어린이집 2014년도 3월 보육계획안

주제 : 어린이집이 좋아요

<table>
<tr><th colspan="2" rowspan="2">주<br>활동</th><th>1주</th><th>2주</th><th>3주</th><th>4주</th></tr>
<tr><th>나는<br>OO반이에요</th><th>엄마, 아빠와 기분 좋게<br>헤어질 수 있어요</th><th>우리반 선생님과<br>친구들이에요</th><th>재미있는<br>놀잇감이 있어요</th></tr>
<tr><td colspan="2">기본생활 · 안전</td><td colspan="4">내 사물함을 살펴봐요<br>화장실에서 조심해서 걷기</td></tr>
<tr><td colspan="2">친사회적 활동</td><td>친구들과 인사해요</td><td>울지 않고 헤어져요</td><td>친구에게 우리반 소개하기</td><td>친구와 놀잇감 함께 사용하기</td></tr>
<tr><td colspan="2">일상생활활동</td><td colspan="4">친구들과 인사해요</td></tr>
<tr><td colspan="2">등원 및 맞이하기</td><td colspan="4">엄마, 아빠와 손잡고 보육실 둘러보기</td></tr>
<tr><td rowspan="3">일상생활</td><td>점심 및 간식</td><td colspan="4">간식 먹기 전 손 씻기</td></tr>
<tr><td>낮잠</td><td colspan="4">자장가 들으며 낮잠 자기</td></tr>
<tr><td>배변 활동</td><td colspan="4">배변 후 '쉬 했어요' 표현하기</td></tr>
<tr><td rowspan="7">놀이활동</td><td>신체</td><td>붕붕카 타기</td><td>데구르르 통통!</td><td>친구와 함께 낙하산 놀이</td><td>놀잇감 사진 풍선이 통통!</td></tr>
<tr><td>언어</td><td>내가 하고 싶은 놀이는?</td><td>손 인형으로 인사해요</td><td>누구일까요?</td><td>동시 '재미있는 놀잇감'</td></tr>
<tr><td>감각 · 탐색</td><td>알록달록 우리 보육실</td><td>촉감 기차</td><td>선생님과 친구 얼굴을 찾아 보세요</td><td>빙글빙글 스팽글</td></tr>
<tr><td>역할 · 쌓기</td><td>조물조물 반죽놀이<br>종이벽돌블록 기차</td><td>따르릉~ 전화 놀이<br>우레탄 블록을 쌓아요</td><td>나는 요리사!<br>종이벽돌블록으로 식탁 만들기</td><td>생일 축하해요<br>생일상 만들기</td></tr>
<tr><td>미술</td><td>모양종이에 그려요</td><td>도트물감 놀이</td><td>선생님과 친구들 사진에 콕콕~</td><td>놀잇감 포장지에 끼적거려요</td></tr>
<tr><td>음률</td><td>노래 '어린이집에 왔어요'</td><td>음악감상<br>'유모레스크'</td><td>노래 'OO이는 어디 있나?'</td><td>응원, 춤 춤추기</td></tr>
<tr><td>실외 놀이</td><td>• 놀이터 둘러보기<br>• 선생님과 자전거 타기</td><td>• 선생님과 자전거 타기<br>• 그릇에 모래를 담아요</td><td>• 그릇에 모래를 담아요<br>• 선생님과 미끄럼틀 타기</td><td>• 선생님과 미끄럼틀 타기<br>• 방울방울 비눗방울</td></tr>
<tr><td colspan="2">중점활동</td><td colspan="4">적응기간</td></tr>
<tr><td rowspan="2">귀가 및 연계</td><td>귀가</td><td colspan="4">엄마, 아빠에게 반갑게 인사하기</td></tr>
<tr><td>가정 및 지역사회 연계</td><td colspan="4">• 가정과의 연계 : 가족과 어린이집에서 한 일 이야기해보기<br>• 지역사회와의 연계 : 지역 대학의 관련학과 학생 자원봉사(보조교사)로 활용하기</td></tr>
</table>

### ③ 3세 월간 보육계획안

**표 4-15** | 경기도 화성시 시립 숲속어린이집 2014년도 3월 보육계획안

주제 : 어린이집과 친구

| 활동 \ 주 | | 3월 | | | |
|---|---|---|---|---|---|
| | | 1주 | 2주 | 3주 | 4주 |
| | | 어린이집은어떤 곳일까? | 어린이집에서의 하루 | 어린이집에서 만난 친구 | 함께 만드는 어린이집 |
| 기본생활습관 | | 신발 벗어 제자리에 넣기 | 옷과 가방을 사물함에 넣기 | 실내에서 걸어 다니기 | 화장실 사용 후 물 내리고 옷 바르게 입기 |
| 친사회적 활동 | | 놀잇감 제자리에 정리하기 | 내 사물함 찾아 수첩 넣기 | 살금살금 쿵쾅쿵쾅 | 화장실 신발 바르게 벗기 |
| 지역사회연계 | | 한마음초등학교 | | | |
| 일상생활활동 | | 어린이집 주변 산책하기 | | 두빛나래 도서관 주변 산책하기 | |
| 등원 | | 선생님께 인사하기 | 개인의 서랍장과 신발장 확인하기 | 선생님과 친구들에게 '반갑다' 인사하기 | 어린이집에 있는 선생님들과 인사하기 |
| 오전 자유선택활동 | 쌓기 놀이 영역 | 쌓기 놀이영역의 약속을 지켜요 | 사랑의 길을 만들어요 | 블록으로 친구랑 탑 쌓기 | 함께 만들면 재미있어요 |
| | 역할놀이 영역 | • 딩동! 누구십니까?<br>• 밀가루 반죽을 주물러요 | 냠냠! 맛있는 간식시간 | 우리는 쌍둥이 친구 | 친구의 생일을 축하해요 |
| | 미술영역 | • 우리는 ㅇㅇ반 친구<br>• 다양한 놀잇감 찍기 | • 하루 일과표 액자 꾸미기<br>• 우리가 먹는 간식을 만들어요 | • 로션판화로 만든 친구 손, 내 손<br>• 친구 머리 꾸며주기 | 약속 모빌 만들기 |
| | 언어영역 | • 교실 물건 수수께끼<br>• 반가워요 | • 하루 일과 큰 책 보기<br>• (동시)정리요정 정리대장 | • 친구 얼굴 막대인형 놀이<br>• 친구의 이름에서 모양 찾기<br>• 동시 : 우리는 친구 | • 동화 : 내가 잘 정리해 줄게<br>• 인형에게 이야기 들려주기 |
| | 수 · 조작 영역 | • 영역과 놀잇감 짝짓기<br>• 교실 안에는, 교실 밖에는 | • 어린이집에 왔어요<br>• 몇 명의 친구가 놀이할까? | 친구 얼굴 찾기 | • 안전하게 미끄럼틀 타기<br>• 상자그림 퍼즐 맞추기 |
| | 과학영역 | 교실화분 관찰하기 | 모래시계 관찰하기 | 거울로 친구 얼굴 완성하기 | 교실 물건 궁금이상자 |
| | 음률영역 | • 음률영역 악기 탐색하기<br>• 여러 가지 악기로 소리 내요 | • 손수건 방울<br>• 악기 소리를 듣고 맞추어 보세요 | 우리 우리 친구 | 좋아하는 노래 친구와 함께 부르기 |

(계속)

| 활동 \ 주 | 3월 | | | |
|---|---|---|---|---|
| | 1주 | 2주 | 3주 | 4주 |
| | 어린이집은 어떤 곳일까? | 어린이집에서의 하루 | 어린이집에서 만난 친구 | 함께 만드는 어린이집 |
| 대 · 소집단 활동 | • 이야기 나누기<br>– 화장실에 가고 싶어요<br>– 도움이 필요할 때는?<br>• 동화 : 우리반이 어디 있지?<br>• 게임 : 놀잇감의 위치를 알아요<br>• 음악 : '안녕' 노래로 인사해요 | • 동시 : 쉿! 걱정하지마<br>• 음악<br>– 오늘의 간식<br>– 노래를 부르며 정리해요<br>• 게임 : 우리반에서는 어떤 규칙을 지켜야 할까요? | • 동화 : 안녕, 친구야<br>• 게임 : 어떤 친구일까요?<br>• 신체 : 우리 함께 힘을 모아요<br>• 음악 : 친구와 함께 율동을 해요 | • 이야기 나누기 : 우리 모두에게 생일이 있어요<br>• 음악 : 살금살금<br>• 신체 : 친구와 몸을 쭉 뻗어 보아요<br>• 미술 : 생일축하 케이크 꾸미기<br>• 동극 : 자! 어서 타세요 |
| 중점활동 | 적응기간으로 인해 중점활동을 시행하지 않음 | | | |
| 실외활동 | 폴짝 폴짝 쑥! 쑥! | 바깥놀이 후 털기 체조를 해요 | 친구와 함께 훌라후프 놀이해요 | 어린이집 주변을 산책해요 |
| 점심 및 휴식 | 즐거운 마음으로 식사에 참여해보기 | "잘 먹겠습니다" 인사하고 먹기 | 숟가락과 포크로 밥과 반찬 먹기 | 음식 꼭꼭 씹어서 삼키기 |
| 오후자유 선택활동 | • 선 따라 걷기<br>• 종이 연주회<br>• 놀이터에서 주어온 물건 확대경으로 관찰하기 | • 가위로 선 오리기<br>• 실외 : 실외놀이기구 탐색하기<br>• 친구 이름 묻고 이름 들어보기 | • 친구와 함께 그림책 보기<br>• 친구에게 공 전달하기<br>• 친구와 함께 거울보고 표정 짓기 | • 큰 블록으로 터널 만들기<br>• 훌라후프에 공 던지기<br>• 실외 : 새싹 찾아보기 |
| 귀가 및 가정과의 연계 | 개인 소지품 확인하기 | • 개인 소지품 챙기기<br>• 어린이집에서 지낸 일과 전달하기 | 남아 있는 친구, 선생님과 인사하고 헤어지기 | 어린이집 주변 돌아보기 |

### ④ 4세 월간 보육계획안

**표 4-16** | 경기도 화성시 시립 숲속어린이집 2014년도 3월 보육계획안

주제 : 어린이집과 친구

| 활동 \ 주 | | 3월 | | | |
|---|---|---|---|---|---|
| | | 1주 | 2주 | 3주 | 4주 |
| | | 어린이집의 환경 | 어린이집에서의 하루 | 어린이집에서 만난 친구 | 함께 만드는 어린이집 |
| 기본생활 | | 신발 벗어 제자리에 넣기 | 내 소지품 바르게 사물함에 넣기 | 화장실 깨끗이 사용하기 | 실내 계단에서 걸어 다니기 |
| 친사회적 활동 | | 새로운 친구에게 관심 갖기 | 친구의 사물함을 찾아보기 | 화장실 사용 시 노크하기 | 친구와 질서 있게 계단 올라가기 |
| 지역사회연계 | | 두빛나래도서관 | | | |
| 일상생활활동 | | 어린이집 주변 산책하기 / 도서관에서 책보기 | | | |
| 등원 | | 선생님, 친구들과 인사나누기 | 무슨 반인지 이름 말하기 | 어린이집에 계신 어른들께 바르게 인사하기 | 친구와 반갑게 인사하기 |
| 오전 자유선택활동 | 쌓기놀이영역 | • 여러 가지 블록 놀잇감<br>• 놀잇감 도미노 붕붕카 타기 | • 어린이집 오는 길<br>• 블록 높이 쌓기 | 친구와 사이좋게 탑 쌓기 | 블록으로 어린이집 만들기 |
| | 역할놀이영역 | • 선생님 되어 보기<br>• 어린이집 놀이 | 어린이집 오는 길에서는 | 친구 초대하기 | 어린이집 가족놀이 |
| | 미술영역 | • 약속 액자 만들기<br>• 색종이 오려 여러 가지 모양 꾸미기 | • 나만의 사인 만들기<br>• 주세페의 그림기법으로 그림을 표현해요 | • 우리반 친구 나무 만들기<br>• 친구 얼굴 그리기 | • 몸으로 함께 표현하는 우리들의 나무이야기<br>• 어린이집 병풍 만들기 |
| | 언어영역 | • 새로운 이름<br>• 놀잇감이 사라졌어요<br>• 놀잇감 수수께끼 | • 어떤 놀이를 좋아하니?<br>• 실수야, 실수 | • 친구의 표정 속에 담긴 마음은?<br>• 뭐라고 해야 하지? | • 달라진 것을 찾아요<br>• 오! 나의 친구 |
| | 수·조작영역 | 안전하게 놀이해요 | • 어린이집에서 편한 옷차림 코디하기<br>• 즐거운 하루 보내기 | ○○반 친구들 모여라 | • 어린이집 행복한 모습 퍼즐 만들기<br>• 친구 옷 색깔 분류하기 |
| | 과학영역 | 신기하고 재미난 안경놀이 | 신기한 돋보기 | 얼마나 늘어날까? | 거울 속의 나와 친구 모습 |
| | 음률영역 | 즐거운 음률영역 | • 음악감상 : 어린이집에서<br>• 캐스터네츠 말 리듬 놀이 | • 딱 하나만 빼고<br>• '딱 하나만 빼고' 노랫말 바꾸기 | 악기 연주하며 원가 부르기 |

(계속)

| 활동 \ 주 | 3월 | | | |
|---|---|---|---|---|
| | 1주 | 2주 | 3주 | 4주 |
| | 어린이집의 환경 | 어린이집에서의 하루 | 어린이집에서 만난 친구 | 함께 만드는 어린이집 |
| 대 · 소집단 활동 | • 이야기나누기<br>– 어떻게 하면 좋을까요<br>– 어린이집에서 함께 지내는 분들을 알아봐요<br>• 언어 : 우리반 선생님과 친구들을 소개해요<br>• 동시 : 이름<br>• 음악 : 원가 | • 이야기 나누기<br>– 자유선택활동은 스스로 계획<br>– 놀이-평가해요<br>• 게임 : '약속의 말' 듣고 행동하기<br>• 음악 : 어린이집 노래<br>• 신체 : 등원길 따라 리듬 맞춰걷기 | • 이야기 나누기 : 친구와 나의 같은 점과 다른 점을 찾아요<br>• 동시 : 만약 친구가 없다면<br>• 음악 : 친구야 쉿!<br>• 신체 : 친구하고 마주보고 | • 이야기 나누기 : 어린이집을 나타내는 그림이에요<br>• 음악 : 우리들의 연주회<br>• 게임 : 행복나무 약속 열매 |
| 중점활동 | 적응 기간 | | | |
| 생태교육 (텃밭으로 가요) | 적응 기간 | | | |
| 실외활동 | • 사진 속에 담은 어린이집<br>• 놀이시설 이용하기<br>〈대체〉 어린이집 돌아보기 | • 확대경으로 바깥놀이터의 자연물을 관찰해요<br>• 어린이집 주변 산책하기<br>〈대체〉 유희실 놀잇감 탐색하기 | • 둘이 짝이 되어 탱탱볼 주고받기<br>• 친구와 함께 징검다리 건너기<br>〈대체〉 유희실에서 탱탱볼 주고받기 | • 어린이집의 나무 탐색놀이<br>• 어린이집 공원이나 산책놀이<br>〈대체〉 놀잇감 자리 찾기 |
| 점심 및 휴식 | 즐거운 마음으로 식사에 참여하기 | "잘 먹겠습니다" 인사하고 먹기 | 음식 꼭꼭 씹어서 삼키기 | 젓가락 이용하여 반찬 먹어보기 |
| 오후 자유선택 활동 | • 지시대로 움직여요<br>• 숫자만큼 놀잇감 담아보기 | 반 이름 쓰고 읽어보기 | 나와 친구이름 점선 따라 써 보기 | 어린이집 교실이름 알아보기 |
| 귀가 및 가정과의 연계 | 개인 물품 확인하기 | 어린이집에서 지낸 일과 이야기하기 | 우리 반에 대해서 이야기 나누기 | 가족에게 친한 친구 소개하기 |

### ⑤ 5세 월간 보육계획안

**표 4-17** | 경기도 화성시 시립 숲속어린이집 2014년도 3월 보육계획안

주제 : 즐거운 어린이집

| 활동 \ 주 | | 3월 | | | |
|---|---|---|---|---|---|
| | | 1주 | 2주 | 3주 | 4주 |
| | | 새로 만난 우리 반 | 새로 꾸민 우리 반 | 어린이집 탐험 | 사이좋은 친구 |
| 기본생활 | | 소지품 사물함에 넣기 | 신발 벗어 제자리에 넣기 | 실내에서 걸어 다니기 | 놀잇감 사용 후 제자리에 정리하기 |
| 친사회적 활동 | | 친구와 협동하며 놀이하기 | 우리반을 위해 내가 할 수 있는 일 생각하기 | 어린이집에 계신 분들께 인사 잘하기 | 친구의 이름 부르며 반갑게 인사하기 |
| 지역사회연계 | | 구강캠프 | | | |
| 일상생활활동 | | 어린이집 주변 산책하기 / 보건소 둘러보기 | | | |
| 등원 | | 선생님께 반갑게 인사하기 | 친구에게 인사하기 | 어린이집 어른들께 인사하기 | 친구 이름 부르며 반갑게 인사하기 |
| 오전 자유선택활동 | 쌓기 · 역할 영역 | • 블록 탐색하고 자유롭게 구성하기<br>• 가족놀이 역할극 | • 블록으로 우리반 구성하기<br>• 우리반 도우미 놀이 | • 블록으로 어린이집 구성하기<br>• 어린이집 놀이 | • 친구 표정 구성하기<br>• 친구 초대하여 음식상 차리기 |
| | 미술 영역 | • 이름표 꾸미기<br>• 우리 교실 그리기<br>• '나를 소개해요' 책 만들기 | • 영역 표지판 꾸미기<br>• 내 사물함 꾸미기 | • 다양한 재료로 어린이집 모형 입체 작품 만들기<br>• 어린이집 도면 그리기 | • 친구와 사진 찍어 액자 만들기<br>• 물감과 붓으로 친구 얼굴 그리기 |
| | 언어 영역 | • 암호를 풀어라<br>• 신문에서 어린이집 이름찾기 | • 우리반 사인 만들기<br>• 어떤 영역일까? | • 원장 선생님 인터뷰 목록 만들기<br>• OHP카드로 단어 만들기 | • 친구 인터뷰하기<br>• 친구에게 편지 쓰기 |
| | 수 · 조작 영역 | • 우리반 성씨 그래프<br>• 걸음으로 교실재기 | 내가 좋아하는 영역 그래프 | 어린이집에서 사용하는 물건 분류 | • 우리반 친구 빙고게임<br>• 친구 이름 카드 |
| | 과학 영역 | 확대경으로 교실 놀잇감 살피기 | • 양팔저울로 교실 물건 재기<br>• 교실에서 자석에 붙는 물건 찾아보기 | 교실 틀린 곳 찾기 | 친구의 반쪽 얼굴을 찾아라! |
| | 음률 영역 | 우리 반 악기로 원가 연주하기 | 함께 만드는 리듬놀이 | 될 수 있는 곳과 될 수 없는 곳 | '내 마음이 기쁘단다' 노래 부르고 개사하기 |

(계속)

| 활동 \ 주 | 3월 | | | |
|---|---|---|---|---|
| | 1주 | 2주 | 3주 | 4주 |
| | 새로 만난 우리 반 | 새로 꾸민 우리 반 | 어린이집 탐험 | 사이좋은 친구 |
| 대 · 소집단 활동 | • 이야기 나누기<br>– 우리반 선생님을 소개해요<br>– 우리반의 약속<br>• 동시 : 마음은 닮은꼴<br>• 동화 : 어린이집에 처음 가는 날<br>• 음악 : '어린이집의 전경' 감상하기 | • 이야기 나누기 : 우리 반에는 ○○이 있어요<br>• 언어 : 우리반 환경인 쇄물 퍼즐<br>• 음악 : 우리반 노래 부르기<br>• 미술 : 영역 약속판 만들기 | • 음악 : 어린이집에 가면<br>• 미술 : 어린이집 배치도 만들기<br>• 조사 및 이야기 나누기 : 어린이집 여기저기<br>• 게임 : 어린이집에 숨겨진 보물 찾기 | • 이야기나누기<br>– 친구에게 전하고 싶은 마음<br>– 친구 간에 지켜야 할 약속<br>• 음악 : 친한 사이 왈츠 듣고 왈츠 추기<br>• 신체 : 친구와 한 몸이 되어요<br>• 미술 : 내 친구 인물화<br>• 게임 : 귓속말 전달하기<br>• 동시 : 친구 이름 삼행시 |
| 중점활동 | 적응 기간 | | | |
| 실외활동 | • 놀이터 탐색하며 자유롭게 놀기<br>• 확대경으로 햇빛 모으기<br>〈대체활동〉 유희실 탐색하기 | • 친구와 이어달리기 해보기<br>• 무궁화 꽃이 피었습니다<br>〈대체활동〉 림보게임 | • 어린이집 실외놀이터 관찰하고 사진 찍기<br>• 모래놀이터에 숨겨진 보물 찾기<br>〈대체활동〉 유희실 신체기구 관찰하고 사진 찍기 | • 친구의 그림자 찾기<br>• 실외놀이터 약속 지켜 놀이하기<br>〈대체활동〉 유희실 약속 지켜 놀이하기 |
| 점심 및 휴식 | • 즐겁게 식사하기<br>• 내가 가지고 온 책 읽기 | 친구와 이야기하며 점심 먹기 | • 순서표 보기<br>• 이 닦기 | 음식 골고루 먹기 |
| 오후자유 선택활동 | • 부모님의 진급 축하 메시지 읽어보기<br>• 신문에서 우리반 이름 찾기(확장)<br>• 원가 율동 만들기(확장) | • 친구와 함께 블록 자동차 만들어 타기<br>• 줄자로 우리반 놀잇감 크기 재어보기 | • 도화지에 어린이집 그리기(확장)<br>• 원장선생님 인터뷰하기(확장) | • 친구 인터뷰로 우리반 친구 책 만들기<br>• '친한 사이 왈츠'에 맞춰 친구와 왈츠 추기 |
| 귀가 및 가정과의 연계 | • 신학기 준비물 확인하기<br>• 부모님의 진급 축하 메시지 받기 | 어린이집 주변 산책하기 | 가정에서 어린이집 생활에 대해 관심가지고 긍정적으로 이야기해주기 | 친구와 함께 놀 수 있는 기회를 마련해 주기 |

### 3) 주간 보육계획안 수립

주간 보육계획안은 연간 보육계획의 생활주제를 세분화된 소주제로 나누어 한 주간에 진행하는 활동들을 요일별로 구체적으로 계획한다소주제별 보육계획. 표준보육과정과 누리과정에 입각해 하나의 생활주제 아래 매주 진행될 보육활동과 자유선택활동을 포함한 일상생활을 요일, 일일시간대, 실내·외 공간, 흥미영역을 고려해 수립한다. 한 주에 진행될 활동의 내용과 필요한 자료와 준비물, 일정 등을 자세하게 기록하고 작성한다.

#### (1) 주간 보육계획안 작성 원리 및 고려할 점

- 연간계획안의 생활주제와 연계성, 위계성, 계열성을 고려하면서 동시에 다른 연령 간의 연계성을 고려한다. 이를 위해서는 다른 교사들과의 의견교환과 소통이 필수적이다.
- 주간 소주제별로 한 주 동안 전개해 나갈 내용과 활동을 결정한다. 이때 월요일부터 금요일까지 연계성을 고려하여 활동을 배치한다.
- 한 주 동안 진행되는 활동들을 요일별로 자유선택활동, 대·소집단활동, 기본생활습관 등으로 구분해 제시한다.
- 새로운 활동을 같은 날에 배치하기보다는 각 요일별로 골고루 배치한다. 예를 들어, 한 요일에 새로운 활동이 집중적으로 시작되지 않도록 한다. 또 한 주간의 생활이 시작되고 끝나는 월요일과 금요일에는 장시간의 집중과 과도한 에너지를 쏟는 활동은 피한다.
- 개인활동과 대·소집단활동, 동적 활동과 정적 활동, 교사주도활동과 영유아주도활동, 실외활동과 실내활동의 균형을 맞춘다.
- 자유선택활동의 각 흥미영역별 활동과 자료, 대·소집단활동을 구체적으로 명시한다. 게임, 동극, 음악활동, 실내·외활동, 이야기 나누기 등의 구체적인 활동명과 진행 시 유의점, 준비물, 진행과정을 기록한다.
- 특별행사나 현장체험 등과 같은 활동이 있을 경우 정확한 시간과 일정, 교사들의 역할 분담, 준비물, 보조인력과 자원봉사자 배치 등을 사전에 정확하게 계획한다.

그림 4-8 | 인형놀이하는 유아

그림 4-9 | 차를 세차하고 있는 유아들

- 각 영역별 활동이 다양하고 균형 있게 경험되도록 배치한다. 또한 각 영역 안에서의 활동과 각 영역 간 활동을 통합적 · 유기적으로 구성한다.
- 교사회의를 통해 생활주제와 교육 내용에 적절한 활동, 체험, 교재 · 교구 제작과 활용, 집단구성, 교수학습전략, 일정 등의 세부사항을 수립한다. 생활주제가 바뀔 경우 전체적으로 실내 · 외 환경구성이 바뀌지만, 생활주제가 지속된다면 기본 환경은 유지하면서 소주제 활동전개에 필요한 부분만 일부 바꾸어 주도록 한다(이정환 · 김희진, 2011).
- 연간 보육계획안의 생활주제에 따라 한 주간의 소주제를 결정하지만 때로 영유아의 흥미와 욕구를 고려해 융통성 있게 변경한다. 가령, 새로운 주제를 전개하기에 앞서 지난 주까지 진행하던 소주제를 연장하여 진행할 수도 있다.
- 주간계획안은 시작하기 앞서 전주 금요일에 가정으로 보내 부모가 영유아의 활동과 일상을 잘 알 수 있도록 한다.
- 한 주가 끝나면 주간 보육계획안과 그에 따른 활동에 대한 평가의 시간을 갖고 결과를 기록하며, 다음 주간 보육계획안 작성 시 참고하도록 한다.

### (2) 연령별 주간 보육계획안의 계획

#### ① 0세 주간 보육계획안

0세의 발달 특성상 주간 단위의 활동계획이 아닌 소주제를 중심으로 모든 활동을 계획한다. 월간 보육계획안에 수립된 활동을 개별 영유아의 수준을 고려해 충분한 시간을 갖고 반복적으로 제시한다.

**표 4-18** | 0세 주간 보육계획안의 예

| 생활 주제 | | 놀이할 수 있어요 | | | | | |
|---|---|---|---|---|---|---|---|
| 소주제 | | 놀잇감은 재미있어요 | | | | | |
| 목표 | | 어린이집의 다양한 놀잇감을 탐색한다. | | | | 기간 | ○월 ○주 |
| 활동 \ 요일 | | 월(3) | 화(4) | 수(5) | 목(6) | 금(7) | 토(8) |
| 등원 및 맞이하기 | | 즐겁게 어린이집에 등원하기/엄마 품에서 인사해요 | | | | | |
| 일상생활 · 기본생활습관 | 수유 및 이유 | 선생님 도움 받아 이유식 먹기 전 손 씻기 | | | | | |
| | 낮잠 및 휴식 | 누워 쉬면서 잠들기, 낮잠 자고 일어나 선생님과 포옹하기 | | | | | |
| | 기저귀 갈이 | 기저귀 갈며 팔 · 다리 쭉쭉이 하기 | | | | | |
| 놀이활동 | 신체 | 모빌을 잡아보기 | | | | | |
| | 언어 | 동물 손인형과 인사하기 | | | | | |
| | 감각 · 탐색 | 딸랑이 흔들어보기 | | | | | |
| 실외 및 산책활동 | | 유모차 타고 놀이터 산책하기 | | | | | |

### ② 1세 주간 보육계획안

**표 4-19** | 경기도 화성시 시립 숲속어린이집 2014년도 3월 첫째 주 주간 보육계획안

| 주제 | | 새로운 것이 낯설어요 1 | | | | | |
|---|---|---|---|---|---|---|---|
| 소주제 | | 어린이집에 왔어요 1 | | | | | |
| 목표 | | 우리 반의 새로운 환경과 놀잇감을 탐색해본다. | | | | 기간 | 3월 1주 |
| 활동 \ 요일 | | 월(3) | 화(4) | 수(5) | 목(6) | 금(7) | 토(8) |
| 등원 및 맞이하기 | | 부모와 영아의 적응과정에 대해 대화하기 | | | | | |
| 오전 자유 선택 활동 | 신체 | 오르기 상자 오르내려요 | | | | | |
| | 쌓기 · 역할 | 어떤 놀잇감이 있을까? | | | | | |
| | 언어 | 소리 나는 그림책을 보아요 | | | | | |
| | 감각 · 탐색 | • [탐색] 울룩불룩 주머니<br>• [음률] 소리가 나는 악기가 있어요<br>• [미술] 어린이집 사진에 스티커 붙이기 | | | | | |
| | 실외활동 | 엄마, 선생님과 손잡고 걸어요 | | | | | |
| 전이활동 | | 〈이야기 나누기〉 어린이집에 왔어요 | | | | | |
| 중점 프로그램(베이비 마사지) | | 적응 기간 | | | | | |
| 식사 및 간식 | | 어린이집의 음식을 먹어보아요 | | | | | |

(계속)

| 활동 \ 요일 | 월(3) | 화(4) | 수(5) | 목(6) | 금(7) | 토(8) |
|---|---|---|---|---|---|---|
| 낮잠 및 휴식 | 토닥 토닥 잠이 들어요 | | | | | |
| 기본생활습관 | 헤어질 때 인사해요 | | | | | |
| 친사회적 활동 | 친구의 얼굴을 알아요 | | | | | |
| 귀가 및 가정과의 연계 | 반갑게 만나요 | | | | | |

## ③ 2세 주간 보육계획안

**표 4-20** | 경기도 화성시 시립 숲속어린이집 2014년도 3월 첫째 주 주간 보육계획안

| 주제 | | 어린이집이 좋아요 | | | | | |
|---|---|---|---|---|---|---|---|
| 소주제 | | 나는 ○○반이에요 | | | | | |
| 목표 | | 새로운 우리반과 어린이집 환경에 적응하며 놀잇감 탐색을 해본다. | | | | 기간 | 3월 1주 |
| 활동 \ 요일 | | 월(3) | 화(4) | 수(5) | 목(6) | 금(7) | 토(8) |
| 등원 및 맞이하기 | | | | | | | |
| 오전 자유 선택 활동 | 신체 | 붕붕카 타기 | | | | | |
| | 언어 | 내가 하고 싶은 놀이는? | | | | | |
| | 감각 · 탐색 | 알록달록 우리 보육실 | | | | | |
| | 역할 · 쌓기 | • 조물조물 반죽놀이<br>• 종이벽돌블록 기차 | | | | | |
| | 미술 | 모양종이에 그려요 | | | | | |
| | 음률 | 노래 '어린이집에 왔어요' | | | | | |
| | 실외활동 | • 놀이터 둘러보기<br>• 선생님과 자전거 타기 | | | | | |
| 중점 프로그램 | | 적응 기간 | | | | | |
| 일상생활 | 점심 및 간식 | 간식 먹기 전 손 씻기 | | | | | |
| | 낮잠 | 자장가 들으며 낮잠 자기 | | | | | |
| | 배변활동 | 배변 후 '쉬했어요' 표현하기 | | | | | |
| 기본생활 · 안전 | | • 내 사물함을 살펴봐요<br>• 화장실에서 조심해서 걷기 | | | | | |
| 친사회적 활동 | | 어린이집 친구를 알아봐요 | | | | | |
| 귀가 및 연계 | 귀가 | 엄마, 아빠에게 반갑게 인사하기 | | | | | |
| | 가정 및 지역사회연계 | 가정과의 연계 : 가족과 어린이집에서 한 일 이야기해보기 | | | | | |

### ④ 3세 주간 보육계획안

**표 4-21** | 경기도 화성시 시립 숲속어린이집 2014년도 3월 첫째 주 주간 보육계획안

| 주제 | 어린이집은 어떤 곳일까? | 기간 | 2013년 3월 1일(금)~3월 9일(토) |
|---|---|---|---|
| 목표 | 어린이집에 있는 각 공간의 이름과 위치를 알고 시설물의 바른 사용법을 익힌다. | | |
| 기본생활습관 | 신발 벗어 제자리에 넣기 | 친사회적 활동 | 놀잇감 제자리에 정리하기 |

**자유선택활동**

**어린이집은 어떤 곳일까?**

**언 어**
- 교실물건
- 수수께끼
- 반가워요

**미 술**
- 우리는 ○○반 친구
- 다양한 놀잇감 찍기

**음 률**
- 음률영역 악기 탐색하기
- 여러 가지 악기로 소리 내요

**과 학**
교실 화분 관찰하기

**수 · 조작**
- 교실 안에는, 교실 밖에는?
- 영역과 놀잇감 짝짓기

**역할 · 쌓기**
- 놀이영역의 약속을 지켜요
- 딩동! 누구십니까?
- 밀가루 반죽을 주물러요

| 요일 / 활동 | 금 | 토 | 월 | 화 | 수 | 목 | 금 | 토 |
|---|---|---|---|---|---|---|---|---|
| 대 · 소집단 활동 | 3 · 1절 | 통합 보육 | (음악) '안녕' 노래로 인사해요 | (동화) 우리 반이 어디 있지? | (이야기 나누기) 화장실에 가고 싶어요 | (게임) 놀잇감의 위치를 알아요 | (이야기나누기) 도움이 필요할 때는? | 통합 보육 |
| 실외활동 | (실외) 폴짝 폴짝 쑥! 쑥<br>(우천 시 대체활동 : 내가 쌓은 블록 높이만큼 점프하기) | | | | | | | |
| 오후 자유선택 활동 | • 선 따라 걷기<br>• 종이 연주회<br>• 놀이터에서 주어온 물건 확대경으로 관찰하기 | | | | | | | |

### ⑤ 4세 주간 보육계획안

**표 4-22** | 경기도 화성시 시립 숲속어린이집 2014년도 3월 첫째 주 주간 보육계획안

| 주제 | 어린이집과 친구 | 기간 | 2014년 3월 3일(월)~3월 8일(토) |
|---|---|---|---|
| 목표 | 새로운 환경과 친구들, 선생님에 대해 알고 즐거운 마음으로 어린이집 생활에 적응한다. | | |
| 기본생활습관 | 신발 벗어 제자리에 넣기 | 친사회적 활동 | 친구 신발장 찾아보기 |

**자유선택활동**

**어린이집의 환경**

**언 어**
- 새로운 이름
- 놀잇감이 사라졌어요
- 놀잇감 수수께끼

**미 술**
- 약속 액자 만들기
- 색종이 오려 여러 가지 모양 꾸미기

**음 률**
즐거운 음률영역

**과 학**
신기하고 재미난 안경놀이

**수 · 조작**
안전하게 놀이해요

**역할 · 쌓기**
- 선생님 되어 보기
- 어린이집 놀이
- 여러 가지 블록 놀잇감
- 놀잇감 도미노

| 활동 \ 요일 | 월 | 화 | 수 | 목 | 금 | 토 |
|---|---|---|---|---|---|---|
| 대 · 소집단 활동 | (언어)<br>우리 반 선생님과 친구들을 소개해요 | (신체)<br>점토가 되어 보아요 | (이야기 나누기)<br>어떻게 하면 좋을까요 | (음악)<br>원가 | (이야기 나누기)<br>어린이집에서 함께 지내는 분들을 알아봐요 | 통합보육 |
| 실외활동 | (실외) 사진 속에 담은 어린이집/놀이시설 이용하기<br>(우천 시 대체활동) 어린이집 돌아보기 | | | | | |
| 오후 자유선택활동 | 지시대로 움직여요/숫자만큼 놀잇감 담아보기 | | | | | |

### ⑥ 5세 주간 보육계획안

**표 4-23** | 경기도 화성시 시립 숲속어린이집 2014년도 3월 첫째 주 주간 보육계획안

| 주제 | 즐거운 어린이집 | 기간 | 2014년 3월 3일(월)~3월 8일(토) |
|---|---|---|---|
| 목표 | 처음 만난 선생님과 교실을 소개하고 새로 만난 친구들에 대하여 알아가는 시간을 갖는다. | | |
| 기본생활습관 | 소지품 사물함에 넣기 | 친사회적 활동 | 친구와 협동하며 놀이해요 |

**자유선택활동**

**새로 만난 우리반**

**언어**
- 암호를 풀어라
- 신문지에서 어린이집 이름 찾기

**미술**
- 이름표 꾸미기
- 우리 교실 그리기
- '나를 소개해요' 책 만들기

**음률**
우리반 악기로 원가 연주하기

**과학**
- 확대경으로 교실
- 놀잇감 살피기

**수·조작**
- 우리반 성씨 그래프
- 걸음으로 교실재기

**역할·쌓기**
- 블록 탐색하고 자유롭게 구성하기
- 가족놀이 역할극

| 활동 \ 요일 | 월 | 화 | 수 | 목 | 금 | 토 |
|---|---|---|---|---|---|---|
| 대·소집단 활동 | (이야기나누기) 우리반 선생님을 소개해요 | (동화) 어린이집에 처음 가는 날 | (이야기나누기) 우리반의 약속 | (동시) 마음은 닮은 꼴 | (음악 감상) 어린이집의 전경 | 통합 보육 |
| 실외활동 | (실외) 사진 속에 담은 어린이집/놀이시설 이용하기<br>(우천 시 대체활동) 어린이집 돌아보기 | | | | | |
| 오후 자유선택활동 | 지시대로 움직여요/숫자만큼 놀잇감 담아보기 | | | | | |

## 4) 일일 보육계획안 수립

연간 보육계획안과 주간 보육계획안을 근간으로 작성하는 일일 보육계획안은 등원에서 귀가까지 하루 동안 영유아를 어떻게 보호하고 교육해야 할 것인가에 대해 사전에 자세하게 기록한 계획서이다. 따라서 하루 동안 진행되는 다양한 활동을 시간의 순서에 따라 구체적으로 기록한다. 여기에는 집단활동 및 흥미영역별 활동의 구체적 계획이 포함되며, 각 활동별로 활동의 목표, 교수학습활동, 교수학습자료, 준비물, 교사의 역할, 평가 내용이 제시된다.

### (1) 일일 보육계획안 작성 원리 및 고려할 점

- 하루 일과의 시간, 학급당 영유아와 교사의 수, 영유아 연령, 프로그램 활동의 유형과 목표, 필요한 교재 · 교구와 자료, 시기, 날씨 등을 염두에 두고 구체적인 활동을 계획한다.
- 등원, 실내 · 외자유놀이, 대 · 소집단활동, 간식과 점심, 낮잠 및 휴식, 일상생활손 씻기, 화장실 다녀오기 등, 귀가 및 가정과의 연계 등의 활동을 구체적으로 제시한다.
- 각 활동의 소요시간, 집단의 크기와 형태, 활동 장소, 교수학습자료의 종류와 양, 준비물 등을 자세하게 기록한다.
- 교사는 활동의 제시방법, 전개방법, 진행 순서를 염두에 두면서 활동의 도입, 전개, 마무리의 순서로 활동 전개를 계획한다. 또한 집단의 형태, 공간의 자리배치, 환경구성, 동기유발, 주의집중, 다음 활동에의 전이방법, 확장활동도 일일 교육계획 시 반드시 고려해야 할 중요한 사항들이다(이정환 · 김희진, 2011).
- 등원부터 시작되는 하루 일과는 매일 일관성 있게 계획되어 영유아가 언제나 예측하고 그 활동에 자연스

그림 4-10 | 블록을 가지고 노는 유아들

럽게 녹아들어가도록 한다. 일관성이 있어야 영유아는 안정감을 갖고 이어지는 활동을 스스로 예측하며 그에 맞춰 자신을 조절한다.

- 휴식과 놀이, 개별활동과 집단활동, 동적 활동과 정적 활동, 대집단활동과 소집단활동, 교사 주도적 활동과 영유아 주도적 활동, 실내활동과 실외활동, 구조화된 활동과 비구조화된 활동 간의 균형을 맞춘다. 동일한 활동이라도 활동 시간오전 · 오후, 장소실내 · 외, 계절 등을 고려하여 일과를 구성한다.
- 영유아의 생리적 · 신체적 욕구를 충족시킬 수 있도록 계획한다. 특히, 0~2세 영아와 3~5세 유아는 배변활동, 낮잠, 간식 먹기, 휴식 등에서 욕구가 다르므로 연령을 고려한다. 영아반의 경우 일상양육과 생리적 요구를 충족시킬 수 있는 시간과 공간을 충분히 제공한다.
- 오전 자유선택활동은 평균 1시간 30분 정도 계획하고 여러 가지 흥미영역활동이 이루어지도록 한다. 오후 자유선택활동은 오전 활동을 반복하거나 연계활동을 하며 혹은 영유아가 자유롭게 활동을 선택하도록 한다일일 평균 자유선택활동은 대략 2시간~2시간 30분 정도를 계획.
- 실외활동은 오전 혹은 오후에 영아반의 경우 보통 30분 이상, 유아반은 1시간 이상을 계획한다. 날씨로 인해 실외활동이 힘든 경우는 강당 등에서 동작 중심의 활동으로 대체한다.
- 연간 · 월간 · 주간 보육계획안에 입각해 다양한 활동을 계획하지만 영유아의 새로운 흥미와 관심사가 유발되고 예기치 않은 상황이 생긴다면 미리 계획한 활동을 다른 활동으로 융통성 있게 바꿀 수 있다.
- 하루 일과가 끝난 후 교사는 일일 보육계획과 그에 따른 활동에 대한 평가를 하고 그 내용을 기록한다. 평가결과를 바탕으로 이후 일과계획을 조정하거나 개선한다.

### (2) 연령별 일일 보육계획안의 계획

#### ① 1세 일일 보육계획안

**표 4-24** | 경기도 화성시 시립 숲속어린이집 2014년도 3월 첫째 주 일일 보육계획안

<table>
<tr><td>일자</td><td>2014. 3. 5(수)</td><td>반 이름</td><td>하늘나리(만 1세반)</td><td>담임교사</td><td>○○○</td></tr>
<tr><td>주제<br>(단원)</td><td>새로운 것이<br>낯설어요 I</td><td>대주제</td><td colspan="3">어린이집에 왔어요 1</td></tr>
<tr><td>목표</td><td colspan="5">우리 반의 새로운 환경과 놀잇감을 탐색해본다.</td></tr>
<tr><td>기본생활<br>습관</td><td colspan="5">헤어질 때 인사해요</td></tr>
<tr><td>시간</td><td>일과</td><td>활동계획 및 실행</td><td>준비물 및 유의점</td><td colspan="2">평가</td></tr>
<tr><td>7:30~<br>9:30</td><td>등원 및<br>자유놀이</td><td>기본생활습관 : 헤어질 때 인사해요<br>– 부모님과 헤어질 때 인사를 한다.<br>등원 및 자유놀이<br>• 영아를 반갑게 맞이하고 영아의 기분과 건강상태를 체크한다.<br>• 교사에게 바르게 인사하고 함께 옷과 가방을 정리한다.<br>• 당직교사의 지도하에 통합보육을 실시한다.<br>• 각 영역에 배치되어 있는 교재교구들을 영아들이 자율적으로 선택하여 놀이하도록 한다.<br>• 영아의 놀이에 함께 참여하며 개인적 상호작용을 한다.<br>• 활동했던 교재교구를 정리하고 용변을 본 후 손을 씻는다.</td><td>• 체온계<br>• 일일아동<br>• 건강 체크 현황표<br>• 창문 열어 환기<br>• 각 영역 교구</td><td colspan="2"></td></tr>
<tr><td>9:30~<br>10:00</td><td>정리정돈/<br>기저귀 갈이/<br>오전 간식</td><td>오전 간식<br>• 기저귀 갈이 및 손 씻기<br>• 준비된 간식 가지고 자리에 앉기<br>• 간식 먹은 후 자리 정리하기</td><td>숟가락, 그릇</td><td colspan="2"></td></tr>
<tr><td>10:00~<br>11:20</td><td>오전 실내<br>자유선택<br>활동</td><td>친사회적 활동 : 친구의 얼굴을 알아요<br>– 친구의 얼굴을 안다.<br>오전 실내자유선택활동<br>• 새로운 영역활동 소개하기<br>• 관심 있는 영역에서 자유롭게 활동하도록 돕고, 교사 및 또래와 긍정적 상호작용 나누기<br>• 교사의 도움이 필요한 흥미영역의 놀이에 골고루 참여하기<br>* 신체 : 오르기 상자 오르내려요<br>(신체운동>신체조절과 기본운동하기>기본운동하기)</td><td>오르기 상자</td><td colspan="2"></td></tr>
</table>

(계속)

| 시간 | 일과 | 활동계획 및 실행 | 준비물 및 유의점 | 평가 |
|---|---|---|---|---|
| 10 : 00~<br>11 : 20 | 오전 실내<br>자유선택<br>활동 | • 오르기 상자를 오르내린다.<br>• 선생님의 말소리를 듣고 움직인다.<br>*** 역할 · 쌓기 : 어떤 놀잇감이 있을까?**<br>(자연탐구>탐구하는 태도 기르기>사물에 관심 가지기)<br>• 역할 · 쌓기 영역에 관심을 가진다.<br>• 역할 · 쌓기 놀잇감을 여러 가지 방법으로 탐색한다.<br>*** 언어**<br>**(말하기) 소리 나는 그림책을 보아요**<br>(의사소통>말하기>표정, 몸짓, 말소리로 말하기)<br>• 소리 나는 그림책을 보면서 말하고 듣는 활동을 한다.<br>**(듣기) 소리 나는 그림책을 보아요**<br>(의사소통>듣기>경험과 관련된 말 듣고 알기)<br>• 운율 있는 소리와 동요를 즐겨 듣는다.<br>**(읽기) 동화를 읽어요**<br>(의사소통>읽기>그림이나 사진에 관심 가지기)<br>• 그림책의 그림과 글씨를 탐색하며 읽는다.<br>**(쓰기) 끼적이기 활동하기**<br>(의사소통>쓰기> 끼적이기)<br>• 쓰기 도구와 쓰기 활동에 흥미를 갖는다.<br>*** 감각 · 탐색 : 울룩불룩 주머니**<br>(신체운동>감각과 신체 인식하기>감각기관으로 탐색하기)<br>• 다양한 촉감을 느끼고 구별해 본다.<br>• 다양한 촉감에 대한 언어적 표현을 들어본다.<br>**(음률) 소리가 나는 악기가 있어요**<br>• 다양한 소리를 탐색해본다.<br>• 동요를 들으며 악기를 연주해본다.<br>**(미술) 어린이집 사진에 스티커 붙이기**<br>• 어린이집과 교실 사진을 탐색한다.<br>• 사진에 스티커를 붙인다. | 역할, 쌓기 영역의 놀잇감<br><br>소리 나는 그림책<br><br>동화책<br><br>끼적이기판<br>쓰기 도구<br><br>주머니<br>촉감이 다른 놀잇감<br><br>오디오, 노래 음원<br>악기<br><br>어린이집 사진<br>스티커 | |
| 11 : 20~<br>12 : 00 | 정리정돈 및<br>전이활동/<br>실외자유놀이 | • 교사가 정리하면서 영아도 제자리에 놓아 보게 유도한다.<br>• 간단한 전이활동을 하고 다음 놀이 활동의 장소를 알려 주어 이동한다.<br>*** 실외활동 : 엄마, 선생님과 손잡고 걸어요**<br>(신체운동>신체조절과 기본운동하기>기본운동하기)<br>• 선생님과 친밀감을 형성한다.<br>• 엄마, 선생님에게 도움받아 걷는다.<br>우천 시 대체활동 : 발자국을 따라 선생님 손을 잡고 걸어요<br>• 선생님과 함께 발자국을 따라 이동한다.<br>• 안전에 유의를 한다. | 사진기<br><br>발자국 그림 | |

(계속)

| 시간 | 일과 | 활동계획 및 실행 | 준비물 및 유의점 | 평가 |
|---|---|---|---|---|
| 12:00~<br>13:00 | 점심식사/<br>이 닦기 | **점심식사**<br>• 용변을 본 후 책상자리에 앉는다.<br>• 오늘의 점심 메뉴를 알려준다.<br>• 배식을 한 식판과 국은 순서대로 교사가 나누어준다.<br>• 감사기도를 하고 즐거운 분위기로 점심을 먹도록 한다.<br>• 식사를 마친 영아는 정해진 자리에 식판을 정리한다.<br>**점심정리 및 양치질지도**<br>• 개인 양치컵과 칫솔을 찾아 양치질을 한다.<br>• 양치질이 끝난 영아는 각 영역에서 자유롭게 놀이한다. | 식판, 젓가락,<br>숟가락,<br>양치컵, 칫솔 | |
| 13:00~<br>15:00 | 기저귀 갈이/<br>손 씻기/<br>낮잠 및 휴식 | **기저귀 갈이 및 손 씻기**<br>**정리정돈 및 낮잠/휴식**<br>• 교실에 매트를 깔아주고 영아들을 편안한 차림과 자세로 낮잠을 잘 수 있도록 하기<br>• 커튼을 내려 실내를 아늑하게 하고 조용한 음악을 들려주며 낮잠 잘 분위기를 조성해 주기<br>• 잠을 자기 힘들어하는 영아는 누워서 휴식을 취하거나 조용한 활동을 할 수 있도록 배려하기<br>• 부모가 작성한 일일보고서를 확인한 후 작성하기 | 이불, 베개, 매트,<br>일일보고서 | |
| 15:00~<br>15:30 | 낮잠정리 | **낮잠 깨기 및 정리정돈**<br>• 영아에게 부드러운 스킨십을 해주며 기분 좋게 잠을 깰 수 있도록 하기<br>• 교사를 도와 이불과 베개를 정리해 넣기<br>• 정리가 끝난 후 용변을 보고 손을 깨끗이 씻기 | | |
| 15:30~<br>16:00 | 기저귀 갈이/<br>손 씻기/<br>오후 간식 | **오후 간식**<br>• 기저귀 갈이 및 손 씻기<br>• 준비된 간식 먹은 후 스스로 자리 정리하기 | 컵, 간식 접시,<br>포크 | |
| 16:00~<br>16:30 | 정리정돈 및<br>평가 | **정리정돈 및 평가**<br>• 원아수첩을 받고 가방에 넣기<br>• 손과 입 주위를 닦은 유아들은 개인로션을 바르기<br>• 영아들의 옷, 머리를 단정하게 하기<br>• 기저귀 갈이 | 가방, 수첩, 로션<br>빗, 분무기 | |
| 16:30~<br>18:00 | 오후 실내<br>자유선택<br>활동 | **오후 실내자유선택활동**<br>• 원하는 영역에서 자유롭게 놀기<br>– 오전 자유선택활동을 마치지 않은 영아는 이어서 하기<br>*** 신체 : 오르기 상자 오르내려요**<br>(신체운동>신체조절과 기본운동하기>기본운동하기)<br>• 오르기 상자를 오르내린다.<br>• 선생님의 말소리를 듣고 움직인다.<br>*** 역할 · 쌓기 : 어떤 놀잇감이 있을까?** | | |

(계속)

| 시간 | 일과 | 활동계획 및 실행 | 준비물 및 유의점 | 평가 |
|---|---|---|---|---|
| 16 : 30~<br>18 : 00 | 오후 실내<br>자유선택<br>활동 | (자연탐구>탐구하는 태도 기르기>사물에 관심 가지기)<br>• 역할 · 쌓기 영역에 관심을 가진다.<br>• 역할 · 쌓기 놀잇감을 여러 가지 방법으로 탐색한다.<br>* 언어<br>**(말하기) 소리 나는 그림책을 보아요**<br>(의사소통>말하기>표정, 몸짓, 말소리로 말하기)<br>• 소리 나는 그림책을 보면서 말하고 듣는 활동을 한다.<br>**(듣기) 소리 나는 그림책을 보아요**<br>(의사소통>듣기>경험과 관련된 말 듣고 알기)<br>• 운율 있는 소리와 동요를 즐겨 듣는다.<br>**(읽기) 동화를 읽어요**<br>(의사소통>읽기>그림이나 사진에 관심 가지기)<br>– 그림책의 그림과 글씨를 탐색하며 읽는다.<br>**(쓰기) 끼적이기 활동하기**<br>(의사소통>쓰기>끼적이기)<br>• 쓰기 도구와 쓰기 활동에 흥미를 갖는다.<br>* **감각 · 탐색 : 울룩불룩 주머니**<br>(신체운동>감각과 신체 인식하기>감각기관으로 탐색하기)<br>• 다양한 촉감을 느끼고 구별해 본다.<br>• 다양한 촉감에 대한 언어적 표현을 들어본다.<br>**(음률) 소리가 나는 악기가 있어요**<br>• 다양한 소리를 탐색해본다.<br>• 동요를 들으며 악기를 연주해본다.<br>**(미술) 어린이집 사진에 스티커 붙이기**<br>• 어린이집과 교실 사진을 탐색한다.<br>• 사진에 스티커를 붙인다. | 영역별 놀잇감,<br>오전에 새로 제시된<br>교구 일체 | |
| 18 : 00~<br>19 : 30 | 귀가지도 및<br>통합보육 | • 통합보육하면서 개별적으로 귀가하기<br>• 자신의 소지품 정리하기/선생님과 친구에게 인사하기 | | |
| 종합<br>평가 | | | | |
| 비고 | • 투약 : 없음<br>• 결석 : 없음<br>• 적응 프로그램 | | | |
| 부모상담<br>및 협의<br>사항 | 없음 | | | |
| ※ 일일 위생 점검 | | | | |

(계속)

| 점검구역 (공동구역 포함) | 담 당 자 | 교실 점검 내용 | | |
|---|---|---|---|---|
| | | 환기 및 청소 | 소독 | 세탁 및 세척 |
| * 교실 정리, 청소 | • 1층 복도 : 교사<br>• 화장실 : 교사 | • 오전 : 창문 열기, 창틀 먼지 닦기<br>• 오후 : 창문 열기, 바닥 청소하기, 교구장 정리 및 닦기 | 장난감, 교구 위에 바이오 크린콜 뿌리기 | 양치컵, 칫솔 세척 놀잇감 |

### ② 2세 일일 보육계획안

**표 4-25** | 경기도 화성시 시립 숲속어린이집 2014년도 3월 첫째 주 일일 보육계획안

| 일자 | 2014. 3. 5(수) | 반 이름 | 솔나리반(만 2세) | 담임교사 | ○○○ |
|---|---|---|---|---|---|
| 주제(단원) | 어린이집이 좋아요 | 대주제 | 나는 OO반이에요 | | |
| 목표 | 새로운 우리 반과 어린이집 환경에 적응하며 놀잇감을 탐색해본다. | | | | |
| 기본생활습관 | 내 사물함을 살펴봐요 | | | | |
| 시간 | 일과 | 활동계획 및 실행 | | 준비물 및 유의점 | 평가 |
| 7 : 30~ 9 : 30 | 등원 및 자유놀이 | **등원 및 자유놀이**<br>• 영아의 기분과 건강상태 확인하기<br>• 스스로 소지품을 정리할 수 있도록 도와주기<br>• 투약 의뢰서 유무 확인하기<br>• 보육실에서 자유놀이하기<br>기본생활습관 : 내 사물함을 살펴봐요 | | 체온계, 일일아동건강 체크 현황표, 창문 열어 환기, 각 영역 교구 | |
| 9 : 30~ 10 : 00 | 화장실 가기/ 손 씻기/ 오전 간식 | **오전 간식**<br>• 화장실 다녀오기 및 손 씻기<br>• 준비된 간식 가지고 자리에 앉기<br>• 간식 먹은 후 자리 정리하기 | | 숟가락, 포크, 그릇 | |
| 10 : 00~ 11 : 00 | 오전 실내 자유선택 활동 | **오전 실내자유선택활동**<br>• 새로운 영역활동 소개하기<br>• 관심 있는 영역에서 자유롭게 활동하도록 돕고, 교사 및 또래와 긍정적 상호작용 나누기<br>• 교사의 도움이 필요한 흥미영역의 놀이에 골고루 참여하기 | | | |

(계속)

| 시간 | 일과 | 활동계획 및 실행 | 준비물 및 유의점 | 평가 |
|---|---|---|---|---|
| 10 : 00~<br>11 : 00 | 오전 실내<br>자유선택<br>활동 | *** 신체 : 붕붕카 타기**<br>(신체운동>신체조절과 기본운동하기>대근육조절하기)<br>• 붕붕카의 모습 탐색하기<br>• 붕붕카 안전하게 타기 위한 약속하기<br>• 팔과 다리를 자유롭게 움직여 붕붕카 운전하기<br>• 타고 난 후 제자리에 정리하기<br>*** 언어 : 내가 하고 싶은 놀이는?**<br>(의사소통>말하기>자신이 원하는 것을 말하기)<br>(의사소통>듣기>짧은 이야기 듣기)<br>• 언어영역에 있는 놀이실 사진 함께 보기<br>• 사진 속에 있는 놀잇감 살펴보기<br>• 하고 싶은 놀이에 대해 자유롭게 이야기 나누기<br>(의사소통>읽기>그림책과 환경 인쇄물에 흥미 가지기)<br>(의사소통>쓰기>끼적이며 즐기기)<br>• 동화책에 관심 보이고 읽기<br>• 끼적이기 판에 끼적이기<br>*** 감각 · 탐색 : 알록달록 우리 보육실**<br>(자연탐구>과학적 탐구하기>물체와 물질 탐색하기)<br>(사회관계>더불어 생활하기>자신이 속한 집단 알기)<br>• 색 돋보기를 살펴보며 반응 보이기<br>• 색 돋보기를 통해 보이는 보육실의 모습에 흥미 가지기<br>• 우리반 보육실에 대해 관심 가지기<br>*** 역할 · 쌓기 : 조물조물 반죽놀이**<br>(신체운동>감각과 신체 인식하기>감각기관 활용하기)<br>(자연탐구>수학적 탐색하기>공간과 도형에 관심 가지기)<br>• 밀가루 반죽을 보며 자유롭게 탐색하기<br>• 밀가루 반죽을 주무르며 촉감 경험하기<br>• 밀가루 반죽으로 여러 가지 모양 만들어보기<br>**종이벽돌블록 기차**<br>(자연탐구>수학적 탐구하기>공간과 도형에 관심 가지기)<br>• 충분한 양의 종이벽돌블록을 자유롭게 쌓아보거나 탐색해보기<br>• 종이벽돌블록을 길게 놓아보기<br>• 종이벽돌블록을 여러 개 붙여 길게 놓아보기<br>*** 미술 : 모양종이에 그려요**<br>(예술경험>예술적 표현하기>자발적으로 미술활동하기)<br>• 동그라미, 세모, 네모 모양 종이 탐색하기<br>• 모양 종이에 색연필을 이용하여 자유롭게 그림 그리기<br>• 여러 가지 모양에 관심 가지기 | **영역별 놀잇감**<br>[신체] 붕붕카<br><br>[언어] 영역별로 찍은 보육실 사진<br><br>[감각 · 탐색] 색 돋보기<br><br>[역할 · 쌓기] 종이벽돌블록<br><br>[미술] 동그라미, 세모, 네모 모양으로 자른 종이, 영아용 색연필 | |

(계속)

| 시간 | 일과 | 활동계획 및 실행 | 준비물 및 유의점 | 평가 |
|---|---|---|---|---|
| 10 : 00~<br>11 : 00 | 오전 실내<br>자유선택<br>활동 | *** 음률 : 노래 '어린이집에 왔어요'**<br>(예술경험>예술적 표현하기>리듬 있는 소리와 노래로 표현하기)<br>• '생일 축하합니다' 노래를 개사하여 노래 불러보기<br>• 노래 부르기 즐기기<br>• 자신이 속한 반에 친근감 가지기 | | |
| 11 : 30~<br>12 : 00 | 실외활동 | **실외활동 : 놀이터 둘러보기/선생님과 자전거 타기**<br>(신체운동>감각과 신체 인식하기>감각기관 활용하기)<br>• 영아들과 함께 실외 놀이터로 나가 한 바퀴 둘러보기<br>• 실외놀이터에 대한 관심 가지기<br>• 영아가 하고 싶은 놀이해보기<br>• 실외놀이를 하며 어린이집 하루 일과에 즐겁게 참여하기<br>우천 시 대체활동 : 발자국 따라 걸어보기<br>• 발자국을 따라 걸어보며 몸의 균형 잡아보기<br>• 대근육을 조절하여 넘어지지 않기<br>• 유희실 바닥의 발자국 탐색하기<br>• 발자국 따라 움직여보기 | 발자국 그림자료,<br>리듬막대 | |
| 12 : 00~<br>13 : 00 | 점심식사/<br>이 닦기 | **• 점심식사 및 자유선택활동**<br>• 화장실 다녀오기 및 손 씻기<br>• 골고루 음식 먹고 스스로 자리 정리하기<br>• 이 닦기<br>• 먼저 먹은 친구는 자유롭게 놀이하기 | 식판, 숟가락, 포크<br>양치컵, 칫솔 | |
| 13 : 00~<br>15 : 00 | 낮잠 및 휴식 | **낮잠/휴식**<br>• 교실에 매트를 깔아주고 영아들을 편안한 차림과 자세로 낮잠을 잘 수 있도록 하기<br>• 커튼을 내려 실내를 아늑하게 하고 조용한 음악을 들려주며 낮잠 잘 분위기를 조성해 주기<br>• 잠을 자기 힘들어하는 영아는 누워서 휴식을 취하거나 조용한 활동을 할 수 있도록 배려하기<br>• 부모가 작성한 일일보고서를 확인한 후 작성하기 | 이불, 베개, 매트,<br>일일보고서 | |
| 15 : 00~<br>15 : 10 | 낮잠정리 | **낮잠 깨기 및 정리정돈**<br>• 영아에게 부드러운 스킨십을 해주며 기분 좋게 잠을 깰 수 있도록 하기<br>• 교사를 도와 이불과 베개를 정리해 넣기<br>• 정리가 끝난 후 용변을 보고 손을 깨끗이 씻기 | | |
| 15 : 10~<br>15 : 40 | 화장실 가기/<br>손 씻기/<br>오후 간식 | **오후 간식**<br>• 화장실 다녀오기 및 손 씻기<br>• 준비된 간식 먹은 후 스스로 자리 정리하기 | 컵, 간식접시, 포크 | |

(계속)

| 시간 | 일과 | 활동계획 및 실행 | 준비물 및 유의점 | 평가 |
|---|---|---|---|---|
| 15 : 40~<br>16 : 00 | 정리정돈 및 평가 | **정리정돈 및 평가**<br>• 영아수첩을 받고 가방에 넣기<br>• 손과 입 주위를 닦은 영아들은 개인로션을 바르기<br>• 영아들의 옷, 머리를 단정하게 하기 | 가방, 수첩<br>로션<br>빗<br>분무기 | |
| 16 : 00~<br>18 : 00 | 오후 실내 자유선택 활동 | **오후 실내자유선택활동**<br>• 원하는 영역에서 자유롭게 놀기<br>• 오전 자유선택활동을 마치지 않은 영아는 이어서 하기<br>*** 신체 : 붕붕카 타기**<br>(신체운동>신체조절과 기본운동하기>대근육조절하기)<br>• 붕붕카의 모습 탐색하기<br>• 붕붕카 안전하게 타기 위한 약속하기<br>• 팔과 다리를 자유롭게 움직여 붕붕카 운전하기<br>• 타고 난 후 제자리에 정리하기<br>*** 언어 : 내가 하고 싶은 놀이는?**<br>(의사소통>말하기>자신이 원하는 것을 말하기)<br>(의사소통>듣기>짧은 이야기 듣기)<br>• 언어영역에 있는 놀이실 사진 함께 보기<br>• 사진 속에 있는 놀잇감 살펴보기<br>• 하고 싶은 놀이에 대해 자유롭게 이야기 나누기<br>(의사소통>읽기>그림책과 환경 인쇄물에 흥미 가지기)<br>(의사소통>쓰기>끼적이며 즐기기)<br>• 동화책에 관심 보이고 읽기<br>• 끼적이기 판에 끼적이기<br>*** 감각 · 탐색 : 알록달록 우리 보육실**<br>(자연탐구>과학적 탐구하기>물체와 물질 탐색하기)<br>(사회관계>더불어 생활하기>자신이 속한 집단 알기)<br>• 색 돋보기를 살펴보며 반응 보이기<br>• 색 돋보기를 통해 보이는 보육실의 모습에 흥미 가지기<br>• 우리반 보육실에 대해 관심 가지기<br>*** 역할 · 쌓기 : 조물조물 반죽놀이**<br>(신체운동>감각과 신체 인식하기>감각기관 활용하기)<br>(자연탐구>수학적 탐색하기>공간과 도형에 관심 가지기)<br>• 밀가루 반죽을 보며 자유롭게 탐색하기<br>• 밀가루 반죽을 주무르며 촉감 경험하기<br>• 밀가루 반죽으로 여러 가지 모양 만들어보기<br>**종이벽돌블록 기차**<br>(자연탐구>수학적 탐구하기>공간과 도형에 관심 가지기)<br>• 충분한 양의 종이벽돌블록을 자유롭게 쌓아보거나 탐색해보기 | **영역별 놀잇감**<br>[신체] 붕붕카<br><br>[언어] 영역별로 찍은 보육실 사진<br><br>[감각 · 탐색] 색 돋보기<br><br>[역할 · 쌓기] 종이벽돌블록 | |

(계속)

| 시간 | 일과 | 활동계획 및 실행 | 준비물 및 유의점 | 평가 |
|---|---|---|---|---|
| 16 : 00~<br>18 : 00 | 오후 실내<br>자유선택<br>활동 | • 종이벽돌블록을 길게 놓아보기<br>• 종이벽돌블록을 여러 개 붙여 길게 놓아보기<br>*** 미술 : 모양종이에 그려요**<br>(예술경험>예술적 표현하기>자발적으로 미술활동하기)<br>• 동그라미, 세모, 네모 모양 종이 탐색하기<br>• 모양 종이에 색연필을 이용하여 자유롭게 그림 그리기<br>• 여러 가지 모양에 관심 가지기<br>*** 음률 : 노래 '어린이집에 왔어요'**<br>(예술경험>예술적 표현하기>리듬 있는 소리와 노래로 표현하기)<br>• '생일 축하합니다' 노래를 개사하여 노래 불러보기<br>• 노래 부르기 즐기기<br>• 자신이 속한 반에 친근감 가지기 | [미술] 동그라미, 세모, 네모 모양으로 자른 종이, 영아용 색연필 | |
| 18 : 00~<br>19 : 30 | 귀가지도 및<br>통합보육 | • 통합보육하면서 개별적으로 귀가하기<br>• 자신의 소지품 정리하기/선생님과 친구에게 인사하기 | | |
| 종합<br>평가 | | | | |
| 비고 | • 투약 :<br>• 결석 :<br>• 적응 프로그램 기간 : 3월 3일~3월 7일 | | | |
| 부모상담<br>및 협의<br>사항 | 없음 | | | |

※ 일일 위생 점검

| 점검구역 (공동구역 포함) | 담당자 | 교실 점검 내용 | | |
|---|---|---|---|---|
| | | 환기 및 청소 | 소독 | 세탁 및 세척 |
| * 교실 정리, 청소 | • 1층 복도 : 교사<br>• 화장실 : 교사 | • 오전 : 창문 열기, 창틀 먼지 닦기<br>• 오후 : 창문 열기, 바닥 청소하기, 교구장 정리 및 닦기 | 장난감, 교구 위에 바이오 크린콜 뿌리기 | 양치컵, 칫솔 세척<br>놀잇감 |

### ③ 3세 일일 보육계획안

**표 4-26** | 경기도 화성시 시립 숲속어린이집 2014년도 3월 첫째 주 일일 보육계획안

<table>
<tr><td>일자</td><td>2013. 3. 8(금)</td><td>반 이름</td><td>초롱꽃반(만 3세)</td><td>담임교사</td><td>○○○</td></tr>
<tr><td>주제<br>(단원)</td><td>어린이집과<br>친구</td><td>대주제</td><td>어린이집은 어떤 곳일까?</td><td>소주제</td><td>도움이 필요할 때는?</td></tr>
<tr><td>목표</td><td colspan="5">도움이 필요한 상황에서 도움을 요청할 수 있다.</td></tr>
<tr><td>기본생활<br>습관</td><td colspan="5">신발 벗어 제자리에 넣기</td></tr>
<tr><td>시간</td><td>일과</td><td colspan="2">활동계획 및 실행</td><td>준비물 및 유의점</td><td>실행 및 평가</td></tr>
<tr><td>7 : 30~<br>9 : 30</td><td>등원 및<br>자유놀이</td><td colspan="2">등원 및 자유놀이<br>• 유아의 기분과 건강상태 확인하기<br>• 스스로 소지품을 정리할 수 있도록 도와주기<br>• 투약 의뢰서 유무 확인하기<br>• 보육실에서 자유놀이하기<br>기본생활습관 : 신발 벗어 제자리에 넣기</td><td>체온계, 일일아동<br>건강 체크 현황표<br>창문 열어 환기<br>각 영역 교구</td><td rowspan="4">〈오전 간식〉<br>간식기도를 할 때 장난치지 않고 바르게 앉을 수 있도록 지도하였다.<br><br>〈이야기 나누기〉<br>유아들이 생활하다가 교사나 친구들, 어른들의 도움이 필요할 때는 어떻게 말하고 행동해야 하는지 이야기를 나누어보았다. 그림자료를 보며 이와 관련된 유아들의 경험에 대해서도 이야기를 나누었다. 도움을 청하는 그림단어카드를 보고 유아들이 스스로 읽도록 도와주었다.<br>어렵다거나 스스로 해결하지 못한다고 울지 않고 손을 들어 자신의 생각을 똑똑하게 말할 수 있도록 가르쳐주었고 바르게 실천하기로 약속했다. 활동지에 도움을 요청할 때의 사용하는 말을 따라서 쓰면서 배운 내용을 복습할 수 있었다.</td></tr>
<tr><td>9 : 30~<br>10 : 00</td><td>화장실 가기/<br>손 씻기/<br>오전 간식</td><td colspan="2">오전 간식<br>• 화장실 다녀오기 및 손 씻기<br>• 준비된 간식 가지고 자리에 앉기<br>• 간식 먹은 후 자리 정리하기</td><td>숟가락, 그릇</td></tr>
<tr><td>10 : 00~<br>10 : 20</td><td>대 · 소집단<br>활동</td><td colspan="2">이야기 나누기 : 도움이 필요할 때는?<br>(사회관계>다른 사람과 더불어 생활하기>공동체에서 화목하게 지내기)<br>(의사소통>듣기>이야기 듣고 이해하기)<br>(의사소통>말하기>느낌, 생각, 경험 말하기)<br>(의사소통>읽기>읽기에 흥미 가지기)<br>(의사소통>쓰기>쓰기에 관심 가지기)<br>• 도움이 필요한 상황의 그림을 보며 이야기 나누기<br>• 그림과 관련된 유아들의 경험 이야기해보기<br>• 도움이 필요한 상황에서 도움을 청하는 단어카드를 보고 따라 읽기<br>• 도움이 필요한 상황 카드 따라 쓰기</td><td>피아노, 보드마카,<br>지우개, 하루일과표<br><br>도움이 필요한 상황<br>그림판 4장<br>막대인형<br>활동지, 색연필</td></tr>
<tr><td>10 : 20~<br>11 : 00</td><td>오전 실내<br>자유선택<br>활동</td><td colspan="2">오전 실내자유선택활동<br>• 새로운 영역활동 소개하기<br>• 관심 있는 영역에서 자유롭게 활동하도록 돕고, 교사 및 또래와 긍정적 상호작용 나누기<br>• 교사의 도움이 필요한 흥미영역의 놀이에 골고루 참여하기</td><td></td></tr>
</table>

(계속)

| 시간 | 일과 | 활동계획 및 실행 | 준비물 및 유의점 | 평가 |
|---|---|---|---|---|
| 10 : 20~<br>11 : 00 | 오전 실내<br>자유선택<br>활동 | *** 쌓기 : 쌓기 놀이영역의 약속을 지켜요**<br>(신체운동 · 건강>안전하게 생활하기>안전하게 놀이하기)<br>• 쌓기 놀이영역의 놀잇감 및 놀이방법 알아보기<br>• '즐거운 쌓기 놀이를 위한 약속' 동영상 시청 후 쌓기 놀이에서 지켜야 할 약속에 대해 알고 실천하기<br>*** 역할 : 딩동! 누구십니까?**<br>(의사소통>말하기>상황에 맞게 바른 태도로 말하기)<br>• 어린이집에서 함께 일하는 분들에 대해 알아보기<br>• 사진을 보며 누구인지 알아보고 어떻게 호칭하며 인사해야 하는지 알고 역할놀이하기<br>*** 언어 : 교실물건 수수께끼**<br>(의사소통>듣기>낱말과 문장 듣고 이해하기)<br>(의사소통>읽기>읽기에 흥미 가지기)<br>(의사소통>말하기>낱말과 문장으로 말하기)<br>(의사소통>쓰기>쓰기에 관심 가지기)<br>• 동그랗게 모여 앉기<br>• 교실물건 카드에 있는 그림과 글자를 보고 읽기<br>• 친구가 설명하는 이야기를 듣고 물건 명칭 말하기<br>• 교실물건 카드 글자 소리 내어 읽으면서 따라 쓰기<br>*** 미술 : 우리는 ○○반 친구**<br>(예술경험>예술적 표현하기>미술활동으로 표현하기)<br>• 사람 모양 종이본에 내 얼굴 붙이고 꾸미기<br>• 내가 좋아하는 우리반 친구도 함께 꾸미기<br>*** 수 · 조작 : 교실 안에는, 교실 밖에는?**<br>(자연탐구>수학적 탐구하기>공간과 도형의 기초개념 알아보기)<br>• 교실 안과 밖에 있는 물건들의 사진 탐색하기<br>• 장소에 따라 물건 분류하기<br>*** 과학 : 교실 화분 관찰하기**<br>(자연탐구>탐구하는 태도 기르기>호기심을 유지하고 확장하기)<br>• 돋보기로 교실에 있는 화분 관찰하기 | 영역별 놀잇감<br><br>여러 가지 모양과 크기의 블록<br>동영상 '즐거운 쌓기 놀이를 위한 약속'<br><br>어린이집에서 함께 일하는 분들의 사진<br><br>교실물건 사진 20장, 보드마카, 지우개<br><br>사람 모양 종이본<br>색연필, 크레파스<br>꾸미기재료<br><br>교실 안과 밖에 있는 물건사진<br><br>화분 여러 개, 돋보기 | 〈언어영역〉<br>교실에 있는 물건사진이 들어간 활동지를 만들어 유아들에게 제시해주고 글씨를 따라서 쓸 수 있도록 했다. 그림을 보고 물건 명칭을 말할 수 있었고 교사와 읽어주는 소리를 듣고 함께 읽어보았다. 아직은 글씨를 쓰기보다 그리는 수준이지만 자신이 완성한 활동지를 보고 자랑스러워하는 모습을 관찰할 수 있었다.<br><br>〈과학영역〉<br>분무기로 화분에 물을 줄 수 있도록 제시하였다. 분무기를 누를 때마다 손의 힘을 사용해야 하기 때문에 유아들의 손힘을 길러줄 수 있었다. |

(계속)

| 시간 | 일과 | 활동계획 및 실행 | 준비물 및 유의점 | 평가 |
|---|---|---|---|---|
| 10 : 20~<br>11 : 00 | 오전 실내<br>자유선택<br>활동 | *** 음률 : 음률영역 악기 탐색하기**<br>(자연탐구>탐구하는 태도 기르기>호기심을 유지하고 확장하기)<br>• 음률영역에 있는 악기들의 모양과 색, 소리 탐색하기 | 여러 가지 악기 | 〈실외활동〉<br>실외활동을 하기 전에 몇 가지 규칙을 설명해 주고 이동하였다. 줄을 맞춰서 걸을 수 있도록 지도하였다. 놀이터에서 볼 수 있는 그림카드를 탐색한 후 교사가 긴 줄에 매달았다. 유아들에게 점프해서 그림카드를 잡아보는 활동을 제시했더니 남자친구들의 적극적인 모습을 볼 수 있었다. 교사가 시범을 보이자 여자친구들도 점프하여 그림카드를 잡을 수 있었다. |
| 11 : 00~<br>12 : 00 | 실외활동 | **실외활동 : 폴짝 폴짝 쑥!쑥**<br>(신체운동 · 건강>신체활동에 참여하기>바깥에서 신체활동하기)<br>• 줄 서서 밖으로 나가기<br>• 바깥 놀이터를 둘러보면서 기구들 관찰하기<br>• 긴 줄에 매달려 있는 그림카드 살펴보기<br>• 다양한 방법으로 점프하여 잡아보기<br>우천 시 대체활동 : 내가 쌓은 블록 높이만큼 점프하기<br>• 쌓기 놀이영역의 블록을 내 키만큼 쌓기<br>• 제자리에서 내가 쌓은 블록 높이만큼 점프하기 | 사진기<br>긴 줄<br>나무집게<br>놀이터에서 볼 수 있는 그림자료<br><br>여러 가지 블록 | |
| 12 : 00~<br>13 : 00 | 점심식사/<br>이 닦기 | **점심식사 및 자유선택활동**<br>• 화장실 다녀오기 및 손 씻기<br>• 골고루 음식 먹고 스스로 자리 정리하기<br>• 이 닦기<br>• 먼저 먹은 친구는 자유롭게 놀이하기 | 식판, 젓가락, 숟가락, 양치컵, 칫솔 | 〈점심식사〉<br>백김치가 맛있었는지 대부분의 유아들이 잘 먹었다. 더 먹고 싶은 유아는 의사표현을 하고 충분히 먹을 수 있었다. |
| 13 : 00~<br>14 : 40 | 화장실 다녀오기/<br>손 씻기/<br>낮잠 및 휴식 | **화장실 다녀오기 및 손 씻기**<br>**정리정돈 및 낮잠/휴식**<br>• 교실에 매트를 깔아주고 유아들을 편안한 차림과 자세로 낮잠을 잘 수 있도록 하기<br>• 커튼을 내려 실내를 아늑하게 하고 조용한 음악을 들려주며 낮잠 잘 분위기를 조성해 주기<br>• 잠을 자기 힘들어하는 유아는 누워서 휴식을 취하거나 조용한 활동을 할 수 있도록 배려하기<br>• 부모가 작성한 일일보고서를 확인한 후 작성하기 | 이불, 베개, 매트, 일일보고서 | |
| 14 : 40~<br>14 : 50 | 낮잠정리 | **낮잠 깨기 및 정리정돈**<br>• 유아에게 부드러운 스킨십을 해주며 기분 좋게 잠을 깰 수 있도록 하기<br>• 교사를 도와 이불과 베개를 정리해 넣기<br>• 정리가 끝난 후 용변을 보고 손을 깨끗이 씻기 | | 〈낮잠 깨기 및 정리정돈〉<br>자신의 이불가방을 찾아 정리할 수 있도록 지도하였다. 지퍼 잠그는 것을 어려워하여 교사가 도와주었다. |

(계속)

| 시간 | 일과 | 활동계획 및 실행 | 준비물 및 유의점 | 평가 |
|---|---|---|---|---|
| 14 : 50~<br>15 : 30 | 화장실 가기/<br>손 씻기/<br>오후 간식 | **오후 간식**<br>• 화장실 다녀오기 및 손 씻기<br>• 준비된 간식 먹은 후 스스로 자리 정리하기 | 컵, 간식접시, 포크 | 〈정리정돈 및 평가〉<br>원아수첩과 주간계획안을 가방에 잘 넣을 수 있도록 지도하였다. |
| 15 : 30~<br>15 : 50 | 정리정돈 및<br>평가 | **정리정돈 및 평가**<br>• 화장실을 다녀 온 후 모임자리로 모이기<br>• 원아수첩을 받고 가방에 넣기<br>• 손과 입 주위를 닦은 유아들은 개인로션을 바르기<br>• 유아들의 옷, 머리를 단정하게 하기 | | |
| 15 : 50~<br>17 : 50 | 오후 실내<br>자유선택<br>활동 | **오후 실내자유선택활동**<br>• 원하는 영역에서 자유롭게 놀기<br>• 오전 자유선택활동을 마치지 않은 유아는 이어서 하기<br>*** 쌓기 : 쌓기 놀이영역의 약속을 지켜요**<br>(신체운동 · 건강>안전하게 생활하기>안전하게 놀이하기)<br>• 쌓기 놀이영역의 놀잇감 및 놀이방법 알아보기<br>• '즐거운 쌓기 놀이를 위한 약속' 동영상 시청 후 쌓기 놀이에서 지켜야 할 약속에 대해 알고 실천하기<br>*** 역할 : 딩동! 누구십니까?**<br>(의사소통>말하기>상황에 맞게 바른 태도로 말하기)<br>• 어린이집에서 함께 일하는 분들에 대해 알아보기<br>• 사진을 보며 누구인지 알아보고 어떻게 호칭하며 인사해야 하는지 알고 역할놀이하기<br>*** 언어 : 교실물건 수수께끼**<br>(의사소통>듣기>낱말과 문장 듣고 이해하기)<br>(의사소통>읽기>읽기에 흥미 가지기)<br>(의사소통>말하기>낱말과 문장으로 말하기)<br>(의사소통>쓰기>쓰기에 관심 가지기)<br>• 동그랗게 모여 앉기<br>• 교실물건 카드에 있는 그림과 글자를 보고 읽기<br>• 친구가 설명하는 이야기를 듣고 물건 명칭 말하기<br>• 교실물건 카드 글자 소리 내어 읽으면서 따라 쓰기 | **영역별 놀잇감**<br>오전에 새로 제시된 교구 일체 | |

(계속)

| 시간 | 일과 | 활동계획 및 실행 | 준비물 및 유의점 | 평가 |
|---|---|---|---|---|
| 15 : 50~<br>17 : 50 | 오후 실내<br>자유선택<br>활동 | *** 미술 : 우리는 ○○반 친구**<br>(예술경험 > 예술적 표현하기 > 미술활동으로 표현하기)<br>• 사람 모양 종이본에 내 얼굴 붙이고 꾸미기<br>• 내가 좋아하는 우리반 친구도 함께 꾸미기<br>*** 수 · 조작 : 교실 안에는, 교실 밖에는?**<br>(자연탐구 > 수학적 탐구하기 > 공간과 도형의 기초개념 알아보기)<br>• 교실 안과 밖에 있는 물건들의 사진 탐색하기<br>• 장소에 따라 물건 분류하기<br>*** 과학 : 교실 화분 관찰하기**<br>(자연탐구 > 탐구하는 태도 기르기 > 호기심을 유지하고 확장하기)<br>• 돋보기로 교실에 있는 화분 관찰하기<br>*** 음률 : 음률영역 악기 탐색하기**<br>(자연탐구 > 탐구하는 태도 기르기 > 호기심을 유지하고 확장하기)<br>• 음률영역에 있는 악기들의 모양과 색, 소리 탐색하기<br>*** 쌓기 : 선따라 걷기**<br>(신체운동 · 건강 > 신체조절과 기본운동하기 > 신체조절하기)<br>• 블록으로 길을 만들고 따라서 걷기<br>*** 음률 : 종이 연주회**<br>(예술경험 > 예술적 표현하기 > 음악활동으로 표현하기)<br>• 다양한 종이를 만져보면서 어떤 느낌인지 알기<br>• 음률영역에서 악기연주로 느낌 표현하기<br>*** 과학 : 놀이터에서 주어온 물건 확대경으로 관찰하기**<br>(자연탐구 > 탐구하는 태도 기르기 > 호기심을 유지하고 확장하기)<br>• 놀이터에서 주어온 물건들을 탐색하며 관찰하기 | 여러 가지 블록<br><br>여러 가지 종이<br>다양한 악기<br><br>놀이터에서<br>주어온 물건<br>확대경 | 〈미술영역〉<br>사진을 보며 친구의 이름을 부르는 모습을 볼 수 있었다. 15명의 이름을 외우지는 못했지만 자신이 좋아하는 친구의 이름을 외운 유아들의 모습을 관찰할 수 있었다. 각자 생각한 것을 미술작품으로 표현하는 유아들이었다.<br><br>〈수 · 조작영역〉<br>지난번 활동할 때보다 교실 안과 밖에 있는 물건들을 잘 분류하는 유아들이었다. 등 · 하원하면서 관심 있게 바라본 유아들임을 알 수 있었다. |
| 17 : 50~<br>18 : 00 | 대 · 소집단<br>활동 | **오늘 즐거웠던 일에 대해 이야기 나누기**<br>• 오늘 하루를 돌아보면서 기억에 남았던 일 발표하기 | | |
| 18 : 00~<br>19 : 30 | 귀가지도 및<br>통합보육 | • 통합보육하면서 개별적으로 귀가하기<br>• 자신의 소지품 정리하기/선생님과 친구에게 인사하기 | | |

(계속)

| 시간 | 일과 | 활동계획 및 실행 | 준비물 및 유의점 | 평가 |
|---|---|---|---|---|
| 종합 평가 | 일주일 동안 초롱꽃반 친구들을 적응시키느라 정신없었지만 생각보다 많이 울지 않고 잘 적응한 유아들에게 고맙다고 인사를 했다. 주말이 지나고 월요일에 등원할 때 이전보다 더 멋지게 오기로 약속했다. | | | |
| 비고 | • 투약 : 없음<br>• 결석 : ○○○, ○○○(가정보육)<br>• 신입원아 적응 프로그램 실시<br>• 이불, 가정으로 보내서 세탁 요청<br>• 주간교육계획안 배부 | | | |
| 부모상담 및 협의 사항 | • ○○○, ○○○(전화) : 결석하여 전화드림(가정보육하고 월요일에 보낼게요) | | | |

※ 일일 위생 점검

| 점검구역 (공동구역포함) | 담당자 | 교실 점검 내용 | | |
|---|---|---|---|---|
| | | 환기 및 청소 | 소독 | 세탁 및 세척 |
| *교실 정리, 청소 | 화장실 : ○○○ 교사 | • 오전 : 창문 열기, 창틀 먼지 닦기<br>• 오후 : 창문 열기, 바닥 청소하기, 교구장 정리 및 닦기 | 장난감, 교구 위에 바이오 크린콜 뿌리기 | 양치컵, 칫솔 세척<br>놀잇감 |

### ④ 4세 일일 보육계획안

**표 4-27** | 경기도 화성시 시립 숲속어린이집 2014년도 3월 첫째 주 일일 보육계획안

| 일자 | 2014. 3. 5(수) | 반 이름 | 참반디반(만 4세) | 담임교사 | ○○○ |
|---|---|---|---|---|---|
| 주제<br>(단원) | 어린이집과<br>친구 | 대주제 | 어린이집의 환경 | 소주제 | 어떻게 하면<br>좋을까요 |
| 목표 | 새로운 환경과 친구들, 선생님에 대해 알고 즐거운 마음으로 어린이집 생활에 적응한다. | | | | |
| 기본생활<br>습관 | 신발 벗어 제자리에 넣기 | | | | |
| 시간 | 일과 | 활동계획 및 실행 | | 준비물 및 유의점 | 실행 및<br>평가 |
| 7 : 30~<br>9 : 30 | 등원 및<br>자유놀이 | **등원 및 자유놀이**<br>• 유아의 기분과 건강상태 확인하기<br>• 스스로 소지품을 정리할 수 있도록 도와주기<br>• 투약 의뢰서 유무 확인하기<br>• 보육실에서 자유놀이하기<br>기본생활습관 : 신발 벗어 제자리에 넣기 | | 체온계, 일일아동<br>건강 체크 현황표<br>창문 열어 환기<br>각 영역 교구 | |
| 9 : 30~<br>10 : 00 | 화장실 가기/<br>손 씻기/<br>오전 간식 | **오전 간식**<br>• 화장실 다녀오기 및 손 씻기<br>• 준비된 간식 가지고 자리에 앉기<br>• 간식 먹은 후 자리 정리하기 | | 숟가락, 그릇 | |
| 10 : 00~<br>10 : 30 | 대 · 소집단<br>활동 | **이야기 나누기 : 어떻게 하면 좋을까요**<br>(사회관계>사회에 관심 갖기>사회적 가치를 알고 지키기)<br>(의사소통>말하기>느낌, 생각, 경험 말하기)<br>(의사소통>듣기>이야기 듣고 이해하기)<br>(의사소통>읽기>읽기에 흥미 가지기)<br>(의사소통>쓰기>쓰기에 관심 가지기)<br>• 일상생활에서 약속과 규칙이 사용되는 경우에 대해 이야기 나누기<br>• 교실에서 지켜야 할 약속 말해보기<br>(선생님과 친구들 사이, 친구와 친구 사이의 지켜야 할 약속)<br>• 약속을 따라 적고 따라 읽어보기<br>• 여러 가지 약속 중에 오늘 내가 지킬 수 있는 약속을 정하고 실천할 수 있도록 다짐하기 | | *피아노, 보드마카<br>지우개, 하루 일과표<br><br>활동지, 필기도구 | |

(계속)

| 시간 | 일과 | 활동계획 및 실행 | 준비물 및 유의점 | 실행 및 평가 |
|---|---|---|---|---|
| 10 : 30~<br>11 : 50 | 오전 실내<br>자유선택<br>활동 | **오전 실내자유선택활동**<br>• 새로운 영역활동 소개하기<br>• 관심 있는 영역에서 자유롭게 활동하도록 돕고, 교사 및 또래와 긍정적 상호작용 나누기<br>• 교사의 도움이 필요한 흥미영역의 놀이에 골고루 참여하기<br>*** 쌓기 : 여러 가지 블록 놀잇감**<br>(자연탐구>수학적 탐구하기>공간과 도형의 기초개념 알아보기)<br>• 쌓기 영역에 있는 블록 놀잇감 탐색하기<br>**놀잇감 도미노**<br>(신체운동>신체조절과 기본운동하기>신체조절하기)<br>• 블록 놀잇감을 이용해 도미노 만들기<br>*** 역할 : 선생님 되어보기**<br>(사회관계>다른 사람과 더불어 생활하기>친구와 사이좋게 지내기)<br>• 선생님 놀이에 필요한 역할 정하기<br>• 선생님 놀이에 친구와 함께 참여하여 놀이하기<br>**어린이집 놀이**<br>(사회관계>다른 사람과 더불어 생활하기>공동체에서 화목하게 지내기)<br>• 어린이집에 있는 사람들 이야기하기<br>• 역할을 정하여 놀이하기<br>*** 언어 : 놀잇감이 사라졌어요**<br>(의사소통>말하기>느낌, 생각, 경험 말하기)<br>(의사소통>듣기>동요, 동시, 동화 듣고 이해하기)<br>(의사소통>읽기>책 읽기에 관심 가지기)<br>(의사소통>쓰기>쓰기에 관심 가지기)<br>• '놀잇감이 사라졌어요' 동화 감상하기<br>• 동화의 내용 회상하며 이야기 나누기<br>• 놀잇감을 사용하고 어떻게 해야 하는지 이야기하기<br>• 놀잇감 정리 약속 정하고 글로 써 보기<br>*** 미술 : 약속 액자 만들기**<br>(예술경험>예술적 표현하기>미술활동으로 표현하기)<br>• 다양한 재료를 사용하여 액자 꾸미기<br>• 액자에 교실에서 지켜야 할 약속 적어보기<br>**색종이 오려 여러 가지 모양 꾸미기**<br>(예술경험>예술적 표현하기>미술활동으로 표현하기)<br>• 색종이를 이용해서 자신이 만들고 싶은 모양 꾸미기<br>• 완성한 작품 또래에게 보여 주기<br>(사회관계>나를 알고 존중하기>나를 알기) | **영역별 놀잇감**<br>[쌓기] 여러 가지 모양과 크기의 블록들<br><br>[역할] 역할 놀이 소품과 의상<br><br>[언어]<br>• 동시 '새로운 이름', 종이, 쓰기 도구<br>• 동화 '놀잇감이 사라졌어요'<br><br>[미술] 도화지, 다양한 종류의 그림 도구, 도화지 크기에 맞는 우드락 액자 타르 다양한 꾸미기 재료, 우드락 본드, 어린이집 교실환경 사진 자료<br>색종이, 가위, 모양자 | |

(계속)

| 시간 | 일과 | 활동계획 및 실행 | 준비물 및 유의점 | 실행 및 평가 |
|---|---|---|---|---|
| 10:30~<br>11:50 | 오전 실내<br>자유<br>선택활동 | *** 수 · 조작 : 안전하게 놀이해요**<br>(자연탐구>수학적 탐구하기>수와 연산의 기초개념 알아보기)<br>• 안전한 놀이방법에 대해 알아보기<br>• 안전하게 놀이하는 모습의 퍼즐을 맞추기<br>*** 과학 : 신기하고 재미난 안경놀이**<br>(자연탐구>과학적 탐구하기>간단한 도구와 기계 활용하기)<br>• 안경을 쓰고 안경을 통해 본 모습 이야기하기<br>*** 음률 : 즐거운 음률영역**<br>(예술경험>아름다움 찾아보기>음악적 요소 탐색하기)<br>• 음률영역에 있는 악기 탐색하기<br>• 악기 연주하며 노래 부르기 | [수 · 조작] 게임판 1장, 주사위 1개, 말 2개, 게임규칙판, 상황그림(안전하게 놀이하는 그림 3장, 위험하게 놀이하는 그림 3장)<br>[과학] 여러 종류의 안경(색안경, 돋보기안경, 곤충의 눈 안경, 3D안경, 선글라스 등)<br>[음률] 여러 가지 리듬악기, 어린이집 원가 악보 | |
| 11:50~<br>13:00 | 점심식사/<br>이 닦기 | **점심식사 및 자유선택활동**<br>• 화장실 다녀오기 및 손 씻기<br>• 골고루 음식 먹고 스스로 자리 정리하기<br>• 이 닦기<br>• 먼저 먹은 친구는 자유롭게 놀이하기 | 식판, 젓가락, 숟가락<br>양치컵, 칫솔 | |
| 13:00~<br>14:00 | 실외활동 | **실외활동 : 놀이시설 이용하기**<br>(신체운동, 건강>신체활동에 참여하기>자발적으로 신체활동에 참여하기)<br>친사회적 활동 : 친구 신발장 찾아보기<br>인성 덕목 : 관심<br>• 신발장에서 친구의 신발장 찾아보기<br>• 줄 서서 밖으로 나가기<br>• 어린이집 주변 놀이시설 찾아보기<br>• 어린이집 주변에 있는 놀이시설 이용하기<br>• 활동 후 깨끗이 손 씻기<br>우천 시 대체활동 : 어린이집 돌아보기<br>• 줄 서서 어린이집 돌아보기<br>• 어린이집에 있는 교실 및 유희실 자유롭게 탐색하기 | 물티슈<br>사진기 | |
| 14:00~<br>14:40 | 화장실 다녀오기/<br>손 씻기/<br>낮잠 및 휴식 | **화장실 다녀오기 및 손 씻기**<br>**정리정돈 및 낮잠/휴식**<br>• 교실에 매트를 깔아주고 유아들을 편안한 차림과 자세로 낮잠을 잘 수 있도록 하기<br>• 커튼을 내려 실내를 아늑하게 하고 조용한 음악을 들려주며 낮잠 잘 분위기를 조성해 주기<br>• 잠을 자기 힘들어하는 유아는 누워서 휴식을 취하거나 조용한 활동을 할 수 있도록 배려하기<br>• 부모가 작성한 일일보고서를 확인한 후 작성하기 | 이불, 베개, 매트,<br>일일보고서 | |

(계속)

| 시간 | 일과 | 활동계획 및 실행 | 준비물 및 유의점 | 실행 및 평가 |
|---|---|---|---|---|
| 14 : 40<br>14 : 50 | 낮잠정리 | **낮잠 깨기 및 정리정돈**<br>• 유아에게 부드러운 스킨십을 해주며 기분 좋게 잠을 깰 수 있도록 하기<br>• 교사를 도와 이불과 베개를 정리해 넣기<br>• 정리가 끝난 후 용변을 보고 손을 깨끗이 씻기 | | |
| 14 : 50~<br>15 : 20 | 화장실 가기/<br>손 씻기/<br>오후 간식 | **오후 간식**<br>• 화장실 다녀오기 및 손 씻기<br>• 준비된 간식 먹은 후 스스로 자리 정리하기 | 컵, 간식접시, 포크 | |
| 15 : 20~<br>15 : 40 | 정리정돈 및<br>평가 | **정리정돈 및 평가**<br>• 화장실을 다녀온 후 모임자리로 모이기<br>• 원아수첩을 받고 가방에 넣기<br>• 손과 입 주위를 닦은 유아들은 개인로션을 바르기<br>• 유아들의 옷, 머리를 단정하게 하기 | 가방, 수첩<br>로션<br>빗<br>분무기 | |
| 15 : 40~<br>18 : 00 | 오후 실내<br>자유선택<br>활동 | **오후 실내자유선택활동**<br>• 원하는 영역에서 자유롭게 놀기<br>• 오전 자유선택활동을 마치지 않은 유아는 이어서 하기<br>*** 쌓기 : 여러 가지 블록 놀잇감**<br>(자연탐구>수학적 탐구하기>공간과 도형의 기초개념 알아보기)<br>• 쌓기 영역에 있는 블록 놀잇감 탐색하기<br>**놀잇감 도미노**<br>(신체운동>신체조절과 기본운동하기>신체 조절하기)<br>• 블록 놀잇감을 이용해 도미노 만들기<br>*** 역할 : 선생님 되어보기**<br>(사회관계>다른 사람과 더불어 생활하기>친구와 사이 좋게 지내기)<br>• 선생님놀이에 필요한 역할 정하기<br>• 선생님놀이에 친구와 함께 참여하여 놀이하기<br>**어린이집 놀이**<br>(사회관계>다른 사람과 더불어 생활하기>공동체에서 화목하게 지내기)<br>• 어린이집에 있는 사람들 이야기하기<br>• 역할을 정하여 놀이하기<br>*** 언어 : 놀잇감이 사라졌어요**<br>(의사소통>말하기〉 느낌, 생각, 경험 말하기)<br>(의사소통>듣기>동요, 동시, 동화 듣고 이해하기)<br>(의사소통>읽기>책 읽기에 관심 가지기)<br>(의사소통>쓰기>쓰기에 관심 가지기) | 영역별 놀잇감<br><br>[쌓기]<br>여러 가지 모양과 크기의 블록들<br><br>[역할] 역할놀이 소품과 의상<br><br>[언어]<br>• 동시 '새로운 이름', 종이, 쓰기도구<br>• 동화 '놀잇감이 사라졌어요' | |

(계속)

| 시간 | 일과 | 활동계획 및 실행 | 준비물 및 유의점 | 실행 및 평가 |
|---|---|---|---|---|
| 15 : 40~<br>18 : 00 | 오후 실내<br>자유선택<br>활동 | • '놀잇감이 사라졌어요' 동화 감상하기<br>• 동화의 내용 회상하며 이야기 나누기<br>• 놀잇감을 사용하고 어떻게 해야 하는지 이야기하기<br>• 놀잇감 정리 약속 정하고 글로 써 보기<br>*** 미술 : 약속 액자 만들기**<br>(예술경험>예술적 표현하기>미술활동으로 표현하기)<br>• 다양한 재료를 사용하여 액자 꾸미기<br>• 액자에 교실에서 지켜야 할 약속 적어보기<br>**색종이 오려 여러 가지 모양 꾸미기**<br>(예술경험>예술적 표현하기>미술활동으로 표현하기)<br>• 색종이를 이용해서 자신이 만들고 싶은 모양 꾸미기<br>• 완성한 작품 또래에게 보여 주기<br>(사회관계>나를 알고 존중하기>나를 알기)<br>*** 수 · 조작 : 안전하게 놀이해요**<br>(자연탐구>수학적 탐구하기>수와 연산의 기초개념 알아보기)<br>• 안전한 놀이방법에 대해 알아보기<br>• 안전하게 놀이하는 모습의 퍼즐을 맞추기<br>**숫자만큼 놀잇감 담아보기**<br>(자연탐구>수학적 탐구하기>수와 연산의 기초개념 알아보기)<br>• 숫자카드를 보고 숫자만큼 놀잇감을 바구니에 담아보기<br>*** 과학 : 신기하고 재미난 안경놀이**<br>(자연탐구>과학적 탐구하기>간단한 도구와 기계 활용하기)<br>• 안경을 쓰고 안경을 통해 본 모습 이야기하기<br>*** 음률 : 즐거운 음률영역**<br>(예술경험>아름다움 찾아보기>음악적 요소 탐색하기)<br>• 음률영역에 있는 악기 탐색하기<br>• 악기 연주하며 노래 부르기<br>**지시대로 움직여요**<br>(신체운동>신체 인식하기>신체를 인식하고 움직이기)<br>• 지시카드를 읽어보고 지시대로 움직이기 | [미술] 도화지, 다양한 종류의 그림 도구, 도화지 크기에 맞는 우드락 액자 타르 다양한 꾸미기 재료, 우드락 본드, 어린이집 교실환경 사진자료<br>색종이, 가위, 모양자<br><br>[수 · 조작] 게임판 1장, 주사위 1개, 말 2개, 게임규칙판, 상황그림(안전하게 놀이하는 그림 3장, 위험하게 놀이하는 그림 3장) 수 · 조작 놀잇감, 숫자카드<br><br>[과학] 여러 종류의 안경(색안경, 돋보기안경, 곤충의 눈 안경, 3D안경, 선글라스 등)<br>[음률] 여러 가지 리듬악기, 어린이집원가 악보, 동작지시카드 | |
| 18 : 00~<br>19 : 00 | 귀가지도 및<br>통합보육 | • 통합보육하면서 개별적으로 귀가하기<br>• 자신의 소지품 정리하기/선생님과 친구에게 인사하기 | | |

(계속)

| 종합 평가 | | |
|---|---|---|
| 비고 | | |
| 부모상담 및 협의 사항 | 없음 | |

※ 일일 위생 점검

| 점검구역 (공동구역포함) | 담당자 | 교실 점검 내용 | | |
|---|---|---|---|---|
| | | 환기 및 청소 | 소독 | 세탁 및 세척 |
| * 교실 정리, 청소 | •2층 복도 : 교사<br>•화장실 : 교사 | • 오전 : 창문 열기, 창틀 먼지 닦기<br>• 오후 : 창문 열기, 바닥 청소하기, 교구장 정리 및 닦기 | 장난감, 교구 위에 바이오 크린콜 뿌리기 | 양치컵, 칫솔 세척 놀잇감 |

### ⑤ 5세 일일 보육계획안

**표 4-28** | 경기도 화성시 시립 숲속어린이집 2014년도 3월 첫째 주 일일 보육계획안

| 일자 | 2014. 3. 5(수) | 반 이름 | 기린초반(만 5세) | 담임교사 | ○○○ |
|---|---|---|---|---|---|
| 주제<br>(단원) | 즐거운 어린이집 | 대주제 | 새로 만난 우리반 | 소주제 | 어린이집에 처음 가는 날 |
| 목표 | 처음 만난 선생님과 교실을 소개하고 새로 만난 친구들에 대하여 알아가는 시간을 갖는다. | | | | |
| 기본생활<br>습관 | 소지품 사물함에 넣기 | | | | |

| 시간 | 일과 | 활동계획 및 실행 | 준비물 및 유의점 | 실행 및 평가 |
|---|---|---|---|---|
| 7 : 30~<br>9 : 30 | 등원 및<br>자유놀이 | **등원 및 자유놀이**<br>• 유아의 기분과 건강상태 확인하기<br>• 스스로 소지품을 정리할 수 있도록 도와주기<br>• 투약 의뢰서 유무 확인하기<br>• 보육실에서 자유놀이하기<br>기본생활습관 : 신발 벗어 제자리에 넣기 | 체온계, 일일아동<br>건강 체크 현황표<br>창문 열어 환기<br>각 영역 교구 | 〈등원〉<br>유아들이 자신의 사물함을 찾아 가방을 정리할 수 있었다. 다시 한 번 유아들의 사물함을 알려주며 소지품을 정리할 수 있도록 지도하였다. 이번 주 기본생활습관을 자연스럽게 알아볼 수 있었다.<br><br>〈대 · 소집단활동 : 언어활동〉<br>신입생 친구들의 어린이집에 처음 온 소감을 들어보며 어린이집에 대한 느낌에 대해 들어보았다. 유아들이 처음 어린이집에 왔을 때의 느낌을 생각하며 동화를 들어볼 수 있었다.<br>어린이집에 와서 두려운 감정과 낯선 감정을 드러내며 유아의 경험과 연결시켜 이야기 나눠볼 수 있었다. |
| 9 : 30~<br>10 : 00 | 화장실 가기/<br>손 씻기/<br>오전 간식 | **오전 간식**<br>• 화장실 다녀오기 및 손 씻기<br>• 준비된 간식 가지고 자리에 앉기<br>• 간식 먹은 후 자리 정리하기<br>(신체운동 · 건강>건강하게 생활하기>바른 식생활하기) | 숟가락, 그릇 | |
| 10 : 00~<br>10 : 30 | 대 · 소집단<br>활동 | *** 동화 : 어린이집이 좋아요**<br>(의사소통>말하기>느낌, 생각, 경험 말하기)<br>(의사소통>읽기>읽기에 흥미 가지기)<br>(의사소통>듣기>이야기 듣고 이해하기)<br>• 인사를 나눈 후 날짜에 대해 알아보기<br>• 동화 제목과 지은이를 읽어본 후 동화 들려주기<br>• 동화 내용을 회상하기<br>• 어린이집에 처음 왔을 때 느낌 이야기 나누기<br>• 어린이집 가는 첫날 엄마의 느낌에 대해 이야기 나누기<br>• 동화 속의 아이의 변화과정에 대해 이야기 나누기<br>• 어린이집에서의 긍정적인 변화에 대해 이야기 나누며 마무리하기 | *피아노, 보드마카 지우개, 하루일과표, 빔프로젝터 | |

(계속)

| 시간 | 일과 | 활동계획 및 실행 | 준비물 및 유의점 | 평가 |
|---|---|---|---|---|
| 10 : 30~<br>11 : 20 | 오전 실내<br>자유선택<br>활동 | **오전 실내자유선택활동**<br>• 새로운 영역활동 소개하기<br>• 관심 있는 영역에서 자유롭게 활동하도록 돕고, 교사 및 또래와 긍정적 상호작용 나누기<br>• 교사의 도움이 필요한 흥미영역의 놀이에 골고루 참여하기<br>* **쌓기 : 블록 탐색하고 자유롭게 구성하기**<br>(신체운동>신체인식하기>감각기관 활용하기)<br>* **역할 : 가족놀이 역할극**<br>(사회관계>다른 사람과 더불어 생활하기)<br>* **친사회활동 : 친구와 협동하며 놀이하기**<br>• 가족놀이에 필요한 역할 정하기<br>• 가족놀이에 친구와 함께 참여하여 놀이하기<br>* **언어 : 신문에서 어린이집 이름 찾기 암호를 풀어라**<br>(의사소통>읽기>읽기에 흥미 가지기)<br>(의사소통>쓰기>쓰기에 관심 가지기)<br>• 암호 카드 탐색하기<br>• 암호가 적혀진 종이를 보고 맞는 모양을 찾아 풀기<br>* **미술 : 이름표 꾸미기**<br>(예술경험>예술적 표현하기>미술활동으로 표현하기)<br>• 나의 이름과 반 이름을 적기<br>• 다양한 재료를 사용하여 이름표 꾸미기<br>**우리 교실 그리기**<br>(자연탐구>탐구하는 태도 기르기>공간과 도형의 기초개념 형성하기)<br>• 각 흥미영역이 적힌 라벨용지를 보며 영역 명칭 읽기<br>• 흥미영역의 교구장, 가구 등을 확인하고 그리기<br>**'나를 소개해요' 책 만들기**<br>(사회관계>나를 알고 존중하기>나를 알기)<br>* **수 · 조작 : 걸음으로 교실 재기**<br>(의사소통>쓰기>쓰기에 관심 가지기)<br>(의사소통>읽기>읽기에 흥미 가지기)<br>(자연탐구>수학적 탐구>기초적인 측정하기)<br>**우리 반 성씨 그래프**<br>(자연탐구>수학적 탐구하기>기초적인 자료 수집과 결과 나타내기) | **영역별 놀잇감**<br><br>여러 가지 블록<br><br>앞치마, 넥타이<br>가족인형<br>신문지<br>가위<br>풀<br>종이<br>색종이<br>색연필<br>이름표카드<br>크레파스, 사인펜<br>라벨용지<br>줄자<br>성씨그래프<br>확대경 | 〈오전 자유선택활동〉<br>자유선택놀이를 하기 전 유아들과 우리반 놀이영역를 알아볼 수 있었다. 유아들이 새로운 교실과 놀이영역을 탐색하여 친근해질 수 있도록 놀이에 개입할 수 있었다.<br><br>〈수 · 조작영역〉<br>수 · 조작영역에서 우리 반 친구들의 이름을 보며 친구들의 이름에 관심을 보이며 읽어보는 모습을 볼 수 있었다.<br>우리 반 친구들의 인원과 남자, 여자의 인원수를 세어볼 수 있었다.<br>또한 성씨 그래프에 자신의 이름을 적어보며 우리반에서 가장 많은 성은 무엇인지 알아볼 수 있었다.<br>친구들이 어떤 성을 가지고 있는지 친구의 이름이 적힌 그래프를 읽어보며 언어활동과 연계될 수 있었다.<br>성씨 그래프로 기린초반 친구들에게 관심을 가질 수 있었으며 다양한 성에 대해 관심을 가져 볼 수 있었다.<br>특이한 성을 가진 친구를 찾아보며 상호작용하는 모습을 볼 수 있었다. |

(계속)

| 시간 | 일과 | 활동계획 및 실행 | 준비물 및 유의점 | 평가 |
|---|---|---|---|---|
| 10 : 30~<br>11 : 20 | 오전 실내<br>자유선택<br>활동 | • 그래프를 보며 자신의 성씨를 찾아보고 자신의 성씨 이름 써 보기<br>• 그래프를 보며 성씨별로 이름 표 숫자를 세어보고 친구이름 읽어보기<br>*** 과학 : 확대경으로 교실 놀잇감 살피기**<br>(자연탐구>탐구하는 태도 기르기>탐구과정 즐기기)<br>*** 음률 : 어린이집 원가 연주하기**<br>(예술경험>예술적 표현하기>음악적으로 표현하기)<br>• 어린이집 원가 노래 듣기<br>• 노래를 듣고 악기로 연주하기<br>• 친구와 함께 연주하면서 노래 부르기 | 여러 가지 리듬악기<br>어린이집 원가 악보<br>여러 가지 악기 | 〈대 · 소집단활동〉<br>신문에서 어린이집 이름을 찾아볼 수 있었다. 자신이 찾은 글자를 색연필로 동그라미를 하고 가위로 오려 활동지에 붙여보며 어린이집에 관심을 가져볼 수 있었다. 가위를 사용하면서 소근육활동을 할 수 있었다.<br><br>〈실외활동〉<br>햇빛이 비치는 곳을 유아들이 직접 찾아 활동해 볼 수 있었다. 날씨가 좋아 유아들이 실외활동 후 어린이집 주변을 산책해 보며 일상생활활동을 경험해 볼 수 있었다.<br>돋보기를 이용해 햇빛을 모으면 어떻게 되는지 확인해 보면서 자연탐구활동을 경험할 수 있었다.<br><br>〈낮잠 깨기 및 정리정돈〉<br>낮잠을 자고 나서 자신의 이불과 매트를 개어 이불장에 넣어볼 수 있었다. 자신의 물건을 스스로 정리하는 습관을 길러볼 수 있었다. |
| 11 : 20~<br>11 : 50 | 대 · 소집단<br>활동 | *** 언어 : 신문에서 어린이집 이름 찾기**<br>(의사소통>읽기>읽기에 흥미 가지기)<br>• 어린이집 이름 말해보기<br>• 신문에서 '시립 숲속어린이집' 글자 찾기<br>• 찾은 글자를 단어 순서에 맞게 배열하기<br>• 다양한 크기의 글자도 찾아서 붙여보기 | 신문지<br>풀<br>가위<br>색연필 | |
| 11 : 50~<br>13 : 00 | 점심식사/<br>이 닦기 | **점심식사 및 자유선택활동**<br>• 화장실 다녀오기 및 손 씻기<br>• 골고루 음식 먹고 스스로 자리 정리하기<br>• 이 닦기<br>• 먼저 먹은 친구는 자유롭게 놀이하기<br>(신체운동 · 건강>건강하게 생활하기>바른 식생활하기)<br>(신체운동 · 건강>건강하게 생활하기>몸과 주변환경을 깨끗이 하기) | 식판, 젓가락, 숟가락<br>양치컵, 칫솔 | |
| 13 : 00~<br>14 : 00 | 실외활동 | *** 실외활동 : 돋보기로 햇빛 모으기**<br>(자연탐구>탐구하는 태도 기르기>호기심을 유지하고 확장하기)<br>• 3~4명씩 짝을 짓고 돋보기로 햇빛 모으기<br>• 어떤 현상이 일어나는지 관찰하기<br>• 활동 후 깨끗이 손 씻기<br>(우천 시 대체활동 : 유희실 탐색하기)<br>• 3층으로 올라가보기<br>• 유희실에 있는 놀잇감 자유롭게 탐색하기 | 사진기<br>돋보기 | |

(계속)

| 시간 | 일과 | 활동계획 및 실행 | 준비물 및 유의점 | 평가 |
|---|---|---|---|---|
| 14 : 00~<br>14 : 40 | 화장실 다녀오기/<br>손 씻기/<br>낮잠 및 휴식 | **화장실 다녀오기 및 손 씻기**<br>**정리정돈 및 낮잠/휴식**<br>• 교실에 매트를 깔아주고 유아들을 편안한 차림과 자세로 낮잠을 잘 수 있도록 하기<br>• 커튼을 내려 실내를 아늑하게 하고 조용한 음악을 들려주며 낮잠 잘 분위기를 조성해 주기<br>• 잠을 자기 힘들어 하는 유아는 누워서 휴식을 취하거나 조용한 활동을 할 수 있도록 배려하기<br>• 부모가 작성한 일일보고서를 확인한 후 작성하기<br>(신체운동 · 건강>건강하게 생활하기>건강한 일상생활하기) | 이불, 베개, 매트,<br>일일보고서 | 〈미술영역〉<br>미술영역에서 우리반 교실을 그려보는 유아들이 있었다. 우리반 배치도를 함께 제시해 주니 우리반 교실 그리기 활동에 적극적인 모습을 볼 수 있었다.<br>유아들이 그린 우리반 교실 그림을 친구들과 함께 보며 우리반 교실에 대해 관심을 가지고 이야기 나누는 모습을 볼 수 있었다.<br><br>〈쌓기 영역〉<br>쌓기 영역에서 기린초반 블록을 탐색해 보면서 6살 교실에서 있었던 블록과 비교해 보는 모습을 볼 수 있었다.<br><br>〈역할영역〉<br>유아들이 역할영역의 놀잇감을 탐색해 보면서 놀이를 할 수 있었다.<br>유아들에게 가족구성원에 관한 상호작용을 해주면서 가족놀이를 전개할 수 있었다. 역할영역에 제시된 가족역할 의상과 소품을 하면서 가족구성원 역할을 정해 볼 수 있었다.<br>가족이 하는 일과 가족구성원 그림자료를 제시해 주었더니 유아들이 그림자료를 보면서 가족역할놀이를 전개할 수 있었다. |
| 14 : 40~<br>14 : 50 | 낮잠정리 | **낮잠 깨기 및 정리정돈**<br>• 유아에게 부드러운 스킨십을 해주며 기분 좋게 잠을 깰 수 있도록 하기<br>• 교사를 도와 이불과 베개를 정리해 넣기<br>• 정리가 끝난 후 용변을 보고 손을 깨끗이 씻기<br>(신체운동 · 건강>건강하게 생활하기>건강한 일상생활하기) | | |
| 14 : 50~<br>15 : 20 | 화장실 가기/<br>손 씻기/<br>오후 간식 | **오후 간식**<br>• 화장실 다녀오기 및 손 씻기<br>• 준비된 간식 먹은 후 스스로 자리 정리하기<br>(신체운동 · 건강>건강하게 생활하기>바른 식생활하기) | 컵, 간식접시, 포크 | |
| 15 : 20~<br>15 : 40 | 정리정돈 및<br>평가 | **정리정돈 및 평가**<br>• 화장실을 다녀 온 후 모임자리로 모이기<br>• 원아수첩을 받고 가방에 넣기<br>• 손과 입 주위를 닦은 유아들은 개인로션을 바르기<br>• 유아들의 옷, 머리를 단정하게 하기 | 가방, 수첩<br>로션<br>빗<br>분무기 | |
| 15 : 40~<br>17 : 40 | 오후 실내<br>자유선택<br>활동 | **오후 실내자유선택활동**<br>• 원하는 영역에서 자유롭게 놀기<br>• 오전 자유선택활동을 마치지 않은 유아는 이어서 하기<br>*** 쌓기 : 블록 탐색하고 자유롭게 구성하기**<br>(신체운동>신체인식하기>감각기관 활용하기)<br>*** 역할 : 가족놀이 역할극**<br>(사회관계>다른 사람과 더불어 생활하기) | 영역별 놀잇감,<br>오전에 새로 제시된<br>교구 일체 | |

(계속)

| 시간 | 일과 | 활동계획 및 실행 | 준비물 및 유의점 | 평가 |
|---|---|---|---|---|
| 15 : 40~<br>17 : 40 | 오후 실내<br>자유선택<br>활동 | • 가족놀이에 필요한 역할 정하기<br>• 가족놀이에 친구와 함께 참여하여 놀이하기<br>*** 언어 : 신문에서 어린이집 이름 찾기**<br>**암호를 풀어라**<br>(의사소통>읽기>읽기에 흥미 가지기)<br>• 암호 카드 탐색하기<br>• 암호가 적혀진 종이를 보고 맞는 모양을 찾아 풀기<br>*** 미술 : 이름표 꾸미기**<br>(예술경험>예술적 표현하기>미술활동으로 표현하기)<br>• 나의 이름과 반 이름을 적기<br>• 다양한 재료를 사용하여 이름표 꾸미기<br>**우리 교실 그리기**<br>(자연탐구>탐구하는 태도 기르기>공간과 도형의 기초개념 형성하기)<br>• 각 흥미영역이 적힌 라벨용지를 보며 영역 명칭 읽기<br>• 흥미영역의 교구장, 가구 등을 확인하고 그리기<br>**'나를 소개해요' 책 만들기**<br>(사회관계>나를 알고 존중하기>나를 알기)<br>*** 수 · 조작 : 걸음으로 교실재기**<br>(자연탐구>수학적 탐구>기초적인 측정하기)<br>**우리 반 성씨 그래프**<br>(자연탐구>수학적 탐구하기>기초적인 자료 수집과 결과 나타내기)<br>• 그래프를 보며 자신의 성씨를 찾아보기.<br>• 그래프를 보며 성씨별로 이름 표 숫자를 세어보기<br>*** 과학 : 확대경으로 교실 놀잇감 살피기**<br>(자연탐구>탐구하는 태도 기르기>탐구과정 즐기기)<br>*** 음률 : 어린이집 원가 연주하기**<br>(예술경험>예술적 표현하기>음악적으로 표현하기)<br>• 어린이집 원가 노래 듣기<br>• 노래를 듣고 악기로 연주하기<br>• 친구와 함께 연주하면서 노래 부르기<br>*** 언어 : 신문에서 어린이집 이름 찾기**<br>(의사소통>읽기>읽기에 흥미 가지기)<br>• 신문에서 어린이집 이름 찾기<br>• 확장하여 신문에서 내 이름 찾기<br>*** 음률 : 원가 율동 만들기**<br>(예술경험>예술적 표현하기>통합적으로 표현하기)<br>*** 부모님의 진급 축하 메시지 읽어보기**<br>(의사소통>읽기>읽기에 흥미 가지기)<br>• 부모님께 사전에 공지한 쪽지를 게시하여 유아들이 축하 메시지 읽기 |  | 〈대 · 소집단활동〉<br>유아들과 오늘 활동에 대해 평가해 보는 시간을 가져보았다. 아직은 기린초반에 적응하는 시간이라 유아들과 이야기 나누고 서로 알아가는 시간을 많이 계획하여야겠다. |

(계속)

| 시간 | 일과 | 활동계획 및 실행 | 준비물 및 유의점 | 평가 |
|---|---|---|---|---|
| 17 : 40~<br>18 : 00 | 대 · 소집단<br>활동 | **오늘 즐거웠던 일에 대해 이야기 나누기**<br>• 오늘 하루를 돌아보면서 기억에 남았던 일 발표하기 | | |
| 18 : 00~<br>19 : 30 | 귀가지도 및<br>통합보육 | • 통합보육하면서 개별적으로 귀가하기<br>• 자신의 소지품 정리하기/선생님과 친구에게 인사하기 | | |
| 종합 평가 | 유아들이 가정에서 가져온 물건(수저통, 필통, 물티슈, 치약 등)을 정리정돈할 수 있었다. 물건을 정리하는 바구니와 위치를 알려주며 스스로 정리할 수 있도록 도움을 주고, 준비물을 가져오지 않은 친구들에게 수첩에 메모를 하여 모두 준비물을 챙겨올 수 있도록 안내해 주었다. | | | |
| 비고 | * 투약 : 없음<br>* 결석 : 없음<br>* 신입유아 적응 프로그램(3/4~3/8) | | | |
| 부모상담 및 협의 사항 | * 서○○ 어머님과 서면상담<br>(○○이가 이불가방을 가지고 오지 않아 언어영역 매트에서 낮잠을 잤어요. 이불가방과 이불, 매트, 베개를 보내주세요) | | | |

※ 원아관찰 및 특기사항

| 관찰 아동명 | 관찰 내용 |
|---|---|
| 김○○ | 〈음률영역〉<br>○○이는 오후 자유선택놀이시간에 음률영역에서 "선생님 피아노 쳐주세요" 교사, "그래, 어떤 노래를 연주해줄까?" ○○, "오늘 배운 새 노래요" 교사, "원가 말하는구나" ○○, "네, 그거 불러볼래요" △△, "우리 2절 부르자" 교사는 피아노로 원가를 녹음해준다. ○○ · △△, "우리들은 파릇파릇 움트는 새싹~" 노래를 부른다. ○○,"나도 예전 유치원에서 원가 배웠는데 1절만 알아. 2절은 안 배웠는데 여기서 배워서 알았어" ○○이는 가사판을 보면서 원가 2절을 피아노 반주에 맞추어 노래를 부른다. |
| 평가 | 김○○ : ○○이는 새 노래에 관심을 보이며 노래를 부른다. 자신이 알고 있는 가사에 자신감을 보이며 노래를 부르고 새로 배운 가사에 관심을 보이며 가사판을 보며 2절 가사를 불러본다. |

※ 원아관찰 및 특기사항

| 점검구역 (공동구역포함) | 담당자 | 교실 점검 내용 | | |
|---|---|---|---|---|
| | | 환기 및 청소 | 소독 | 세탁 및 세척 |
| *교실 정리, 청소 | • 2층 복도 : ○○○ 교사<br>• 화장실 : ○○○ 교사 | • 오전 : 창문 열기, 창틀 먼지 닦기<br>• 오후 : 창문 열기, 바닥 청소하기, 교구장 정리 및 닦기 | 장난감, 교구 위에 바이오 크린콜 뿌리기 | 양치컵, 칫솔 세척<br>놀잇감 |

## 4. 보육과정 일과계획과 운영

연간 · 월간 · 주간 · 일일 보육계획안은 구체적인 하루 일과에서 실행되고 운영된다. 하루 일과는 매일 반복되는 시간표로서 영유아가 보육시설에서 어떻게 시간을 보내고 보육을 경험하는가를 제시한다. 즉, 일과계획은 영유아가 경험하게 되는 많은 활동들을 일일 단위로 시간의 순서와 양을 정해 시간대별로 배치하는 것을 의미한다. 따라서 매일의 일과계획은 프로그램에서 이루어지는 모든 활동과 사건들을 자세하게 보여 주어야 한다.

영유아는 하루의 대부분을 보육시설에서 보내게 되므로 하루 일과는 보다 철저하고 계획적으로 운영되며, 심리적으로 안정감을 주고 가정과 같이 편안함을 느낄 수 있어야 한다. 체계적인 일과운영은 영유아보육의 질을 높이고 바람직한 발달적 성취를 이루어 낼 수 있다. 또한 일과계획을 통해 교사의 보육 프로그램 운영과 수행이 보다 수월하며 교사와 영유아 모두 스트레스를 덜 받고 즐겁게 지낼 수 있다. 훌륭한 보육의 효과는 영유아의 발달적 요구에 부합하며 흥미를 자극하고 생리적 욕구가 충분히 충족될 때 가능하다.

### 1) 일과운영의 작성원리 및 고려할 점

- 일과계획은 일관성이 있어서 영유아가 쉽게 이해하며 다음의 활동을 예측 · 파악하여 준비할 수 있어야 한다. 이러한 일관성은 정서적 안정감을 제공한다.
- 일과운영은 충분한 놀이와 휴식, 낮잠, 간식과 점심, 배변과 같은 신체적 욕구와 일상적 양육을 모두 반영하여야 한다.
- 하루 종일 보육시설에 있게 되는 경우 오후에는 에너지의 몰입이 큰 프로그램과 활동보다는 피로감을 느끼지 않고 집에서와 같은 편안함과 따뜻함을 느낄 수 있는 정적 활동을 고려한다.
- 어린 영아일수록 수유와 이유, 배변활동 등 신체적 욕구 충족을 위한 시간이 많아지지만 연령이 증가할수록 교육을 위한 활동시간이 증가한다. 특히, 연

령이 어릴수록 개별 영아의 생리적 특성과 생체 리듬을 고려한 일과계획이 필수적이다.

- 영유아 모두 실내자유놀이는 하루 평균 2시간 30분 정도, 실외놀이는 영아의 경우 30분 이상, 유아의 경우 1시간 이상 계획한다.
- 연령이 어릴수록 개별적 요구를 반영할 수 있는 자유선택활동시간을 많이 포함시키고, 집단활동을 할 때라도 가능한 소집단활동을 많이 배치하는 것이 바람직하다. 영아의 특성상 개별활동이 주로 이루어지지만 2세경이 되면 일과 운영에 있어서 소집단으로 5~10분 정도의 전이활동을 진행할 수도 있다.
- 대개 만 3세 이후 유아부터는 학급 안에서의 조직적이고 구조적인 일과운영이 가능해지므로, 개인적인 생리적 특성을 고려한 일상생활계획 이외에도 다양한 교육적 활동을 일과에 배치한다.
- 연령이 증가할수록 집단활동의 시간을 점차 늘려간다. 가령, 어린 영아의 경우 소집단활동을 점점 늘리며, 5세 유아반의 경우 대집단활동시간을 가장 많이 배치한다.
- 정적 활동과 동적 활동, 실내활동과 실외활동, 개별활동과 집단활동, 교사 주도 활동과 영유아 주도 활동 등 여러 활동들 간의 적절한 균형을 맞추도록 한다.
- 개인 및 집단의 욕구를 조화롭게 반영하며 여러 가지 유형의 상호작용이 일어나도록 한다. 즉, 개별활동과 집단활동이 진행됨과 함께 교사와 개별 영유아 간 상호작용, 교사와 대·소집단 영유아 간 상호작용, 개별 영유아들 간의 상호작용이 고르게 경험될 수 있도록 한다.

**그림 4-11** | 실외에서 친구들과 장난감을 가지고 물놀이를 하는 유아들

그림 4-12 | 낱말 맞추기 놀이를 하고 있는 유아들

- 활동의 진행 순서는 서로 다른 유형의 활동들이 서로 교차될 수 있도록 한다. 가령, 책보기 같은 정적 활동 뒤에는 율동과 실외놀이 같은 동적 활동을 배치한다.
- 일과운영은 영유아의 자발적인 흥미와 특별한 상황을 반영하여 융통성 있게 운영한다. 미리 계획된 일정이라도 돌발적인 변수날씨, 영유아의 흥미와 건강상태 등에 따라 시간을 조정하고 일정을 바꿀 수 있다. 또 영유아가 어떤 활동과 놀이에 몰입하고 있다면 끝마치도록 몰아세우지 말고 가급적 욕구를 모두 충족하고 끝마칠 수 있는 기회를 갖도록 시간을 늘려준다.
- 부모의 상황에 맞추어 등·하원시간, 운영시간 등을 탄력적으로 운영한다.
- 영유아가 하루 일과를 정리하면서 성취감을 느끼고 일과활동을 평가해 볼 수 있는 시간을 갖는다활동의 계획 → 활동 → 활동의 평가 → 이후 활동계획에 반영하기.

## 2) 일과운영의 구체적 계획

매일 반복되는 일과활동의 주요 내용은 대략 다음과 같으며, 연령에 따라 활동 내용을 적절히 배치하고 시간을 조절한다. 대개 일과계획은 영유아가 등원한 뒤 실내자유선택활동으로부터 시작되며 정리정돈, 이야기 나누기와 같은 정적 활동, 간식 및 휴식, 조용한 성격의 집단활동, 실외자유선택활동, 집단활동과 같은 형태로 구성된다(이화여자대학교 부속유치원, 2002). 이러한 여러 활동들을 일일시간대별로 배치하여 유기적으로 운영한다.

### (1) 등원

교사는 영유아가 등원하기 전 교실환경을 포함해 실내·외 환경을 미리 정비하고 영유아를 맞을 준비를 한다. 영유아와 눈높이를 맞추고 반갑게 인사를 나누며 전날 밤 어떻게 지냈는지를 가볍게 대화한다. 이때 영유아의 수면상태, 기분, 건강상태를 확인한다. 특히, 3세 미만의 어린 영아의 경우 자신의 의사를 잘 표현하기 어려우므로 교사는 더욱 세심하게 살피고 관찰해야 한다. 부모가 자녀를 직접 교사에게 인도할 경우 부모로부터 영유아와 관련된 특별한 사항들을 듣고 확인한다. 교사는 영유아가 벗어 놓은 신발과 겉옷, 가방을 스스로 정리하고 교실로 들어가도록 하며 교사를 포함해 아침에 만나는 사람들에게 반갑게 인사를 하도록 지도한다. 이러한 아침인사는 가장 기본적인 예절이자 행동으로 교사는 개별 영유아들을 각각 일대일로 지도해 줌으로써 학기 초부터 자연스럽게 기본생활습관이 형성되도록 한다.

그림 4-13 | 교사와 하원인사를 하는 유아

### (2) 간식과 식사

간식과 식사, 수유와 이유의 양과 내용 및 횟수는 연령과 보육시간을 고려하여 조정한다. 아침을 먹지 못하고 오는 영유아가 있기 때문에 오전 간식의 종류와 양, 시간을 융통성 있게 조절하고 점심식사를 방해하지 않도록 시간을 배치한다. 간식과 식사시간을 통해 균형 잡힌 영양을 섭취하고 친구와의 언어적 상호작용이 확대될 수 있다. 교사는 기본적인 식사예절을 지도하고 혼자서 먹도록 격려하지만 도움이 필요한 영유아에게는 적절한 도움을 제공한다. 식사는 가능한 대집단보다는 몇 명의 아이들이 소집단으로 한 테이블에 둘러앉아 먹도록 하는 것이 집에서 식사하는 것과 같은 편안함을 준다. 영유아 스스로 자신이 먹은 그릇을 정리하도록 하며, 간식과 식사 전 반드시 손을 씻고 식사 후에는 양치질을 하도록 지도한다. 어린 연령의 영유아는 식사시간이 길기 때문에 연령에 따라 점심시간을 조정한다. 0~2세 영아의 경우 특히 영양 섭취가 중요하고 개별적인 신체적 흐름이 있으므로 개별 영아

그림 4-14 | 점심식사를 하고 있는 유아들

의 특성에 맞게 수유와 이유를 제공한다. 식사를 먼저 끝낸 영유아는 동화나 퍼즐놀이 등 정적 놀이를 할 수 있도록 하고, 점심식사 직후의 활동은 신체활동과 움직임이 적은 정적 활동이 바람직하다.

### (3) 배변활동과 손 씻기

그림 4-15 | 화장실에서 양치를 하고 손을 씻는 유아들

어린 영아의 경우 배변훈련이 되기 전까지는 자신의 신체적 욕구에 따라 배변활동이 이루어지므로, 교사는 개별 영유아의 기저귀를 수시로 살피고 교체한다. 특히, 수유와 이유 직후, 수면 전에는 기저귀를 갈아주도록 한다. 기저귀를 갈거나 배변활동을 도와준 후 교사는 손을 깨끗이 씻는다. 또 영유아가 화장실을 다녀오거나 실외활동을 한 후, 간식과 식사 전, 정리정돈 후에는 손을 씻도록 지도한다. 영아의 배변훈련은 부모와의 상의하에 영아가 발달적으로 준비가 되었을 때 시작한다. 배변훈련이 이루어진 영유아는 새로운 활동이 시작되기 전이나 끝난 다음에 규칙적으로 화장실을 다녀오도록 한다.

### (4) 실내 · 외 자유선택활동

자유선택활동은 흥미영역으로 대표되는 준비된 교육환경 속에서 영유아가 스스로 선택한 활동을 하는 과정이다. 여기에서 영유아와 또래, 영유아와 교재 · 교구, 영유아와 교사 사이에서 활발하고 자발적인 상호작용이 이루어진다. 교사는 각 연령에 부합하며 영유아의 흥미와 욕구를 자극하고 만족시킬 수 있는 놀잇감, 교재 · 교구를 흥미영역별로 계획하고 준비한다.

Box 4-6

### 자유선택활동의 교육적 의의

- 영유아의 능동적 · 적극적 학습이 이루진다. 흥미에 따라 자발적으로 놀이활동에 참여하므로 성장과 발전이 촉진된다.
- 교사 주도의 대 · 소집단활동이 아니므로 교사는 개별 영유아의 개인차에 따른 상호작용과 지도를 할 수 있다. 영유아는 눈높이 교육의 기회를 갖게 된다.
- 자유로운 분위기에서 또래 및 교사와의 상호작용이 일어나므로 다양한 인간관계를 학습할 수 있다.
- 다양한 흥미영역에서 활동이 이루어지므로 배워야 할 하나의 개념을 각 영역에서의 반복활동과 경험을 통해 습득할 수 있다. 따라서 발달의 모든 영역에서 통합적인 교육과 성취가 촉진된다.
- 다른 사람의 의견을 경청하고 문제의 근원을 이해하여 갈등을 해결하는 방식을 습득한다. 또 자신의 감정과 욕구를 바람직한 방식으로 표현하고 조절하는 능력을 키운다.

실내자유선택활동은 교실에서 시작되는 것으로 연령이 어릴수록 더욱 중요하다. 어린 영유아일수록 자신이 원하는 놀이를 개별 혹은 소집단으로 진행할 때 흥미와 관심이 유지되고 성취감과 자신감이 향상되기 때문이다. 교사는 흥미영역**쌓기 영역, 수 · 조작놀이영역, 역할놀이영역, 언어영역, 조형영역, 과학영역, 음률영역, 컴퓨터영역, 개별적 휴식영역 등**을 제공하여 영유아가 자발적으로 학습하고 놀이활동을 할 수 있는 환경을 만들어준다.

실외자유선택활동은 바깥놀이라고도 하며 영유아가 많이 선호하는 시간이다. 제한된 실내공간과 활동을 벗어나 자유롭게 뛰어놀면서 정서를 분출하고 긴장감을 해소할 수 있다. 실외공간에 배치할 수 있는 흥미영역으로는 신체영역**미끄럼틀 타기, 그네**

그림 4-16 | 친구들과 대집단을 이루어 노는 유아들

그림 4-17 | 친구들과 같이 상호작용하는 유아들

타기, 링 매달리기, 사다리 오르기 등, 탐구영역동·식물 기르기, 물·모래놀이영역, 소리탐색 영역다양한 재질의 사물을 두드려보기, 조용한 영역 등이 있다.

### (5) 대·소집단활동

2세 미만의 어린 영아는 집단활동이 거의 이루어지지 않고 개별적 욕구와 상태에 따라 하루 일과가 진행되지만, 2세 이상의 연령 집단에서는 집단활동 프로그램이 이루어질 수 있다. 집단활동은 연령, 활동의 종류와 진행시간, 생활주제, 관련 행사, 관심과 몰입 정도에 따라 나뉜다. 대집단활동시간은 대개 30분 이하가 좋으며, 어린 연령의 영아일수록 집중시간이 짧고 참여가 어려우므로 집단활동시간을 짧게 진행한다.

대·소집단활동은 하루의 일과계획 및 평가, 이야기 나누기, 토의, 문학활동동화, 동극, 동시, 조형활동조각, 소조, 소묘, 판화, 콜라주, 직조 등 미술활동, 음악활동음악감상, 노래 부르기, 악기 다루기, 소리 듣기, 신체표현과 동작활동, 게임, 수·과학활동실험 및 관찰 등, 요리활동, 견학 및 현장학습, 간식과 식사, 휴식 및 낮잠 등이 있다.

학기 초에는 소집단활동 중심으로 계획하며 어릴수록 소집단활동을 더 많이 구

그림 4-18 | 다양한 집단을 이루어 친구 및 사물과 상호작용하는 유아들

Box 4-7

## 자유선택활동 시 교사의 역할

교사가 교육 운영에 대한 이해가 부족하고 준비가 되어 있지 않을 경우 자유선택활동시간은 자칫 교사의 휴식시간이나 교사가 수업 준비하는 시간으로 잘못 이해되기 쉽다. 따라서 이 시간에는 교사의 철저하고 세심한 준비, 관찰, 개입과 확장이 요구된다. 하루 일과 중 교사가 가장 바쁘게 보내야 할 시간이며 교사의 관찰력과 순발력, 민첩성이 필요하다.

- 연령과 발달에 적합한 흥미영역을 적절하게 배치하며 유사한 특성을 가진 영역끼리 인접하게 배치한다.
- 흥미영역의 이름, 자료의 종류, 놀이방법 등에 대해 소개하여 영유아의 자발적 참여를 이끌어 낸다.
- 교실 혹은 활동실 전체에서 일어나는 일과 상황을 한눈에 미리 파악하고 있어야 한다. 가령, 특정 영역에서 한 아이의 놀이를 도와주더라도 다른 영역에서 무슨 일이 일어나며 다른 영유아가 무엇을 하는지 항상 주시해야 한다.
- 교사는 한 곳에 있기보다는 옮겨 다니며 영유아의 활동에 적절한 도움과 칭찬을 준다.
- 놀이 상황에서 문제가 생길 경우 개입하여 적절한 도움을 준다. 이때 직접적인 도움보다는 영유아가 주도적으로 문제를 해결하도록 지원한다.
- 다른 친구들의 활동을 방해하지 않도록 하며, 영유아들 간에 발생하는 갈등과 문제에 대해 스스로 규칙을 세우고 해결하도록 지원한다.
- 놀이선택, 놀이방법, 문제행동, 문제해결방법 등을 관찰하고 기록한다. 자유선택활동에서 자연스러운 놀이활동의 관찰은 영유아의 발달과 학습상태를 파악하는 중요한 자료이다. 따라서 교사는 모든 영유아가 눈에 잘 보이는 곳에 위치해야 한다.
- 다양한 활동에 모두 적용되는 학급의 규칙과 기준을 영유아에게 정확하게 인지시킨다.
- 영유아의 개인차를 인정하고 다른 친구들과 비교하지 않는다.
- 활동을 마무리할 적당한 시점을 결정한다. 영유아가 활동에 한참 몰입했을 때를 지나 충분히 경험하고 조금의 흥미가 남아 있다는 판단이 들 때 다음 날의 활동으로 연결시킬 준비를 하고 약간의 아쉬움을 가지고 활동을 마무리하도록 한다.
- 계획한 활동 이외 다른 활동들을 준비한다. 영유아의 흥미나 발달 수준상 적절하지 않을 때, 활동이 너무 일찍 끝나 시간이 남을 때 등을 항상 염두에 둔다.
- 계획한 활동이 끝난 이후 해야 할 전이활동을 준비하고 영유아가 해야 할 행동에 대해 정확하게 알려준다.

교사와 유아들의 상호작용

Box 4-8

### 대집단활동 시 유의사항

- 모든 영유아가 교사의 눈에 들어올 수 있도록 활동 위치를 정한다.
- 영유아끼리 서로 부딪치거나 방해가 되지 않도록 자리 배치를 고려한다.
- 활동의 종류에 따라 적절한 장소를 선택한다. 움직임이 많은 동적 활동은 넓은 장소를, 책 읽기 같은 정적 활동은 조용하고 아늑한 장소를 선택한다.
- 활동 시작 전 아이들이 모두 모일 때까지 적절한 주의집중활동을 진행하며**손유희, 노래 부르기, 수수께끼, 말 이어가기, 속삭임 등**, 가능한 짧게 마무리한다.
- 집단활동이라도 항상 개별 영유아의 욕구와 흥미에 민감하게 반응하여 자칫 교사 주도의 획일적인 활동이 되지 않도록 주의한다.

성한다. 소집단활동에서는 교사와 영유아 간의 개별적 상호작용이 더 잘 이루어지며 영유아도 더 적극적으로 참여하고 성취감 및 자신감을 얻을 수 있기 때문에 하루 일과는 소집단활동을 자주 계획할 필요가 있다.

#### (6) 휴식 및 낮잠시간

수면은 성장에서 중요한 역할을 하므로 수면시간을 충분히 할애하도록 한다. 조용한 음악을 틀어주고 교실의 밝기를 조절하여 아늑하고 편안한 분위기 속에서 잠들 수 있도록 한다. 어린 영아는 자기 전 수유와 이유를 마치고 기저귀를 갈아주며, 유아는 화장실을 다녀오고 스스로 낮잠 준비를 하도록 지도한다. 낮잠은 오후 1회 운영하지만 개별 영유아의 욕구와 상태에 따라 시간과 배치를 조절할 수 있다.

그림 4-19 | 낮잠을 자는 유아들

연령이 어릴수록 낮잠시간과 휴식시간이 더 많이 필요하다. 가령, 3세 영유아는 1시간~1시간 반 정도의 낮잠을 잔다면 4~5세 유아는 30~40분 정도의 낮잠을 잔다. 먼저 낮잠에서 깬 아이는 다른 아이의 잠을 방해하지 않고 누워서 쉬거나 책보기 같은 조용한 활동을 하도록 지도한다.

### (7) 정리정돈과 전이활동

그림 4-20 | 정리정돈을 하는 유아들

정리정돈은 대개 실내 · 외 자유선택활동이나 현재 하고 있는 놀이활동을 마친 후, 간식과 식사 후, 낮잠시간 후 진행하며 하루에 여러 차례 실시하게 된다. 정리정돈에는 개별 영유아가 하는 정리정돈과 전체 영유아가 함께 하는 정리정돈이 있다. 개별 정리정돈은 어린이집 생활에서 정해놓은 규칙에 따라 하던 활동을 끝내고 다른 활동으로 전이할 때 사용한 교재 · 교구와 자리를 정돈하여 이후에 사용하는 다른 친구가 불편하지 않도록 하는 것이다. 전체 영유아가 하는 정리정돈은 대개 실내 · 외 자유선택활동시간이 끝난 후 모든 영유아가 다 같이 시작하여 참여하는 것을 말한다. 영유아가 어린이집 생활을 처음 경험하게 될 때 활동이 끝난 후 교사는 모두 같이 모여 앉아 정리정돈의 이유와 방법, 순서에 대해 토의하고 규칙을 정한다. 어린 영아는 정리정돈이 힘들지만 2세 정도부터는 스스로 할 수 있도록 지도한다.

전이활동은 영유아의 이전 활동과 이후 활동 사이를 자연스럽게 연결하기 위해 교사가 하는 것으로, 노래 부르기, 손유희, 말놀이 등이 있다. 이 시간에 영유아는 마음을 편안하게 하고 주의집중을 하며 다음 활동을 준비하게 된다. 전이활동이 지나치게 길어지면 다음에 이어지는 활동의 연계가 어려워지므로 적당한 시간을 할애한다.

### (8) 평가 및 귀가

영유아들은 하루 일과를 마치고 하원하기 전 다 함께 모여 하루 일과에 대한 평가시간을 교사의 지도 아래 간단히 갖는다. 오늘 하루 즐거웠던 일을 생각하면서 긍정적 정서를 다시 경험하며, 힘들었던 일과 속상했던 일을 떠올리면서 하루를 반성하고 앞으로 어떻게 하면 좋을지 등에 대해 이야기한다. 이러한 평가는 영유아 스스로 활동을 수행하고 평가하는 태도를 키울 수 있도록 하며, 친구의 이야기를 주의 깊게 경청하고 바른 태도로 자신의 의견을 표현하는 기술을 발달시킨다.

귀가 지도를 할 때는 가정통신문, 특별한 전달사항, 소지품 등을 빠뜨리지 않도록 하고 화장실을 다녀와 옷을 입도록 지도한다. 개별적으로 귀가하는 영유아, 어린이집 차량으로 귀가하는 영유아 등 각기 귀가방법이 다르므로 교사는 모든 아이가 안전하게 귀가하도록 주의한다. 등원 때와 비교해서 특별한 변화와 특이사항이 있을 경우대소변 실수, 친구와의 싸움, 상처, 심리적 상태, 식사량, 수면시간 등 직접대면이나 전화, 메모 등을 통해 부모에게 자세하게 설명하여 이해를 구한다.

## 3) 연령별 일과운영

### (1) 0세반 하루 일과운영의 예

표 4-29 | 0세반 하루 일과운영의 예

| 시 간 | 주요 일과 | |
|---|---|---|
| | 0~6개월 | 7~12개월 |
| 7 : 30~9 : 00 | 등원 및 맞이하기 | |
| 9 : 00~9 : 30 | 이유식, 기저귀 갈이/씻기 | 오전 간식(이유식), 기저귀 갈이/씻기 |
| 9 : 30~10 : 30 | 오전 실내자유놀이 | |
| 10 : 30~11 : 00 | 오전 수유 및 낮잠 준비 | |
| 11 : 00~12 : 00 | 오전 낮잠 | 오전 낮잠 또는 오전 실내자유놀이 |
| 12 : 00~13 : 00 | 수유 및 이유식, 기저귀 갈이/씻기/이 닦기 | |
| 13 : 00~14 : 30 | 오후 실내자유놀이 또는 산책 | 휴식 또는 오후 낮잠 |
| 14 : 30~16 : 00 | 오후 수유 및 오후 낮잠 | 산책 및 실외놀이 |
| 16 : 00~16 : 40 | 기저귀 갈이/ 손 · 발 닦기, 이유식 | 기저귀 갈이/ 손 · 발 닦기, 오후 간식(이유식) |
| 16 : 40~17 : 20 | 오후 실내자유놀이 | |
| 17 : 20~19 : 30 | 귀가 및 통합보육 | |

출처 : 보건복지부(2013), 어린이집 표준보육과정에 기초한 영아보육 프로그램의 이해.

### (2) 1세반 하루 일과운영의 예

표 4-30 | 1세반 하루 일과운영의 예

| 시 간 | 주요 일과 |
|---|---|
| 7 : 30~9 : 00 | 등원 및 맞이하기 |
| 9 : 00~10 : 00 | 오전 실내자유놀이 |
| 10 : 00~10 : 20 | 기저귀 갈이 및 손 씻기 |
| 10 : 20~10 : 50 | 오전 간식 |
| 10 : 50~11 : 40 | 오전 실외놀이 및 손 씻기 |
| 11 : 40~12 : 40 | 점심식사 및 이 닦기 |
| 12 : 40~14 : 40 | 낮잠 준비 및 낮잠 |
| 14 : 40~15 : 20 | 기저귀 갈이 및 손 씻기 |
| 15 : 20~16 : 00 | 오후 간식 |
| 16 : 00~17 : 20 | 오후 실내자유놀이 |
| 17 : 20~19 : 30 | 귀가 및 통합보육 |

출처 : 보건복지부(2013), 어린이집 표준보육과정에 기초한 영아보육 프로그램의 이해

### (3) 2세반 하루 일과운영의 예

표 4-31 | 2세반 하루 일과운영의 예

| 시 간 | 주요 일과 |
|---|---|
| 7 : 30~9 : 00 | 등원 및 통합보육 |
| 9 : 00~10 : 20 | 오전 실내자유놀이 |
| 10 : 20~10 : 50 | 화장실 가기 및 오전 간식 |
| 10 : 50~11 : 40 | 오전 실외놀이 및 손 씻기 |
| 11 : 40~12 : 40 | 점심식사 및 이 닦기 |
| 12 : 40~14 : 20 | 낮잠 준비 및 낮잠 |
| 14 : 20~15 : 00 | 화장실 가기 및 오후 간식 |
| 15 : 00~16 : 20 | 오후 실내자유놀이 |
| 16 : 20~16 : 30 | 전이활동(2세 후반경) |
| 16 : 30~17 : 20 | 오후 실외놀이 및 손 씻기 |
| 17 : 20~19 : 30 | 귀가 및 통합보육 |

출처 : 보건복지부(2013), 어린이집 표준보육과정에 기초한 영아보육 프로그램의 이해.

## (4) 3~5세 하루 일과운영의 예

**표 4-32** | 3~5세 하루 일과운영의 예

| 3세반 | | 4세반 | | 5세반 | |
|---|---|---|---|---|---|
| 7 : 30~9 : 00 | 등원 및 실내자유선택활동(통합보육) | | | | |
| 9 : 00~9 : 30 | 손 씻기, 오전 간식 | 9 : 00~9 : 30 | 손 씻기, 오전 간식 | 9 : 00~9 : 30 | 손 씻기, 오전 간식 |
| 9 : 30~11 : 00 | 실내자유선택활동 | 9 : 30~11 : 00 | 실내자유선택활동 | 9 : 30~11 : 00 | 실내자유선택활동 |
| 11 : 00~11 : 10 | 정리정돈 및 전이활동 | 11 : 00~11 : 10 | 정리정돈 및 전이활동 | 11 : 00~11 : 10 | 정리정돈 및 전이활동 |
| 11 : 10~11 : 30 | 대 · 소집단활동 | 11 : 10~11 : 35 | 대 · 소집단활동 | 11 : 10~11 : 45 | 대 · 소집단활동 |
| 11 : 30~12 : 30 | 점심식사 및 이 닦기 | 11 : 35~12 : 40 | 손 씻기, 점심식사 및 이 닦기 | 11 : 45~12 : 50 | 손 씻기, 점심식사 및 이 닦기 |
| 12 : 30~13 : 20 | 실외자유선택활동 | 12 : 40~13 : 30 | 실외자유선택활동 | 12 : 50~13 : 40 | 실외자유선택활동 |
| 13 : 20~15 : 30 | 낮잠 준비 및 낮잠 | 13 : 30~13 : 50 | 정리정돈 및 낮잠 준비 | 13 : 40~14 : 00 | 정리정돈 및 낮잠 준비 |
| 15 : 30~15 : 50 | 낮잠 깨기 및 화장실 다녀오기 | 13 : 50~15 : 30 | 낮잠 및 휴식하기 | 14 : 00~15 : 30 | 낮잠 또는 휴식하기 |
| | | 15 : 30~15 : 40 | 정리정돈 | | |
| 15 : 50~16 : 20 | 손 씻기와 오후 간식 | 15 : 40~16 : 10 | 손 씻기와 오후 간식 | 15 : 40~16 : 10 | 손 씻기와 오후 간식 |
| 16 : 20~18 : 00 | • 오후 실내 · 외 자유선택활동<br>• 귀가(통합보육) | | | | |
| 18 : 00~19 : 30 | | | | | |

출처 : 한국보육진흥원(2011), 2011 보육교사 승급교육 교재.

# 보육과정 운영의 실제

Chapter 5

# 5

보육과정 운영은 앞서 설명한 보육계획안을 실제 현장에 도입하면서 시작된다. 이때 부모를 비롯한 지역사회 등과의 협력체계는 바람직한 보육 운영 시스템에 꼭 필요하다. 여기에서는 협력체계로서 부모와 지역사회의 참여 실제, 그리고 어린이집에서 운영되는 안전·건강·영양 프로그램에 대해 알아본다.

# 1. 부모참여의 실제

영유아기의 발달적 특성상 부모의 관심과 상호작용은 매우 중요하다. 부모와 분리되어 어린이집에서 일정 시간의 보육을 경험하더라도 부모의 역할과 책임은 항상 필요하며 어린이집과 부모와의 긴밀한 협력체계가 요구된다. 효과적인 부모참여가 이루어지기 위해서는 부모와 어린이집이 서로 협력적인 동반자적 관계를 취하며 원활한 양방적 의사소통과 상호지원이 필요하다. 부모참여는 부모 대상의 특강과 워크숍, 어린이집 행사 참석 등의 수동적 수준부터, 자원봉사, 일일교사, 운영위원 등의 보다 더 적극적이고 심화된 수준으로 이루어진다. 어린이집은 다양한 주제의 부모교육 강좌를 열어 부모의 참여를 독려하고 학부모 자원봉사활동을 통해 영유아의 일상생활과 활동에 대한 부모의 이해를 심화시킨다. 부모는 어린이집의 행사나 운영과정, 부모참가 프로그램에 참여하며 어린이집을 방문하여 자녀의 생활과 활동을 참관할 수 있다.

## 1) 부모 오리엔테이션

어린이집에서는 원아모집이 끝나고 3월 새 학기 시작에 앞서 기존 재입소 학부모와 신입학부모를 대상으로 오리엔테이션을 실시한다. 이때 어린이집의 철학과 보

Box 5-1

**신입원아 부모를 위한 오리엔테이션의 구체적 내용**

- 보육시설의 연혁, 설립취지, 환경 및 시설안내
- 보육교직원 소개
- 보육시간
- 보육 프로그램 및 보육과정(보육 목표와 내용, 하루 일과, 학급구성, 연간 · 월간 보육계획안)
- 어린이집의 개방원칙, 등 · 하원 절차, 안전지침
- 건강, 안전, 영양, 위생에 대한 지침과 프로그램
- 부모참여활동 및 프로그램
- 입소 준비에 대한 안내

육과정의 내용 및 전반적인 운영방향, 보육 프로그램 및 부모참여활동과 주요 행사 등에 대해 구체적으로 설명한다. 또 어린이집의 연혁과 교직원 소개, 어린이집 적응 프로그램, 하루 일과, 식단과 간식, 건강과 위생 및 안전관리, 부모교육 프로그램의 내용을 소개한다. 오리엔테이션의 내용을 정리한 안내책자를 준비함으로써 부모의 이해를 도와줄 수 있다. 또 신입원아 오리엔테이션은 일회로 끝나지 않고 영유아의 조기적응을 위해 시간간격을 두고 두세 차례 하는 것이 필요하다. 체계적이고 구체적인 부모 오리엔테이션은 어린이집에 대한 폭넓은 정보를 부모에게 전달함으로써 부모의 불안을 해소할 수 있다. 어린이집에서도 재원하게 될 영유아에 대한 이해를 확장함으로써 궁극적으로 영유아의 바람직한 적응과 보육을 꾀할 수 있다.

### 2) 어린이집과 가정(부모) 간의 의사소통

영유아의 건강한 발달에는 부모를 포함한 가족이 가장 중요한 환경이 된다는 사실에 입각해 어린이집에서는 부모와 활발하고도 긴밀한 교류를 가져야 한다. 부모는 영유아에 대한 주요 정보원이므로 교사는 부모의 의견을 수렴해야 하고, 부모는 자신이 기대하는 적절한 보육을 자녀가 어린이집에서 경험하고 있는지를 알 필요가 있다. 어린이집에서는 가정통신문, 알림장, 부모교환수첩, 시설 내 게시판과 인터넷 홈페이지, 전화와 이메일 등을 활용해 부모와의 의사소통을 촉진한다. 또 보육시설 소식

> Box 5-2
>
> **알림장에서 다루어야 할 내용**
>
> - 활동계획안과 급 · 간식 식단
> - 현장학습과 소풍, 가족행사, 운동회, 부모참여수업 등 다양한 각종 행사와 이에 수반되는 일정 및 준비물
> - 교육활동의 구체적 내용
> - 영유아발달 및 육아에 관련한 정보
> - 다양한 가족생활 정보(부부간 의사소통 등)
> - 개별 영유아들의 생활과 활동 내용 및 전체 원아의 특별활동
> - 명절과 공휴일 휴원 안내

지를 월 1회 정기적으로 발간하여 부모에게 보내기도 한다.

**표 5-1 | 알림장 혹은 가정통신문 예시**

기간 : 3월 1~2주 (○월 ○일 ~ ○월 ○일)　　　교사 : 윤○○

| 구분 | | 월 | 화 | 수 | 목 | 금 | 토 |
|---|---|---|---|---|---|---|---|
| 주제 | | 나는 슬기반이에요 | | | | | |
| 목표 | | 변화된 어린이집 환경을 살펴보고 슬기반 교실 환경에 자연스럽게 적응한다. | | | | | |
| 활동 \ 요일 | | 월 | 화 | 수 | 목 | 금 | 토 |
| 등원 및 맞이하기 | | 무슨 반인지 이야기하며 인사하기 | | | | | |
| 실내 자유 선택 활동 | 미술영역 | 밀가루 반죽으로 놀이하기, 가위질 : 선 따라 오리기, 재활용품을 이용한 구성 | | | | | |
| | 소꿉영역 | 소꿉 교구 탐색하기, 반죽으로 음식 만들기, 음식상 차려 친구 초대하기 | | | | | |
| | 언어영역 | 〈말하기/듣기〉 슬기반 이름 카드, 놀잇감 카드, 내 이름 말하기<br>〈읽기〉 즐거운 하루 일과 | | | | | |
| | 블록영역 | 블록으로 자유롭게 구성하기, 슬기반 구성하기 | | | | | |
| | 수 · 조작 영역 | 고무줄 구성하기, 다양한 퍼즐 맞추기, 곰돌이 옷 입히기 퍼즐, 내가 좋아하는 장난감 줄자로 재어보기 | | | | | |
| | 과학영역 | 자석 놀이, 돋보기로 관찰해요 | | | | | |
| 대 · 소집단활동 | | 〈이야기 나누기〉<br>슬기반 소개하기 | 〈언어〉<br>자기소개하기<br>〈신체놀이〉 | 〈새 노래〉<br>어린이집노래<br>〈공놀이〉 | 〈탐색〉<br>어린이집 둘러보기<br>〈신체놀이〉 | 〈게임〉<br>나는 누구일까요?<br>〈실외놀이〉 | 〈미술〉<br>자유그림<br>〈동화〉<br>내 친구 |
| 실외놀이 | | 어린이집 둘러보기, 실외놀이영역 놀잇감 소개하기, 모래놀이 | | | | | |
| 기본생활습관 및 안전교육 | | 바르게 인사해요, 계단에서 차례 지키며 걸어다녀요 | | | | | |

*** 알려드립니다**

1. 안녕하세요. 슬기반 담임교사 윤○○, 이○○입니다.
   우리 어린이집이 안정되고 바람직한 발달을 돕는 데 성심 성의껏 노력을 다하겠습니다.
   사랑과 정성으로 교육할 수 있도록 부모님들의 많은 격려와 협조 부탁드립니다.
2. 일일보고서 안내
   등원 시 현관에 비치된 일일보고서를 반드시 작성해 주시어 아이들의 하루 일과가 보다 교육적으로 진행될 수 있도록 도와주시고, 귀가 시에는 기재된 내용을 꼭 확인하시기 바랍니다.
3. 투약안내
   약을 먹이는 어린이의 경우 일일보고서 작성 시 투약 의뢰란에 투약시간과 분량을 정확히 기록해 주시기 바랍니다. 투약의뢰서를 기초로 어린이에게 투약하게 되므로 투약 내용을 기록하지 않으실 경우 투약하지 않는 것을 원칙으로 합니다. 투약은 1회 분량으로 담아 정확히 먹일 수 있도록 협조부탁드립니다.
   반드시 투약의뢰를 기재해 주시기 바랍니다.
4. 신학기 준비물 안내
   개인 용품이나 준비물을 보내 주실 때는 영유아들의 물품에 이름을 꼭 적어 보내주시기 바랍니다.

출처 : 한국보육진흥원(2013), 어린이집 운영 문서 및 관련 자료 안내.

### 3) 부모면담

어린이집에서는 공식적정기적, 비공식적비정기적 면담을 통해 부모참여를 유도하고 영유아의 행동과 생활에 대해 부모와 의견을 교환한다. 면담을 통해 부모는 어린이집에서 자녀의 활동을 알게 되고 교사는 가정에서 영유아가 어떻게 생활하고 반응하는지를 알게 됨으로써, 영유아가 일상생활을 경험하고 문제에 반응하며 대처하는 과정을 더 효율적으로 계획할 수 있다. 정기적인 면담은 대개 학년 초와 학년 말에 각 1회씩 연 2회 정도 이루어지며, 학기 초 면담은 영유아에 대한 정보를 얻는 데 도움이 된다. 비공식적 면담은 가령 자녀의 등·하원 시 부모가 어린이집에 왔을 때 필요한 경우 이루어지며, 직접대면이 힘들 때는 전화면담을 하기도 한다. 경우에 따라 개별면담과 함께 집단면담을 할 수도 있다. 비슷한 문제에 처하거나 유사한 행동을 보이는 몇몇 영유아들의 부모를 소집단으로 구성해 집단면담을 진행한다.

### 4) 수업 및 시설 참관

부모의 적극적이고 효과적인 부모참여를 동기화할 수 있는 가장 바람직한 첫 단계는 부모가 자녀의 일상생활과 수업을 참관하는 것이다. 수업참관은 한 반의 부모가 한꺼번에 모두 참관하거나 몇 개조로 나누어 참관하는 등 융통성 있게 이루어질 수 있다. 부모는 수업참관을 통해 어린이집과 가정에서 나타나는 자녀의 상이한 행동, 또래관계 및 또래와의 차이점 등을 알 수 있게 된다. 교사는 수업참관 전 참관의

그림 5-1 | 참관수업을 하고 있는 부모들

그림 5-2 | 수업을 참관하면서 행동관찰을 하고 있는 부모들

표 5-2 | 자녀행동에 대한 수업참관 체크리스트 양식

| 항목 | 예 | 아니오 | 관찰 못함 |
|---|---|---|---|
| 친구들과 어울려 논다. | | | |
| 놀잇감을 친구들에게 양보한다. | | | |
| 친구들과 놀 때 앞장서서 논다. | | | |
| 놀잇감을 거칠게 다룬다. | | | |
| 기관에서의 규칙을 지킨다. | | | |
| 흥미영역에 골고루 참여한다. | | | |
| 이야기 나누기 등 집단활동 시 주의를 집중한다. | | | |
| 도움이 필요할 때 교사에게 요청한다. | | | |
| 다른 사람의 말에 귀를 기울인다. | | | |
| 여러 사람 앞에서 자신의 의견을 발표한다. | | | |
| 한 가지 놀잇감에 몰두하여 논다. | | | |
| 교사의 지시를 따른다. | | | |
| 교사의 주의를 끌려고 한다. | | | |
| 가지고 놀던 장난감을 사용 후 제자리에 놓는다. | | | |
| 스스로 작업을 완성한다. | | | |
| 새로운 자료에 호기심을 보인다. | | | |
| 교사의 질문에 적절히 반응한다. | | | |

참관대상 영유아 연령 세(남 여)
참관자 참관일

출처 : 이은혜(2005).

목적과 내용, 주의사항 등에 대한 사전교육을 부모에게 실시한다. 이때 행동관찰 체크리스트를 제공하여 부모로 하여금 자녀의 발달과 행동, 능력에 대한 평가를 하는 것도 가능하다.

## 5) 부모의 일일교사 혹은 보조교사활동

다양한 영역에서 전문적 지식과 기술, 활동의 경험이 있는 부모의 경우 일일교사로 보육활동에 참여한다. 가령, 경찰관, 소방관, 의사 등 특별한 전문직 종사자나 음

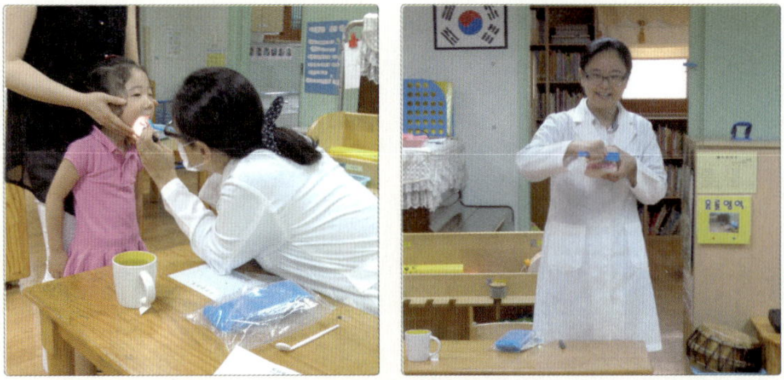

그림 5-3 | 일일교사를 하고 있는 부모

악, 미술, 체육 등의 전공자들은 자신의 전공경험을 살려 일일교사를 할 수 있다. 또 부모는 책 읽어주기, 소집단활동 지도, 학습활동 지도 등을 통해 교사의 업무와 역할을 보조하는 보조교사로서 보육활동에 참여한다.

표 5-3 | 부모참여의 수준에 따른 활동 형태

| 수준 | 활동 | 활동 유형 |
|---|---|---|
| 높음 | 교사의 훈련을 받고 언어, 컴퓨터 등 흥미영역에서 보조함 | 자원 봉사 |
| | 교실에서 교사가 소개한 개념과 활동과정을 보강함 | 자원 제공 |
| | 영유아들에게 그림책을 읽어줌 | 자원 봉사 |
| | 교육과정과 정책과정에 영향을 주는 각종 위원회 참석, 교사-부모회의에 참석 | 의사 결정 |
| | • 교사의 지시에 따라 교구 · 교재 제작<br>• 책을 대출해 주고 정리하는 일을 도움<br>• 견학 동안 유아들을 보호하고 감독 | 자원 봉사 |
| | • 교실 참관수업이나 전시회에 참석<br>• 운동회나 경쟁 대회 등에 참석<br>• 교사-부모회의에 참석<br>• 가정에서 영유아들과 활동을 함께 하도록 격려받음<br>• 부모회가 주관하는 기금 모임에 참여<br>• 부모회에 가입<br>• 기관에서 보내는 가정통신문 등을 읽음 | 단순 참여 |
| 낮음 | 부모참여 없음 | |

출처 : Galen(1991) ; 김경희 외(2006), p. 260에서 재인용.

### 6) 운영위원회 구성과 참여

보육시설은 영유아보육법에 의거해 시설장, 교사, 학부모, 지역사회 인사를 포함해 5인 이상 10인 이내의 운영위원회를 구성하고, 보육 프로그램 및 어린이집의 전

Box 5-3

### 어린이집 운영위원회의 기능

다음과 같은 내용들을 회의를 통해 결정한다.

- 어린이집 운영규정 재 · 개정에 관한 사항
- 어린이집의 예 · 결산에 관한 사항
- 영유아의 건강, 영양, 안전에 관한 사항
- 보육시간과 보육과정 등을 포함해 어린이집 운영에 관한 제안 혹은 건의사항

반적 운영에 대해 연 1회 이상 정기회의를 개최하여야 한다. 부모 및 지역사회와의 협력적인 동반자적 관계가 유지되고 운영위원회에서 도출된 요구와 의견이 보육시설 운영과 프로그램에 충분히 반영될 때 보육의 질을 높일 수 있다.

## 2. 지역사회 협력의 실제

지역사회는 부모 및 가족과 보육시설, 보육종사자와 함께 영유아 보육의 질과 효과를 구성하는 중요한 주체이다. 보육시설은 지역사회와의 긴밀한 네트워킹을 통해 보육 프로그램의 질을 높이고 보육에 대한 지역사회의 협조적 공조를 이끌어 내야 한다. 보육시설 자체의 인적 · 물적 자원만으로는 영유아에게 다양한 보육활동과 경험을 제공하는 데 어려움이 있을 수 있다. 또 보육시설이 위치하고 영유아가 거주하는 지역사회는 영유아발달의 중요한 미시적 근접환경이므로, 지역사회의 특성과 요구를 충분히 파악하고 이를 보육 프로그램에 반영하는 것은 궁극적으로 보육의 질을 발전시키게 된다. 따라서 보육교사는 평소에 영유아에게 흥미를 주고 교육상 적절한 견학장소와 지역 프로그램을 눈여겨봐야 한다. 지역사회의 협력은 보육을 지역사회가 공유하는 중요한 핵심 주제로 인식하고 장기적이고 예방적인 입장을 취하면서 지속적으로 이루어져야 한다. 지역사회 협력은 크게 물리적 자원, 인적 자원, 문화적 자원의 활용으로 구분해 볼 수 있다.

## 1) 물리적 자원 및 시설 활용

어린이집이 위치한 지역사회의 관련 기관과 시설을 활용하여 영유아에게 필요한 교육적 경험을 보다 쉽게 제공할 수 있다. 예를 들어, 박물관, 동물원, 소방서, 병원, 문화유적지, 재래시장 및 대형마트, 시청, 주민자치센터, 보건소, 은행, 경찰서, 의료기관, 경로당, 도서관, 미술관, 복지관, 과수원, 공원 등의 방문과 탐방이 있다. 또한 어린이집에서는 지역사회의 기관과 단체들로부터 보육 프로그램 운영 시 필요한 다양한 물품들을 지원받아 활용할 수 있다. 이러한 경우 어린이집뿐만 아니라 물품을 제공하는 각종 기관과 사업체 역시 공공기부를 통한 봉사정신의 구현과 홍보의 효과를 거둘 수 있다.

## 2) 인적 자원 활용

영유아의 건강, 영양, 안전, 위생, 특기활동 등과 관련해 교육활동 진행에 직접적으로 도움을 줄 수 있는 다양한 직업군의 종사자들, 예비보육교사로서의 실습생, 기타 자원봉사자 등은 영유아 일상생활과 보육 프로그램 운영에서 중요한 인적 자원이 된다. 특별강사, 일일교사, 자원봉사자의 등으로 교육활동에 참여하는 의사와 간호사, 경찰관, 소방관, 구급대원, 아동학대예방센터 종사자, 지역문화단체와 다양한 시민단체의 종사자들은 자신들이 하고 있는 일에 대한 지식과 경험을 바탕으로 영유아에게 구체적인 현장체험을 생생하게 들려줄 수 있다.

표 5-4 | 영유아 및 가족과 전문기관과의 연계

| 대상 | 연계기관 | 내용 |
|---|---|---|
| 영유아 | 아동발달연구기관, 아동상담센터, 아동보호전문기관 | • 발달검사<br>• 놀이치료, 미술치료, 음악치료<br>• 문제행동 및 부적응행동 완화<br>• 사회성 향상, 의사소통능력 증진<br>• 방임 및 학대 치료 |
| 부모 및 가족 전체 | 가족상담센터, 복지관, 보건소, 의료기관, 행정기관 | • 부모교육, 부부상담, 가족상담<br>• 가족기능 강화<br>• 가정폭력 예방 및 치료<br>• 정신보건, 의료검진 및 상담<br>• 기초생활지원 및 경제지원 서비스 |

### 3) 문화적 자원 활용

지역사회의 물리적 · 자연적 자원과 인적 자원의 협력 속에서 이루어지는 문화적 자원의 활용은 영유아의 문화적 · 예술적 체험을 자극하고 강화하는 데 효과적이다. 공공기관 및 단체, 대학 등에서 개최하고 주관하는 문화공연과 다채로운 행사들**인형극, 뮤지컬, 미술대회, 바자회, 동요 부르기 대회, 전시회 등**의 관람과 참여는 어린이집에서 계획하는 주요 견학행사의 하나이다.

**표 5-5** | 가족 및 지역사회연계 연간계획서

| 월 | 주제(만 4세) | 소주제 | 부모교육 | 가족지원 | 지역사회연계 |
|---|---|---|---|---|---|
| 3 | 어린이집과 친구 | • 어린이집의 환경<br>• 어린이집에서의 하루<br>• 어린이집에서 만난 친구<br>• 함께 만드는 어린이집 | 운영위원회 구성 | 전문기관에 대한 정보 제공 | • 협력기관과 협약<br>• 공원관리사무소와 연계한 공원 이용교육 |
| 4 | 봄 | • 봄의 변화<br>• 봄의 생활<br>• 봄의 식물<br>• 봄의 동물 | • 1학기 부모개별면담<br>• 운영위원회 1차 회의 | | 협력병원(보건소)에서 구강교육 실시 |
| 5 | 나와가족 | • 나의 몸과 마음<br>• 소중한 나<br>• 소중한 가족<br>• 가족의 생활과 문화 | • 부모교육(강연회)<br>• 부모간담회 | | 노인정(노인대학, 노인시니어클럽)과 교류 책 읽어주기 실시 |
| 6 | 우리 동네 | • 우리 동네 모습, 우리 동네 생활<br>• 우리 동네 사람들<br>• 우리 동네 전통과 문화 | | | 도서관 견학<br>(도서 대여 프로그램 참여) |
| 7 | 여름 | • 여름의 날씨와 생활<br>• 여름철 놀이와 안전<br>• 신나는 물놀이 | 운영위원회 2차 회의 | | 아동보호전문기관과 연계하여 아동학대 예방교육 실시 |
| 8 | 건강과 안전 | • 즐거운 운동과 휴식, 깨끗한 나와 환경<br>• 맛있는 음식과 영양<br>• 안전한 놀이와 생활 | • 중간입소원아 오리엔테이션<br>• 부모간담회 | | 동사무소<br>(주민자치센터) 방문 |
| 9 | 교통기관 | 여러 가지 교통 기관<br>–고마운 육상 교통기관<br>–교통안전 | 부모워크숍/간담회 | 전문기관에 대한 정보 제공 | 도로교통안전관리공단 의뢰 교통안전교육 실시 |

| 월 | 주제(만 4세) | 소주제 | 부모교육 | 가족지원 | 지역사회연계 |
|---|---|---|---|---|---|
| 10 | 가을과 열매 | • 가을의 변화<br>• 풍성한 가을<br>• 추석과 놀이<br>• 가을 나들이 | • 부모교육<br>• 운영위원회 3차 회의 | | 보육정보센터 방문 프로그램 참여<br>–지역 내 사회복지관/자활 후견기관과 연계 |
| 11 | 환경과 생활 | • 물과 우리생활<br>• 돌 · 흙과 우리생활<br>• 바람 · 공기와 우리생활<br>• 빛과 우리생활, 소리와 우리 생활 | 2학기 부모개별상담 | | 소방서 견학 프로그램 참여(화재대피교육) |
| 12 | 생활도구/겨울 | • 다양한 생활도구<br>• 미래의 생활도구<br>• 겨울의 날씨와 생활<br>• 성탄절 | | | 경찰서 방문 프로그램 참여, 아름다운 가게와 연계하여 재활용 교육 후 벼룩시장 개최(어려운 이웃에게 나눔) |
| 1 | 우리나라와 세계 여러 나라 | • 우리나라와 세계 여러 나라 사람들의 생활<br>• 우리나라와 세계 여러 나라 문화 유산 | 운영위원회 4차 회의 | | 도서관 견학 |
| 2 | 형님이 되어요 | • 많이 컸어요<br>• 동생들에게 알려주어요<br>• 형님이 될 준비를 해요<br>• 즐거웠던 우리반 | • 신입/재원유아 오리엔테이션<br>• 부모간담회 | | ○○초등학교 방문 |

출처 : 한국보육진흥원 (2013), 어린이집 운영 문서 및 관련 자료 안내.

## 3. 건강 프로그램의 실제

세계보건기구WHO의 헌장에는 '건강이란 질병이 없거나 허약하지 않은 것만이 아니라 신체적 · 정신적 · 사회적으로 완전히 안녕한 상태에 놓여 있는 것'이라고 정의하고 있다. 따라서 영유아를 위한 건강 프로그램은 영유아의 질병을 예방하는 것뿐만 아니라, 건강을 유지 및 증진시킴으로써 모든 영역에서의 발달이 조화롭게 이루어질 수 있도록 해야 한다.

### 1) 영유아기 건강관리의 이해

영유아기는 신체 성장이 빠르게 이루어지는 한편, 신체의 면역체계가 불완전하여 각종 질환에 감염될 가능성이 크다. 특히, 어린이집은 많은 수의 영유아들이 함께 생활하므로 건강 및 위생관리가 제대로 이루어지지 않으면, 전염성 질환의 감염 우려가 있다. 영유아의 건강관리는 가정에서 부모가 해야 할 역할로 인식되어 왔지만 맞벌이부부의 증가, 핵가족화와 같은 사회의 변화로 인해 연령이 낮은 영유아들이 어린이집에 다니게 되고 어린이집에서 보내는 시간이 많아지면서, 교사의 역할이 중요해지게 되었다. 영유아는 자신의 건강을 스스로 관리하기 어려우므로 교사는 영유아의 건강관리에 각별한 관심을 가져야 한다.

### 2) 건강관리

「영유아보육법」에서는 영유아의 건강관리를 보육교직원의 중요한 업무로 명시하고 있다. 특히, 어린이집의 원장은 영유아와 보육교직원에 대하여 정기적으로 건강진단을 실시하는 등 건강관리를 해야 하며, 영유아에게 질병이나 사고 재해 등으로 인한 위급상태가 발생한 경우 즉시 응급의료기관에 이송하도록 하고 있다. 어린이집에서의 건강관리는 다음과 같은 방법으로 이루어질 수 있다.

#### (1) 건강기록부

어린이집 입소 시 영유아의 보호자가 생활기록부를 작성하여 제출하도록 해야 한다. 생활기록부에는 영유아의 인적사항과 발달상황, 수면 · 배변 · 식사 등의 기본생활습관, 예방접종 여부 및 내역, 병력, 신체발달상황 등을 기록하도록 되어 있다. 특히, 기본생활습관의 경우 수면과 관련된 내용으로 수면시간과 방법, 잠투정, 특이사항 등을 기록하고, 배변 관련 내용으로 대소변 횟수와 간격, 방법, 배변훈련 등에 관한 내용, 식사 관련 내용으로는 편식 여부와 먹는 속도와 방법, 식사량, 특별히 좋아하는 음식과 싫어하는 음식, 알레르기 반응을 보이는 음식 등을 기록하면 어린이집에서 영유아의 건강을 관리하는 데 도움이 된다.

### (2) 건강 관찰

보육교사는 매일 영유아가 어린이집에 등원할 때 영유아의 건강상태를 확인해야 한다. 영유아를 반갑게 맞이하면서 표정이나 기분, 병색이 있는지 등을 살피고, 보호자로부터 영유아의 건강상태에 대해 이야기를 들음으로써 건강상태를 확인할 수 있다. 또한 어린이집에서의 일과 동안 평소와 같이 활동하는지, 식사와 배변, 낮잠 등에 어려움이 없는지, 기침이나 콧물 등 질병의 징후가 없는지 확인해야 한다. 매일의 건강 관찰이 중요한 이유는 영유아에게 질환이 있을 경우 신속히 파악하여 가정과 연계하여 치료할 수 있도록 함으로써 건강을 회복할 수 있도록 하기 위한 것이며, 전염성 질환이 발병한 경우 격리하여 다른 영유아에게 전염되는 것을 예방해야 하기 때문이다.

### (3) 건강진단

「영유아보육법」에 근거하여 영유아와 보육교직원에 대한 건강진단을 1년에 한 번 이상 정기적으로 실시해야 한다. 영유아 건강진단에는 신체계측, 시력검사, 청력검사, 구강검사 등 영유아 발달단계에 따라 필요한 항목이 포함되어야 하며, 보육교직원의 건강진단 항목에는 결핵 등 전염성 질환이 포함되어야 한다. 건강검진 결과 치료를 요하는 영유아에 대해서는 보호자와 협의하여 필요한 조치를 하고, 전염성 질환에 감염된 것으로 밝혀지거나 의심될 경우 어린이집으로부터 격리 치료하도록 조치하여야 한다.

### (4) 위생관리

어린이집은 면역력이 약한 영유아들이 함께 생활하고 있어 위생 관리가 철저히 이루어져야 한다. 영유아가 유행성 질환에 감염될 경우 다른 영유아에게 전염될 가능성이 크므로 영유아의 질환 감염 여부를 수시로 점검해야 하며, 피부나 머리,

Box 5-4

### 건강주치의제도

지역사회 보건소 및 의료기관의 재능기부를 활용하여 질환 조기발견, 질병 예방교육, 예방접종 및 정기 건강검진 등을 통해 어린이집 영유아의 건강증진을 도모하고자 건강주치의제도를 시행하도록 권장하고 있다. 어린이집은 보호자의 의견을 수렴하고, 접근성 등을 고려하여 의료기관(주치의)을 선정하고 상호협약을 체결하며, 의료기관은 질병 예방을 위한 영유아·교직원 교육을 실시하고 의료법 등 관련 법령 규정 범위 내에서 영유아에 대한 건강검진 등의 서비스를 제공하게 된다. 2012년부터는 어린이집에서 건강주치의제를 운용하여 어린이집과 의료기관 간 상호 협약 체결과 건강주치의에 의한 교육 등 협력 실적이 있을 경우 평가인증 우수사례 항목으로 지정하여 시행하고 있다.

손·발톱, 치아상태 등을 확인해야 한다. 실내·외 청소상태를 수시로 점검하고 환기를 실시하여 실내환경을 쾌적하게 유지해야 하며, 화장실과 침구, 놀잇감 등은 정기적으로 소독하여 청결하게 관리해야 한다.

어린이집 내에서는 급식을 위해 식품을 취급하므로 식품의 유통과 보관 및 조리과정에서 위생적인 취급이 이루어질 수 있도록 해야 한다. 영양사와 조리사, 취사부 등의 직원은 작업 전 건강상태를 확인하고, 위생모와 위생복, 위생화를 착용해야 한다. 유통기한이 경과되거나 상한 식자재를 사용하지 않도록 하며, 부패·변질되기 쉬운 식자재는 냉동·냉장시설에 보관하여 철저하게 관리해야 한다. 조리실은 항상 청결을 유지해야 하며, 주방용구를 세척·살균 및 소독하여 위생관리를 해야 한다.

### (5) 질병관리

영유아에게 질병이나 사고, 재해 등으로 인한 위급상태가 발생한 경우 즉시 응급의료기관에 이송해야 하며, 영유아가 접근할 수 없는 안전한 곳에 비상약품과 간이의료기구 등을 비치해야 한다. 영유아에게 질병이 있어 투약을 해야 할 경우, 보호자는 반드시 투약의뢰서를 작성해야 한다. 투약의뢰서에는 영유아 이름, 증상, 약의 종류, 보관방법, 1회 투약 용량과 투약 시간 등을 기록해야 하며, 교사는 투약의뢰서에 기재된 대로 투약 후 투약보고서를 작성하여 보관해야 한다.

### 3) 건강교육의 실제

영유아기는 건강한 생활을 하기 위한 습관이 형성되는 시기이다. 영유아가 스스로 자신의 몸과 주변을 청결하게 관리할 수 있도록 교육함으로써 질병을 예방하고 건강을 증진시킬 수 있다. 따라서 영아기부터 청결 및 위생에 대한 개념을 습득하여 습관을 형성할 수 있도록 지속적인 지도가 필요하다.

#### (1) 손 씻기와 이 닦기

손 씻기와 이 닦기는 매일 일과 중에 할 수 있는 가장 기본적인 청결 및 위생 활동이다. 특히, 손 씻기는 질병 예방을 위해 강조되는 가장 중요한 활동이다. 표 5-6과 같이 하루 일과 중 손 씻기가 필요한 때를 정하여 영유아가 습관적으로 손을 씻도록 해야 하며, 보육교사 역시 손 씻기를 습관화하여 영유아에게 세심한 지도와 함께 올바른 모델을 제공해야 한다. 손 씻기를 교육하기 위해서는 손을 씻어야 하는 이유, 손을 씻어야 하는 때, 손을 씻는 절차, 세균의 전염과정 등의 내용을 포함해야 한다.

이 닦기는 건강한 치아관리를 위해 필요하다. 영아들은 혼자 이를 닦는 것이 어려우므로 교사가 도움을 제공해야 하는데, 주로 성인의 손가락에 실리콘 칫솔을 끼워 이를 닦아준다. 만 2세 정도가 되면 이 닦는 것을 배울 수 있으므로 어린이집에서는 점심식사 후 이 닦기를 일과로 포함하여 이 닦기가 습관화될 수 있도록 한다. 영유아를 위한 칫솔은 머리가 작고 모가 부드러운 것을 선택하며, 양칫물을 뱉을 수 있을 정도가 되었을 때 불소가 함유된 치약을 사용하도록 한다. 사용한 칫솔은 자외

그림 5-4 | 손 씻는 유아

그림 5-5 | 올바른 손씻기 방법을 보며 손 씻는 유아

그림 5-6 | 이를 닦은 후 자외선 살균소독기에 칫솔을 정리하는 유아

표 5-6 | 일과 중 영유아와 보육교사가 손 씻기를 해야 할 때

| 영유아 | 교사 |
|---|---|
| • 등원 직후<br>• 간식과 점심을 먹기 전<br>• 바깥놀이 후<br>• 용변 후<br>• 미술활동 후<br>• 요리활동 전과 후<br>• 기침을 하거나 코를 푼 후<br>• 상처 부위를 만진 후<br>• 아픈 영유아와 접촉한 후<br>• 동물을 만진 후 | • 출근 직후<br>• 간식과 점심을 먹기 전<br>• 음식을 다루기 전과 후<br>• 투약하기 전과 후<br>• 실외활동 후<br>• 영유아의 용변을 도와주거나 기저귀를 간 후<br>• 영유아의 코를 닦아주거나 상처 부위를 만진 후<br>• 아픈 영유아와 접촉한 후<br>• 동물을 만진 후 |

선 살균소독기에 넣어 세균이 번식하지 않도록 관리해야 한다. 표 5-7은 연령별 이 닦기의 방법을 보여 주고 있다.

표 5-7 | 연령별 이 닦기 방법

| 연령 | 이 닦기 방법 |
|---|---|
| 만 1세 이전 | 성인이 하루에 한 번 정도 젖은 천이나 가제로 이와 잇몸을 닦아 준다. 2~3개의 이가 난 후에는 시중에 나와 있는 영아용 칫솔을 사용할 수 있다. |
| 만 1~2세 | 영아용 칫솔로 이를 닦아보게 하며, 양치질 놀이를 통해 이 닦는 것에 즐거움을 갖도록 한다. 마무리는 성인이 해주어야 하며, 매일 규칙적인 칫솔질 과정을 반복하여 이 닦기 습관이 형성되도록 해야 한다. |
| 만 3~5세 | 유아가 스스로 이를 닦을 수 있도록 지도하며 올바른 칫솔질을 설명해준다. 식사 후, 취침 전에는 반드시 양치질을 하도록 지도하며 하루 3회 이 닦는 습관을 기르도록 해야 한다. 유아가 이를 닦을 때 성인도 함께 이를 닦으며 이 닦기의 모델을 보여 준다. 미흡한 부분은 성인이 직접 닦아준다. |

출처 : 심성경 외(2010).

### (2) 배변훈련

18~24개월 정도부터 배변훈련을 시작하게 된다. 이 시기에 영아는 대소변을 보고 싶다는 느낌을 갖게 될 뿐 아니라, 배변 의사를 표현할 수 있고, 화장실에 가서 혼자 옷을 벗거나 입을 수 있다. 배변훈련을 하는 시기에는 영아가 자신의 의지에 따라 스스로 해낼 수 있는 경험을 제공해 주어야 한다. 이때 서두르거나 강압적으로 하게 되면, 영아가 배변훈련을 거부하거나 청결에 지나치게 집착할 수 있으므로 느

긋하게 기다려주는 것이 필요하다. 배변의 과정이나 성공에 대해 칭찬을 해주어야 하며, 실수하더라도 꾸중하지 않아 수치심을 갖지 않도록 해야 한다. 배변훈련을 하는 시기에는 영유아가 보내는 배변 신호에 민감해야 하며, 다른 사람이 화장실을 이용하는 것을 시범으로 보여 주거나, 배변과 관련된 그림책과 놀이 등을 활용하는 것도 도움이 된다.

### (3) 수면과 휴식

적절한 수면과 휴식은 일과활동으로 인한 피로를 풀어줌으로써 신체적, 정신적으로 회복할 수 있게 하며, 신체 성장이나 두뇌발달에도 필수적이다. 출생 직후의 영아는 하루에 18~20시간 정도 잠을 자는데, 이후 만 2세까지는 12~14시간, 만 3~5세에는 10~12시간 정도의 수면이 권장되고 있다. 대개 하루에 한두 번 정도 낮잠을 자는 것이 좋으나, 수면에는 개인차가 있으므로 어린이집에서 낮잠을 자려고 하지 않는 영유아에게 낮잠을 강요하기보다는 휴식을 취할 수 있도록 도와주는 것이 좋다. 매일 낮잠을 자기 전에 침구를 준비하고, 편한 옷으로 갈아입으며, 조용한 음악을 듣거나 책을 읽는 것과 같은 수면의식을 함으로써 일과에서 안정감을 느낄 수 있도록 하는 것이 좋다. 또한 낮잠시간에는 빛과 소음을 모두 차단하기보다는 약간의 빛과 소음이 있는 정도로 편안한 분위기를 조성해 주어야 한다.

## 4. 영양 프로그램의 실제

영유아기는 신체 성장과 뇌발달이 급속하게 이루어지는 시기로 이 시기의 충분한 영양섭취는 신체발달뿐만 아니라 인지발달이나 사회정서의 발달에도 중요한 영향을 미친다. 또한 영유아기에 형성된 식습관은 이후에 쉽게 바뀌기 어렵고 평생에 걸친 식생활의 기초가 된다. 따라서 이 시기의 영양관리와 올바른 식습관 형성은 매우 중요하며, 이들을 양육하고 교육하는 성인들의 올바른 식품 선택과 신중한 식습관 지도가 필요하다. 영유아의 식습관 형성은 일차적으로 가정에서의 경험을 통해 이루어지지만, 어린이집에서 대부분의 시간을 지내는 영유아들이 증가하면서 어린이집에서의 급식 및 식습관 지도도 가정 못지않게 중요하다. 올바른 식습관 형성은 매일의 생활 속에서 자연스럽게 이루어져야 하며, 이때 교사의 영양에 대한 지식과 태도가 매우 중요하다. 또한 영유아 개개인의 특성이나 가족환경, 문화, 지역사회 등을 고려하여 지도해야 한다.

## 1) 영유아기 영양관리의 이해

올바른 영양섭취를 위해서 각 영양소의 기능을 이해하고, 연령별로 필요한 영양소 섭취 수준을 파악해야 한다. 영유아를 위한 영양섭취기준은 표 5-8과 같으며, 1~2세 영아의 경우 매일 1,000kcal의 열량을 섭취해야 하고, 3~5세 유아는 1,400kcal, 6~7세 유아는 1,500~1,600kcal의 열량을 섭취해야 한다. 영유아기는 신체의 성장이 급격히 이루어지는 시기이고 활동량이 많기 때문에 단위체중당 필요한 열량이 성인보다 많으며, 다양한 영양소의 균형 잡힌 섭취가 필요하다.

영유아에게 필요한 영양소를 균형 있게 제공하기 위해서는 다섯 가지 기초식품군을 잘 활용하여 식단을 구성해야 한다표 5-9. 열량식품은 에너지 공급원이 되는 영양소로 탄수화물을 공급하는 곡류군과 지방을 공급하는 지방군이 있으며, 구성식품은 신체구성물질을 공급하는 영양소로 단백질을 포함하는 어육류군과 칼슘을 포함하는 우유군이 해당된다. 마지막으로 조절식품은 생체의 대사를 조절하는 영양소로 무기질 및 비타민을 포함하는 채소 및 과일군이 이에 해당된다.

표 5-8 | 영유아의 영양섭취기준

| 연령 | 성별 | 기준체중(kg) | 기준키(cm) | 열량(kcal) | 단백질(g) | 칼슘(mg) | 철분(mg) |
|---|---|---|---|---|---|---|---|
| 1~2세 | 공통 | 12.2 | 85.9 | 1,000 | 15 | 500 | 7 |
| 3~5세 | 공통 | 16.3 | 102 | 1,400 | 20 | 600 | 7 |
| 6~7세 | 남아 | 23.8 | 122 | 1,600 | 25 | 700 | 9 |
| | 여아 | 22.9 | 120 | 1,500 | 25 | 700 | 9 |

출처 : 한국영양학회(2010), 한국인영양섭취기준.

**표 5-9** | 영유아 식단계획을 위한 기초식품군

| 군별 | | 식품군 | | 주요 영양소 | 식품명 |
|---|---|---|---|---|---|
| 구성식품 | 어육류군 | • 수조어육류<br>• 난류<br>• 두유 및 콩제품 | | 단백질 | 쇠고기, 돼지고기, 닭고기, 생선, 조개, 굴, 어패류 통조림, 생선묵, 두부, 콩, 두유, 달걀, 베이컨, 소시지 |
| | 우유군 | • 우유 및 유제품<br>• 뼈째 먹는 잔생선 | | 칼슘 | 멸치, 뱅어포, 건새우, 잔생선, 사골, 우유, 유제품, 분유, 요구르트, 아이스크림 |
| 조절식품 | 채소군/과일군 | 채소 및 과일류 | 녹황색·담색 과일 | 무기질 및 비타민 | 시금치, 당근, 쑥갓, 상추, 토마토, 미역 다시마, 파래, 김, 톳, 배추, 무, 오이, 양배추, 김치, 사과, 감, 딸기, 포도, 배, 수박, 과일주스 |
| 열량식품 | 곡류군 | • 곡류<br>• 감자류 | | 탄수화물(당질) | 쌀, 보리, 콩, 팥, 옥수수, 밀, 감자, 고구마, 밤, 밀가루, 녹말가루, 미숫가루, 당면, 식빵 |
| | 지방군 | • 유지류 | | 지방 | 참기름, 면실유, 들기름, 콩기름, 잣, 호두 |

출처 : 강남구보육정보센터(2010).

## 2) 영양관리

어린이집의 영양관리는 두 번의 간식과 점심 급식을 통해 이루어지며, 이때의 식단은 영유아의 영양요구량을 충족시킬 수 있도록 구성해야 한다. 급식은 영양사가 작성한 식단에 의하여 공급해야 한다. 영유아 100인 이상을 보육하는 어린이집은 영양사 1인을 두어야 하며 영양사는 영유아의 건강 · 영양 및 위생을 고려하여 어린이집의 급 · 간식을 관리해야 한다. 영유아 100인 미만을 보육하는 시설의 경우에는 인근 육아종합지원센터, 보건소 및 어린이급식관리지원센터 등의 영양사 지도를 받아 식단을 작성해야 한다.

**그림 5-7** | 간식을 먹고 있는 유아

영유아를 위한 식단을 구성할 때는 영유아의 1일 영양섭취기준량에 기초하되, 1일 영양필요량의 1/3은 점심으로, 10~15%는 간식을 통해 공급하도록 한다표 5-10. 특히, 영유아는 단위체중당 필요로 하는 열량이 성인의 2배 이상이지만, 음식물을 씹는 능

표 5-10 | 어린이집에서의 영양공급 구성

| 오전 간식<br>100±kcal | 점심<br>400±kcal | 오후 간식<br>100±kcal |
|---|---|---|
| • 일일 총 열량의 약 10% 수준<br>• 점심식사에 영향이 없는 가벼운 간식으로 준비<br>• 준비가 용이하도록 식품 구성 | • 일일 총 열량에서 간식을 제외한 1/3 수준<br>• 균형 잡힌 영양소, 다양한 식품으로 구성<br>• 1~2세 : 약 280kcal<br>• 3~5세 : 약 400kcal<br>• 6~7세 : 약 430kcal | • 일일 총 열량의 약 10% 수준<br>• 부족한 열량 및 영양소를 충족시킬 수 있도록 구성<br>• 수분 공급이 이루어질 수 있도록 구성 |

력이나 소화기능의 발달이 아직 충분하지 않으므로 한꺼번에 많은 양을 먹을 수가 없기 때문에 간식이 필요하다. 다양한 식품으로 식단을 구성하여 영양소를 골고루 섭취할 수 있도록 하고, 특히 성장기에 있는 영유아의 신체 발육에 필요한 칼슘과 양질의 단백질이 충분히 함유되도록 한다. 또한 가공식품보다는 천연식품과 제철식품을 이용하여 질적으로 우수한 영양소를 공급하도록 하고, 새로운 식품이나 음식을 맛볼 기회를 자주 제공하여 익숙해질 수 있도록 해야 한다. 영양소 외에도 음식의 맛이나 색, 질감, 조리방법 등은 영유아의 식품섭취에 영향을 미치므로 급·간식 조리 시 고려해야 한다.

### 3) 영양교육의 실제

영유아를 위한 영양교육을 통해 영유아가 식품과 영양에 대한 지식을 습득하고, 이를 식생활에 적용하여 실천할 수 있도록 해야 하며, 올바른 식습관을 형성할 수 있도록 해야 한다. 영양교육에 포함되어야 할 내용으로는 식품과 영양, 올바른 식습관과 식사예절, 편식과 비만 예방 등이 있다표 5-11. 식품과 영양에 관한 교육은 영양소의 개념과 역할을 알고, 식품섭취가 건강과 어떻게 관련되는지 알 수 있도록 하는 내용을 포함한다. 올바른 식습관과 식사예절은 규칙적으로 식사하기, 식사 전에 손 씻기, 제자리에 앉아서 식사하기, 식사도구 사용하기, 천천히 씹어 먹기, 소리 내어 먹지 않기, 음식 남기지 않기, 식사를 마친 후 주변 정리하기 등의 내용을 교육할

표 5-11 | 영유아 영양교육의 연간계획안

| 월 | 활동 주제 | 활동 내용 |
|---|---|---|
| 4월 | 식품과 영양소 | 식품과 영양소의 관계 알기 |
| 6월 | 식사예절 | 올바른 식사예절을 알고 실천하려는 태도 갖기 |
| 8월 | 편식 예방 | 편식하지 않고 골고루 먹기 |
| 10월 | 비만 예방 | 비만에 대해 알고, 비만을 예방하기 위한 올바른 식습관에 대해 알기 |
| 12월 | 간식 선택 | 아침식사의 중요성에 대해 알고, 아침식사 실천하기 |

출처 : 강남구보육정보센터(2010).

수 있다. 마지막으로 영유아기의 잘못된 식습관은 편식과 비만을 유발할 수 있다. 편식이란 특정 식품만을 좋아하고 다른 식품을 거부하는 증상으로 이로 인해 영양소섭취가 불균형하고, 발육이나 건강에 장애를 초래하는 것을 말한다. 영유아기는 좋아하는 음식과 싫어하는 음식의 구분이 뚜렷해지는 시기이다. 편식을 지도하기 위해서는 편식의 원인을 파악하되, 강제로 음식을 먹이기보다는 즐거운 식사 분위기를 조성하고, 새로운 조리법으로 다양한 식품을 섭취할 수 있는 기회를 점진적으로 제공해야 한다. 한편, 비만은 식품의 과다섭취나 활동량 부족, 잘못된 식습관, 심리적 요인 등으로 인해 일어날 수 있는데, 비만을 지도하기 위해서는 무조건 음식섭취를 제한하기보다는 성장을 위해 필요한 영양소를 적절하게 섭취하면서 운동을 통해 체중을 조절할 수 있도록 지도해야 한다.

그림 5-8 | 요리활동 1 : 오색꽃송편 만들기

그림 5-9 | 요리활동 2 : 사랑의 케이크 만들기

그림 5-10 | 요리활동 3 : 꼬마김밥 만들기

그림 5-11 | 요리활동 4 : 김장김치 담그기

어린이집에서 교사는 영유아가 올바른 식습관을 형성하고, 적절한 영양을 섭취할 수 있도록 하는 데 중요한 역할을 한다. 특히, 교사의 모델링은 매우 효과적인 식습관 지도방법으로 알려져 있는데, 그 이유는 교사의 식사 모습을 본 영유아들이 음식을 먹으면 맛있을 것이라는 기대, 즉 보상이 올 것이라고 생각하며, 교사가 음식과 친숙한 것을 보고 그 음식을 먹어도 안전할 것이라고 생각하게 되기 때문이다. 그리고 긍정적이고 밝은 분위기가 음식을 먹도록 격려하는 결과를 가져온다(Hendy & Raudenbush, 2000 ; Hendy, 2002).

영유아 대상 영양교육은 발달 수준을 고려하여 쉽고 흥미를 유발할 수 있는 활동을 하는 것이 좋은데, 특히 요리활동을 포함한 영양교육은 영유아가 다양한 식품에 관심을 갖게 하고, 새로운 음식을 먹어보는 것을 시도하는 등 편식을 줄이는 데 효과가 큰 것으로 나타나고 있다(서주영 · 최봉순 · 이인숙, 2010). 표 5-12는 요리활동을 활용한 영양교육 연간계획안의 예이다. 영유아들이 직접 재료를 탐색하고 조작하여 요리하는 과정에서 식품과 영양에 대한 흥미를 갖게 될 뿐만 아니라, 크기, 모양, 색깔, 촉감, 맛, 냄새 등의 기초개념을 습득할 수 있으며, 세시풍속과 계절에 맞는 요리활동으로 우리 고유의 음식을 접근할 수 있는 기회를 제공할 수 있다.

**표 5-12 | 요리활동 연간계획안**

| 월 | 활동 주제 | 활동 내용 |
|---|---|---|
| 3월 | 새우 카나페 | 적응기간인 3월에는 만들기 쉬운 새로운 음식을 만들어 봄으로써 요리활동에 흥미를 갖도록 지도한다. |
| 4월 | 진달래화전 | 음력으로 삼월 삼짇날 화전을 만들어 먹었던 조상들의 봄을 즐겼던 모습을 되돌아 볼 수 있게 한다. 꽃도 음식 재료가 될 수 있음을 안다. |
| 5월 | 사랑의 케이크 | 어버이날을 맞이하여 빵 위에 생크림을 만들어 장식하고 초콜릿으로 감사의 글과 그림을 그려 부모님께 감사의 마음을 전달한다. |
| 6월 | 미니치즈버거 | 고기를 이용하여 패티를 만들어 구워보고 차례대로 채소들을 올리면서 나만의 웰빙버거를 만든다. |
| 7월 | 감자크로켓 | 제철재료인 감자를 사용하여 흔히 먹을 수 있는 간식 중에 감자를 익히고 버터를 넣어 으깬 다음 먹기 좋은 크기로 모양을 만들고 다시 달걀물과 빵가루를 묻혀 튀겨내면서 변화를 관찰한다. |
| 8월 | 무지개 과일빙수 | 오미자를 미리 구입하여 우려낸 후 얼음으로 얼린다. 물이 얼음이 된 후의 변화를 관찰하고 여러 가지 과일을 올려 시원한 여름음료로 먹는다. |

(계속)

| 월 | 활동 주제 | 활동 내용 |
|---|---|---|
| 9월 | 오색꽃송편 | 추석을 맞아 햅쌀과 천연재료로 다섯 가지 색을 넣어 반죽을 하고 송편을 만들어 부모님께 드리며 조상들의 지혜를 배운다. |
| 10월 | 꼬마김밥 | 견학 때마다 부모님께서 싸주시는 김밥을 직접 만들어 봄으로써 김밥의 원리를 배운다. 또 여러 가지 재료들이 함께 어우러진 맛을 비교한다. |
| 11월 | 김장김치 담그기 | 김치의 유래에 대해 배우고 직접 모종을 심고 물을 주고 벌레를 잡아 유기농으로 키운 배추를 수확하여 절이기, 배추 씻기, 양념 준비하기, 배추 버무리기까지 3일 동안 직접 참여하면서 여러 가지 재료들의 이름, 맛, 성질 등을 알아보고 계량하는 법도 배운다. |
| 12월 | 동지팥죽 | 12월 22일 동지를 맞이하여 동지의 유래와 팥죽의 효능을 알아보고 새알심을 직접 손으로 굴려보면서 소근육의 발달을 돕는다. |
| 1월 | 피자토스트 | 영유아들이 잘 먹지 않는 각종 채소를 자신들이 직접 썰어 올려 채소를 골고루 먹도록 지도하고, 치즈가 변화되는 과정을 관찰한다. |
| 2월 | 고구마다식 | 다식은 잔치와 의례상, 차례상에 올리는 전통과자이며 요즘은 차를 마실 때 먹기도 한다. 설날과 연관지어 설날에 먹는 음식을 알아본다. |

출처 : 전남대학교 어린이집.

## 5. 안전 프로그램의 실제

영유아기는 신체와 인지발달이 미숙하여 수많은 안전사고의 위험에 노출되어 있다. 따라서 어린이집은 영유아의 안전에 각별히 유의해야 하며, 영유아의 발달 특성에 따른 안전사고의 위험을 이해하고, 실내 · 외의 시설 · 설비의 안전을 수시로 점검해야 한다. 이를 위해 보육교직원을 대상으로 하는 안전교육은 물론, 영유아에 대한 안전교육을 통해 영유아가 스스로 안전을 지킬 수 있도록 안전지식과 태도 및 기술을 길러주어야 한다.

### 1) 영유아기 안전관리의 이해

영유아기는 발달 특성상 신체 및 운동발달의 균형이 잡히지 않아 자신의 신체를 조절하는 것이 쉽지 않다. 영아가 길 수 있게 되고, 이후 걸을 수 있게 되어 스스로의 몸을 움직일 수 있게 되면서 주변에 대한 호기심이 증가하여 환경을 탐색하려고 하지만 균형을 유지하는 능력은 아직 미숙하여 크고 작은 사고가 일어나기도 한다. 유아기에 들어 이전보다 몸의 균형을 유지할 수 있게 되더라도 위험한 상황을 인지하는 것이 어렵고, 자기중심적인 사고로 인해 안전사고가 일어날 가능성이 크다. 이 시기에 일어나는 안전사고는 주로 넘어지거나 추락하는 사고, 신체부위가 끼는 사고, 질식사고, 화상사고 등이 있다. 영유아기의 발달 특성에 따라 일어나기 쉬운 안전사고의 예는 표 5-13과 같다.

한국소비자원(2014)의 어린이 안전사고 사례분석에 따르면 여아에 비해 남아에게서 안전사고가 많이 발생하며, 연령별로는 걸음마기인 1~3세에 안전사고가 가장 많이 일어나는 것으로 조사되었다표 5-14. 어린이집에서 발생하는 안전사고의 경우 실외보다 실내에서 4배가량 더 많이 발생하였고, 유형별로는 부딪힘 사고가 가장 많았으며39.3%, 다음으로 넘어짐31.3%, 끼임2.9%이나 떨어짐2.7% 사고 순으로 나타났다(어린이집 안전공제회, 2014).

**표 5-13 | 영유아기의 발달 특성과 안전사고**

| 연령 | 발달 특성 | 일어나기 쉬운 안전사고 |
|---|---|---|
| 1~3개월 | 주로 누워서 생활하는 시기 | • 아이를 안고 있다가 떨어뜨리는 사고<br>• 베개나 이불에 질식하는 사고<br>• 먹은 젖을 토하여 질식하는 사고<br>• 목욕 중에 물에 빠지는 사고<br>• 뜨거운 물이나 분유에 데이는 사고 |
| 4~6개월 | 뒤집는 시기 | • 침대 등에서 굴러 떨어지는 사고<br>• 주위의 물건에 충돌하는 사고<br>• 작은 물건 등의 이물질 흡입으로 인한 사고<br>• 좁은 부위에 신체 부위가 끼는 사고 |
| 7~9개월 | 기고 일어서는 시기 | • 작은 이물질을 흡입하는 사고<br>• 욕실이나 현관, 계단으로부터 굴러떨어지는 사고<br>• 물에 빠지는 사고<br>• 난로나 전열기에 의해 데이는 사고<br>• 잡고 일어서다가 넘어지는 사고 |
| 10~12개월 | 걷는 시기 | • 콘센트 장난으로 인한 감전사고<br>• 좁은 공간에 신체 부위가 끼는 사고<br>• 칼 따위 주방용품에 의한 사고<br>• 무거운 물체에 눌리는 사고<br>• 의자에서 떨어지는 사고 |

(계속)

| 연령 | 발달 특성 | 일어나기 쉬운 안전사고 |
|---|---|---|
| 13~18개월 | 달릴 수 있는 시기 | • 걸려 넘어지는 사고<br>• 의자나 테이블에서 떨어지는 사고<br>• 비닐봉지에 의한 질식사고<br>• 무거운 물체에 눌리는 사고<br>• 세제 등을 섭취하는 사고 |
| 19~24개월 | 움직임이 많아지는 시기 | • 계단이나 베란다 등에서 떨어지는 사고<br>• 의자나 테이블에서 떨어지는 사고<br>• 비닐봉지에 의한 질식사고<br>• 무거운 물체에 눌리는 사고 |
| 3세 | 호기심이 많은 시기 | • 계단이나 베란다 등에서 떨어지는 사고<br>• 의자나 테이블에서 떨어지는 사고<br>• 서랍이나 문틈에 끼이는 사고<br>• 비닐봉지에 의한 질식사고 |
| 4세 | 균형이 잡히는 시기 | • 음식물에 데이는 사고<br>• 가구에 부딪히는 사고<br>• 좁은 공간에서 신체 부위가 끼는 사고<br>• 뛰다가 넘어지는 사고 |
| 5세 | 모험을 즐기는 시기 | • 날카로운 물건에 베이는 사고<br>• 가구에서 떨어지고 부딪치는 사고<br>• 뛰다가 넘어지는 사고<br>• 물에 빠지는 사고 |

출처 : 한국생활안전연합 아동안전캠페인, http://www.safehome.or.kr

**표 5-14** | 영유아의 연령별 · 성별 안전사고 현황 (단위 : 명(%))

| 구분 | 남아 | 여아 | 미상 | 합계 |
|---|---|---|---|---|
| 1세 미만(영아기) | 3,054<br>(53.5) | 2,426<br>(42.5) | 231<br>(4.0) | 5,711<br>(100.0) |
| 1~3세(걸음마기) | 20,270<br>(60.2) | 13,355<br>(39.7) | 47<br>(0.1) | 33,672<br>(100.0) |
| 4~6세(유아기) | 8,968<br>(61.5) | 5,573<br>(38.2) | 45<br>(0.3) | 14,586<br>(100.0) |
| 소계 | 32,292<br>(59.8) | 21,354<br>(39.6) | 323<br>(0.6) | 53,969<br>(100.0) |

출처 : 한국소비자원(2014), 어린이 안전사고 사례 분석.

## 2) 안전관리

「영유아보육법 시행규칙」 제23조 별표 8에 따르면, 어린이집의 원장은 안전점검표 양식에 따라 일정 기간별로 시설의 안전점검을 시행하여 화재 · 상해 등의 위험 발생요인을 사전에 제거하고, 놀이시설물에 대해서도 적절한 점검 일정을 세워 점검해야 한다. 또한 소방계획을 작성하여 매월 소방훈련을 실시해야 한다. 보육실과 실내시설 및 설비, 실외시설 및 설비, 재난 안전관리, 차량 안전관리에 관한 내용을 「영유아보육법 시행규칙」 제9조 별표 1에 제시된 바를 바탕으로 정리하면 다음과 같다.

### (1) 보육실과 실내시설 및 설비 안전관리

어린이집의 실내시설은 보육실 외 유희실, 현관, 복도, 계단, 화장실, 조리실 등이 있으며, 영유아가 안전하게 지낼 수 있도록 관리해야 한다. 특히, 보육실은 영유아들이 어린이집에서 대부분의 시간을 보내는 곳으로 안전관리에 각별히 유의해야 한다. 비상구를 제외한 모든 출입문 및 창문은 안쪽에서 잠기지 않아야 하고, 밖에서 쉽게 열 수 있어야 하며, 출입문 및 창문의 가장자리에는 영유아의 손이 끼지 않도록 손끼임방지장치를 설치해야 한다. 또한 창문은 영유아의 신체가 빠져 나갈 수 없는 간격의 보호대나 난간을 설치해야 하며, 창문에 커튼이나 블라인드를 설치하는 경우 줄을 짧게 하여 영유아의 팔이나 목 등이 걸리지 않도록 한다. 가구나 교구장은 파손되지 않아야 하고, 모서리가 둥글고 표면이 매끄러워야 하며, 모서리 보호대를 설치하도록 한다. 또한 교구장은 영유아가 쉽게 움직일 수 없도록 고정되어야 하며, 교사의 시선이 보육실 내 모든 곳에 닿을 수 있도록 교구장을 배치해야 한다. 벽, 천장 등의 어린이집 내부의 마감 재료는 불연재료, 준불연재료 또는 난연재료를 사용해야 하며, 바닥재는 안전을 위해 부드러우면서 잘 미끄러지지 않는 재질을 사용해야 한다.

어린이집의 현관은 영유아가 성인의 보호 없이 나갈 수 없도록 관리해야 한다. 복도나 계단 등의 통로에는 교구장이나 사물함 등을 설치하지 않는 것이 좋으며, 계단은 단의 높이와 너비가 일정하고, 경사가 완만해야 하며, 미끄럼 방지처리가 되어 있어야 한다. 화장실의 경우 보육실과 인접한 공간에 있어야 하며, 수도시설은 냉온수의 온도를 조정 및 고정할 수 있어야 하고, 바닥에는 미끄럼 방지 장치를 설치해야 한다. 조리실은 채광이 잘 되도록 하고, 환기시설을 통해 청정한 실내환경을 유지해야 하며, 식기를 소독하고 위생적으로 취사 및 조리할 수 있는 설비를 갖추어야 한다. 또한 조리실의 칼이나 가위, 포크, 랩 등은 영유아의 손이 닿지 않는 위치에 두어야 한다.

### (2) 실외시설 및 설비 안전관리

실외시설은 어린이집 건물 외부에 있는 시설과 설비로, 놀이터 및 놀이기구, 출입구, 울타리, 마당 등을 포함한다. 놀이터와 놀이기구는 영유아의 움직임을 고려하여 놀이공간과 이동공간을 분리해야 하며, 놀이기구는 안전하게 고정하여 설치하고, 돌출물이 없도록 관리한다. 실외놀이터의 바닥은 모래나 천연 또는 인공잔디, 고무매트, 폐타이어 등 충격을 흡수할 수 있는 재료로 처리해야 한다. 모래놀이영역의 경우 더운 날씨에는 차양을 설치하고, 모래에 이물질이 들어가지 않도록 관리한다. 어린이집이 도로와 접해 있는 경우 영유아의 몸이 통과하지 못하도록 울타리나 담장을 설치하고, 출입구를 통해 쉽게 나갈 수 없도록 해야 하며, 마당에는 영유아에게 위험한 적재물이 없어야 한다.

### (3) 재난 안전관리

어린이집에서는 비상재해에 대비하여 소화용 기구를 갖추고, 비상구를 설치해야 한다. 비상시 양방향으로 대피할 수 있도록 해야 하며, 2층 이상인 경우에는 비상계단 또는 대피용 미끄럼대를 설치해야 한다. 그리고 교사 등 보육교직원은 미리 마련된 비상대피도, 대피요령, 역할분담표 등을 숙지하여야 하며, 비상재해 대비 시설과 설비를 작동하는 방법을 알고 있어야 한다. 「소방시설 설치 유지 및 안전관리에 관한 법률」 등에 따르면 어린이집에서 설치해야 하는 소방시설은 다음과 같다.

- 소화설비 : 소화기, 스프링클러, 간이 스프링클러 등

• 경보설비 : 비상경보시설, 자동화재탐지설비, 자동화재속보설비, 가스누설경보기 등

• 피난설비 : 비상구, 비상계단 또는 영유아용 미끄럼대 등

#### (4) 차량 안전관리

어린이집에서 통학차량을 운행할 때는 「도로교통법」에 의거하여 반드시 관할 경찰서장에 신고해야 하며, 운전기사는 교통안전교육을 이수하고, 성범죄경력을 조회해야 한다. 차량 내부에는 안전수칙을 부착하고, 차량용 소화기와 구급상자를 비치해야 하며, 차량안전점검표에 의한 안전점검을 실시해야 한다. 차량을 운행할 때는 반드시 보육교사 등 보육교직원이 동승해야 하며, 36개월 미만의 영아는 영아용 보호장구를 착용하는 것을 원칙으로 한다. 또한 모든 교사와 영유아는 안전벨트를 착용해야 한다. 영유아가 차량에 탈 때는 좌석에 앉았는지 확인하고, 차량에서 내릴 때는 안전한 장소에 도착했는지 확인한 후 출발해야 하며, 영유아가 안전하게 담당 보육교사나 보호자에게 인도될 수 있도록 조치하고 등원 · 퇴원 일지를 작성해야 한다.

### 3) 안전교육의 실제

영유아를 위한 안전교육은 영유아가 여러 가지 잠재적인 위험으로부터 자신을 보호할 수 있도록 안전에 대한 지식과 태도, 기술을 익히도록 하여 건강한 생활을 할 수 있도록 도와주는 교육을 말한다. 이때 안전지식과 안전태도, 안전기술 가운데 어느 한 가지 요소만 강조된 교육이 아닌 세 가지 요소가 통합된 교육이 이루어져야 한다. 안전지식은 영유아가 안전하게 행동할 수 있도록 구체적인 사실이나 방법을 알게 하는 것이며, 안전태도는 주

그림 5-12 | 소방대피훈련

변환경에서 사고가 일어날 수 있는 잠재적 가능성을 인식하여 자신을 보호하기 위한 행동 양식과 태도를 형성하는 것, 안전기술은 위험상황에서 적절한 문제해결방법을 선택하고 필요한 정보를 적용하는 것을 말한다(곽은복, 2000). 안전교육은 궁극적으로 영유아 자신에 대한 보호뿐 아니라 다른 사람의 생명과 안전을 존중하도록 함으로써 인간의 존엄성을 인식시킬 수 있다.

「아동복지법」에서는 취학 전 영유아를 위한 안전교육으로 성폭력 및 아동학대 예방교육, 실종 · 유괴의 예방 · 방지교육, 약물의 오용 · 남용 예방교육, 재난대비 안전교육, 교통안전교육 등을 정기적으로 실시하도록 규정하고 있다표 5-15. 이와 같은 안전교육 기준에 따라 어린이집에서는 매년 안전교육계획을 수립하여 실시해야 한다표 5-16.

**표 5-15** | 안전에 대한 교육기준(초등학교 취학 전)

| 구분 | 성폭력 및 아동학대 예방교육 | 실종 · 유괴의 예방 · 방지교육 | 약물의 오용 · 남용 예방교육 | 재난대비 안전교육 | 교통안전교육 |
|---|---|---|---|---|---|
| 실시주기 (총 시간) | 6개월에 1회 이상 (연간 8시간 이상) | 3개월에 1회 이상 (연간 10시간 이상) | 3개월에 1회 이상 (연간 10시간 이상) | 6개월에 1회 이상 (연간 6시간 이상) | 2개월에 1회 이상 (연간 10시간 이상) |
| 교육 내용 | • 내 몸의 소중함<br>• 내 몸의 정확한 명칭<br>• 좋은 느낌과 싫은 느낌<br>• 성폭력 예방법과 대처법 | • 길을 잃을 수 있는 상황 이해하기<br>• 미아 및 유괴 발생 시 대처방법<br>• 유괴범에 대한 개념<br>• 유인 · 유괴 행동에 대한 이해 및 유괴 예방법 | • 몸에 해로운 약물 위험성 알기<br>• 생활 주변의 해로운 약물 · 화학제품 그림으로 구별하기<br>• 모르면 먼저 어른에게 물어보기<br>• 가정용 화학제품 만지거나 먹지 않기<br>• 어린이 약도 함부로 많이 먹지 않기 | • 화재의 원인과 예방법<br>• 뜨거운 물건 이해하기<br>• 옷에 불이 붙었을 때 대처법<br>• 화재 시 대처법<br>• 자연재난의 개념과 안전한 행동 알기 | • 차도, 보도 및 신호등의 의미 알기<br>• 안전한 도로 횡단법<br>• 안전한 통학버스 이용법<br>• 날씨와 보행안전<br>• 어른과 손잡고 걷기 |
| 교육방법 | • 전문가 또는 담당자 강의<br>• 장소 · 상황별 역할극 실시<br>• 시청각 교육<br>• 사례 분석 | • 전문가 또는 담당자 강의<br>• 장소 · 상황별 역할극 실시<br>• 시청각 교육<br>• 사례 분석 | • 전문가 또는 담당자 강의<br>• 시청각 교육<br>• 사례 분석 | • 전문가 또는 담당자 강의<br>• 시청각 교육<br>• 실습교육 또는 현장학습<br>• 사례 분석 | • 전문가 또는 담당자 강의<br>• 청각 교육<br>• 실습교육 또는 현장학습<br>• 일상생활을 통한 반복 지도 및 부모 교육 |

출처 : 아동복지법 시행령 제28조 제1항 [별표 3] 교육기준 재구성.

**표 5-16** | 안전교육 연간계획안

| 월 | 안전영역 | 안전교육 내용 |
|---|---|---|
| 3월 | 재난대비 안전교육 | 안전하게 어린이집 생활을 해요(어린이집 실내안전에 대해 알기) |
| 4월 | 재난대비 안전교육 | 소방서 안전체험교실<br>(화재 원인과 예방법, 옷에 불이 붙었을 때의 대처법, 화재 시 대처법) |
| | 교통안전교육 | 안전하게 등원해요(어른과 손잡고 걷기, 안전한 도로 횡단법) |
| 5월 | 실종 · 유괴의 예방 · 방지교육 | 낯선 사람을 따라가지 않아요<br>(유괴범에 대한 개념, 유인 · 유괴 행동에 대한 이해 및 유괴 예방법) |
| | 약물오용 · 남용 예방교육 | 장난감 속의 나쁜 비밀<br>(생활주변의 해로운 화학제품 알기) |
| 6월 | 교통안전교육 | 안전하게 길을 건너요<br>(차도, 보도 및 신호등의 의미 알기, 안전한 도로 횡단법) |
| | 성폭력 및 아동학대 예방교육 | 좋은 느낌, 나쁜 느낌(좋은 느낌과 싫은 느낌 알기) |
| 7월 | 약물오용 · 남용 예방교육 | 잘 쓰면 약, 못 쓰면 독<br>(어린이 약도 함부로 많이 먹지 않기, 모르면 먼저 어른에게 물어보기) |
| | 재난대비 안전교육 | 비가 많이 와서 물이 넘쳐요(홍수의 개념과 안전한 행동 알기) |
| 8월 | 실종 · 유괴의 예방 · 방지교육 | 길을 잃었어요(길을 잃을 수 있는 상황 이해하기) |
| | 교통안전교육 | 비오는 날의 안전(날씨와 보행안전) |
| 9월 | 성폭력 및 아동학대 예방교육 | 소중한 나의 몸(내 몸의 정확한 명칭과 내 몸의 소중함 알기) |
| 10월 | 약물오용 · 남용 예방교육 | 달콤한 초콜릿의 유혹(몸에 해로운 약물의 위험성 알기) |
| | 교통안전교육 | 이런 곳에서 사고가 많이 나요(위험한 상황 이해하기, 안전한 행동 알기) |
| 11월 | 실종 · 유괴의 예방 · 방지교육 | 싫어요, 안돼요, 도와주세요(미아 및 유괴 발생 시 대처방법) |
| 12월 | 교통안전교육 | 날씨에 따른 보행안전(날씨와 보행안전) |
| | 재난대비 안전교육 | 뜨거운 것은 조심해요(뜨거운 물건 이해하기) |
| 1월 | 약물오용 · 남용 예방교육 | 만지면 안돼요, 먹으면 안돼요(생활 주변의 해로운 약물, 화학제품 그림으로 구별하기, 가정용 화학제품 만지거나 먹지 않기) |
| | 성폭력 및 아동학대 예방교육 | 나는야! 내 몸 지킴이(성폭력 예방법과 대처법) |
| 2월 | 교통안전교육 | 교통표지판을 알아요(차도, 보도 및 신호등의 의미 알기) |
| | 실종 · 유괴의 예방 · 방지교육 | 문을 열면 안돼요(유인 · 유괴 행동에 대한 이해 및 유괴 예방법) |

출처 : 운현어린이집.

Box 5-5

## 교통안전교육 계획안

1. **활동명** : 안전하게 길을 건너요.

2. **목표**
   - 안전하게 길을 건너는 방법에 대해 안다.
   - 무단횡단의 위험함을 알고 횡단보도를 이용해 건넌다.

3. **연령** : 만 1세, 만 2세, 만 3세 이상

4. **활동방법**
   - 만 1 · 2세반
     ① 횡단보도를 건너는 그림을 보면서 횡단보도를 건너본 경험에 대해 이야기를 나눈다.
     ② 차도에서 볼 수 있는 것들에 대해 이야기 나눈다.
     ③ 〈로보카폴리〉 '횡단보도를 건널 때는 이렇게' 동영상을 보며 바르게 건너는 방법에 대해 알아본다. http://infant.kids.daum.net/vod/view?id=15026&categoryId=3054
     ④ 활동을 마무리하며 신호등이 있는 횡단보도를 건너본 후 화장실로 이동한다.

   - 만 3세 이상반
     ① 횡단보도를 건너는 그림을 보면서 횡단보도를 건너본 경험에 대해 이야기를 나눈다.
     ② 차도에서 볼 수 있는 것들에 대해 이야기 나눈다.
     ③ 〈로보카폴리〉 '횡단보도를 건널 때는 이렇게' 동영상을 보며 바르게 건너는 방법에 대해 알아본다. http://infant.kids.daum.net/vod/view?id=15026&categoryId=3054
     ④ 영상에서 잘못된 행동에 대해 이야기한 후 안전하게 건너는 방법에 대해 이야기해본다.
     ⑤ 유아들과 무단횡단을 해본 경험이나, 본 경험에 대해 이야기를 나눈다.
     ⑥ 〈로보카폴리〉 '무단횡단, 따라하면 안돼요' 동영상을 보며 무단횡단에 대해서 안다.
     http://infant.kids.daum.net/vod/view?id=15025&categoryId=3054
     ⑦ 활동을 마무리하며 신호등이 있는 횡단보도를 건너본 후 화장실로 이동한다.

   - 사후활동 : 자유선택활동
     ① 언어영역 – 안전하게 길을 건너는 방법은 무엇이 있을까요? (만 3세 이상반)
     – 멈춘다! 살핀다! 건넌다! (만 1 · 2세반)
     ② 역할영역 – 횡단보도를 건너요. (만 3세 이상반)

출처 : 운현어린이집.

Childcare Curriculum

# 보육과정의 평가

Chapter 6

1. 보육과정 평가의 개념 및 필요성
2. 보육과정 평가의 유형
3. 외국의 보육과정 평가시스템
4. 우리나라의 보육과정 평가시스템 : 어린이집 평가인증제

# 6

본 장에서는 보육의 전 과정을 대상으로 이루어지는 평가의 개념 및 필요성과 구체적인 방법에 대해 살펴보고자 한다. 보육과정은 보육의 목표 수립에서부터 계획, 실행, 평가의 전 과정을 포함한다. 이 중 보육평가는 보육과정의 모든 세부절차 및 실행 내용들이 보육목적 및 목표에 맞게 진행되고 또 결과되었는지를 분석함으로써 보다 효과적인 추후 보육과정 수립의 기초가 되는 중요한 단계라 할 수 있다.

# 1. 보육과정 평가의 개념 및 필요성

## 1) 보육과정 평가의 개념

평가라는 용어는 사전적으로 사물의 가치와 수준을 평하는 것을 의미한다(새국어사전, 2009). 그리고 활동에 대한 평가는 해당 활동의 목표를 달성하기 위해 사용하는 방법과 과정이 가치가 있는가를 평하는 것이다(유아교육자료사전편찬위원회, 1997). 따라서 보육과정 평가의 개념은 보육과 관련된 모든 과정의 가치와 수준을 평하는 것이며, 특히 각 과정 및 보육의 결과가 보육 목표를 달성하고 있는지를 살피는 일련의 작업을 의미한다. 보육과정은 넓은 의미에서 목표수립의 단계부터 보육계획, 프로그램 개발 및 환경구성, 보육활동 수행, 활동결과에 대한 평가를 모두 포함한다(조복희 외, 2012). 그러므로 보육과정 평가 역시 보육 목표에 대한 평가에서부터 보육계획단계의 평가, 프로그램 개발 및 환경구성에 대한 평가, 보육활동에 대한 평가, 보육결과 평가에 대한 평가 등의 모든 과정을 포함한다고 하겠다.

표 6-1은 보육과정의 단계와 각 단계별 평가주제를 정리한 것이다. 첫 번째, 보육 목표의 수립단계에서는 보육의 전체 목표 및 세부 목표가 보육의 목적을 달성하기에 타당한가를 평가한다. 두 번째 보육계획 설정단계에서는 목표에 맞게 수립된 전체적인 보육계획이 체계적이며 실현가능한가를 평가할 수 있다. 세 번째 단계인 프로그램 개발 및 환경구성단계에서는 개별 프로그램 및 실내외 환경구성이 전체 계획에 부합되는지, 그리고 영유아의 발달 수준 및 필요에 적절한지 등을 평가할 수 있다. 네 번째 보육활동 수행단계에서는 구체적인 보육활동이 체계적으로 수행되고 있는가를 평가할 수 있으며, 특히 구체적인 보육활동 수행과정에서 교사-영유아 간, 영유아 또래 간, 그리고 교사-부모 간 상호작용이 바람직하게 이루어지고 있는가를 평가할 수 있다. 마지막 다섯 번째 보육결과 평가단계에서는 다양한 평가방식으로 평가가 이루어지는지, 그리고 평가에 사용되는 기준이 객관적이고 신뢰로운지를 평가해야 한다. 이와 같이 보육과정이 진행되는 각 단계에서 이루어지는 평가들은 개별 단계의 수행들이 목표에 부합되는지, 그리고 타당하고 신뢰롭게 이루어지고 있는지를 판단하는 과정 평가에 속한다. 반면, 보육과정의 전 과정이 끝난 후 이

표 6-1 | 보육과정단계별 보육과정 평가

| 보육과정 | | 보육과정 평가 | |
|---|---|---|---|
| | | 과정평가 | 결과평가 |
| 목표수립 | ➡ | 목표수립이 타당한가? | 보육의 전 과정 및 결과를 통해 보육 목표가 달성되었는가? |
| 보육계획 설정 | ➡ | 계획이 체계적이고 실현가능한가? | |
| 프로그램 개발 및 환경구성 | ➡ | 개별 프로그램 및 실내외 환경은 계획에 부합되는가? | |
| 보육활동 수행 | ➡ | 보육활동이 체계적으로 수행되는가? | |
| 보육결과 평가 | ➡ | 평가가 객관적이고 신뢰로운가? | |

루어지는 평가는 결과 평가라 하며, 이는 보육의 전 과정 및 결과를 통해 보육 목표가 달성되었는가를 판단하게 된다.

이처럼 보육과정 평가는 다양한 단계에서 다양한 방식으로 이루어질 수 있다. 그러나 평가의 모든 과정은 타당성, 신뢰성, 객관성, 체계성 등의 기준을 바탕으로 이루어진다는 점에서 공통적이며, 보육과정의 각 단계가 서로 연계되어 있듯이 보육과정 평가 역시 단계별로 연계성을 가지고 수행되어야 한다.

## 2) 보육과정 평가의 목적 및 필요성

보육과정 평가의 목적은 평가라는 일련의 활동을 통해 무엇을 얻고자하는지와 관련된다. 그리고 보육과정 평가는 궁극적으로 다음 두 가지의 목적을 가진다.

첫째, 전술한 바와 같이 보육과정 평가는 어린이집에서 이루어지는 보육의 전 과정이 보육 목표를 달성하고 있는가를 살펴보는 것이다. 우리나라 영유아보육법 제1조에서는 보육법의 목적을, 영유아의 심신을 보호하고 건전하게 교육하여 건강한 사회 구성원으로 육성함과 아울러 보호자의 경제적 · 사회적 활동이 원활하게 이루어지도록 함으로써 영유아 및 가정의 복지증진에 이바지하기 위함이라 규정하고 있다(영유아보육법, 2007). 따라서 보육과정 평가의 일차적인 목적은 보육과 관련된 전 과정이 궁극적으로 영유아의 전인적인 발달을 도모하는지 그리고 가정복지증진에 기여하는지 살피는 일이라 하겠다.

둘째, 크론바흐(Cronbach, 1984)에 의하면 "교육 평가는 교육 프로그램에 관한 의사결정을 내리는 데 필요한 정보를 수집하고 사용하는 과정"이다(이은해, 2002 재인용). 이러한 설명은 보육과정 평가가 필요한 이유를 잘 보여 준다. 즉, 보육과정 평가를 통해 양질의 보육환경 및 프로그램을 개발, 운영할 수 있는 보다 바람직하고 효과적인 정보를 제공하는 데 그 목적이 있다.

## 2. 보육과정 평가의 유형

### 1) 영역별 평가

보육과정 평가는 보육 목적 수립단계에서부터 보육계획 수립, 프로그램 개발, 실내외 환경구성, 보육활동 수행 등 모든 단계에서 이루어지는 평가를 포함한다. 그러나 실제 개별 어린이집에서 자주 수행되는 보육과정 평가는 시설 평가, 프로그램 평가, 인력 평가의 세 가지로 구분하여 살펴볼 수 있다.

#### (1) 시설 평가

시설 평가는 어린이집의 물리적 시설, 즉 실내외 공간과 교구에 관한 평가라 할 수 있다. 어린이집은 어린 영유아들이 함께 생활하는 일상의 공간이니만큼 기관의 시설환경에 대해 특히 주요하게 살펴야 할 부분이 많다. 다음 사항들은 어린이집 실내외환경을 평가할 때 고려되어야 할 기본 사항들이다.

- 안전성
- 위생
- 발달의 적합성
- 심미성
- 다양성

Box 6-1

## 안전과 위생 관련 기본 요건

1. 일반기준

- 보육실을 포함한 시설면적(놀이터 면적 제외)은 영유아 1명당 4.29m² 이상이어야 하며, 보육실은 영유아 1명당 2.64m² 이상이어야 한다.
- 어린이집은 환기, 채광, 조명, 온도 및 습도가 적절히 유지, 관리되어야 한다.

2. 조리실

조리실은 채광이 잘 되도록 하고, 창문에 방충망이 설치되어야 하며, 식기를 소독하고 위생적으로 취사 조리할 수 있는 설비를 갖추어야 한다.

3. 목욕실 및 화장실

- 목욕실은 미끄럼 방지장치를 하여야 하며, 샤워설비, 세면설비 및 냉 · 온수 공급설비의 수도꼭지는 온수 사용 시 화상을 입지 않도록 온도를 조정 및 고정할 수 있어야 한다.
- 화장실은 보육실과 인접한 공간에 설치하며 수세식 유아용 변기를 설치한다(40인 이상). 화장실의 경우도 미끄럼 방지장치를 하여야 하며, 세정장치와 수도꼭지 등은 냉 · 온수의 온도를 조정 및 고정할 수 있어야 한다.

4. 놀이터

- 보육 정원 50명 이상인 어린이집은 영유아 1명당 3.5m² 이상의 규모로 옥외놀이터를 설치하는 것을 원칙으로 한다.
- 놀이터 설치 시 울타리나 보호난간은 최소 1.5m 이상으로 설치하되 놀이기구의 높이 등에 맞추어 안전을 확보할 수 있는 높이로 설치하여야 한다. 또한 울타리나 보호난간은 영유아가 잡거나 짚고 올라갈 수 없는 구조로 설치하되, 난간 사이의 간격이 80mm 이하여야 한다.
- 옥내놀이터를 건물 2층 이상에 설치하는 경우 비상재해 대비시설을 갖추어야 한다.
- 어린이집의 놀이터, 놀이기구 및 어린이용품은 품질경영 및 공산품안전관리법, 어린이놀이시설 안전관리법 및 환경보건법에서 정한 기준을 준수하여야 한다.

5. 비상재해 대비시설

- 소화용 기구 및 비상구 설치 등 비상재해 대비시설을 갖추어야 하며, 비상구 상단에는 유도등을 달고 잠금장치를 문 안쪽에 설치하여야 한다.
- 어린이집이 2, 3층인 경우 비상계단 또는 대피용 미끄럼대를 영유아용을 설치하여야 한다. 또한 어린이집이 4, 5층인 경우 스프링클러 설비 및 자동화재탐지설비를 건물 전체에 설치하여야 한다.

6. 그 밖의 실내설비

- 어린이집 내부의 마감재료는 건축법 시행령에 따라 불연재료나 준불연재 또는 난연재료를 사용하여야 하며, 실내장식물과 커튼 및 카펫은 방염성능이 있는 것으로 설치하여야 한다.
- 보일러 설비, 두꺼비집, 화기, 소독수, 살충제, 조리실의 칼, 가위 등은 영유아의 손이 닿지 않는 곳에 배치하여야 한다.
- 응급조치를 위한 비상약품 및 간이 의료기구는 영유아가 접근할 수 없는 안전한 장소에 비치하여야 한다.
- 비상구를 제외한 모든 출입문과 창문은 안쪽에서 잠길 우려가 없어야 하고, 가장자리에 손 끼임 방지 고무 패킹이나 완충장치를 설치해야 한다.
- 책걸상 및 가구의 모서리는 둥글고 표면이 매끄럽게 처리된 것이나, 고무 등으로 모서리에 보호장치를 설치해야 한다.

어린이집 시설 평가에서 시설 및 설비의 안전성과 위생은 매우 중요한 평가 기준이다. 어린이집은 특히 어린 나이의 영아들이 단체생활을 하는 곳이기 때문에 위험에 노출되지 않도록 안전관리를 철저히 해야 한다. 또한 영유아들은 면역력이 약하기 때문에 위생적 환경을 통해 감염 및 전염성 질환에 노출되지 않도록 신경 써야 한다. Box 6-1은 보육시설의 설치 기준에 관한 내용인 영유아보육법 시행규칙 제9조(2013. 12 개정)에서 제시하고 있는 어린이집의 안전 및 위생 관련 요건들이다. 안전과 위생 관련 평가는 기본적으로 이러한 영유아보육법 시행규칙의 안전 및 위생관련 요건들이 잘 갖추어지고 유지되는가를 기준으로 이루어질 수 있다.

그림 6-1 | 비상대피용 미끄럼대

그림 6-2 | 영유아의 신체 크기에 맞춘 환경구성

또한 시설 평가에서는

영유아들에게 바람직한 교육적 환경을 제공하는지에 대한 평가도 함께 이루어져야 한다. 즉, 영유아의 발달에 적합한 환경 및 교구, 교재를 갖추고 있는지, 영유아의 흥미를 유발하는 다양하고 매력적인 환경을 갖추고 있는지 역시 평가의 주요한 기준이 될 수 있다.

### (2) 프로그램 평가

보육 프로그램에 대한 평가는 평가의 시기, 세부 목적, 방법 및 평가자 등에 따라 매우 다양하다(이순형 외, 2007). 그러나 프로그램 평가는 궁극적으로 보육시설에서 제공되는 모든 프로그램이 영유아의 바람직한 발달을 촉진하고 그들의 안전과 건강을 도모하는지를 평가하는 것이라 하겠다. 이와 더불어 구체적인 프로그램들이 체계적으로 운영되었는지, 개별 프로그램들은 영유아의 흥미를 유도하였는지 등을 함께 평가할 수 있다. 보육 프로그램의 평가는 내용 및 결과뿐 아니라 시행방법, 시행시기 등 프로그램 시행의 전반적인 면을 포함하여 평가함으로써 보다 나은 프로그램을 개발하고 이를 적절히 제공하는 데 중요한 자료로 활용된다.

다음 사항들은 어린이집에서 제공되는 보육 프로그램을 평가할 때 고려되어야 할 점들이다.

- 발달에의 적합성
- 다양성
- 흥미성
- 실행가능성
- 프로그램 간의 연계성
- 프로그램 운영의 체계성

프로그램은 흥미 유발, 발달에의 적합성 등과 함께 영유아의 최적의 발달에 필요한 보육 및 교육 내용이 포함되었는지 등을 평가 기준으로 사용할 수 있다. 즉, 인간다운 삶을 위한 기본생활에 관한 내용, 다양한 인지적 · 사회적 · 정서적 영역에 대한 내용 등이 포함되어야 하며, 이와 더불어 안전, 영양, 건강과 관련된 내용도 포함되어야 한다. 우리나라의 경우 영유아의 각 연령에 따라 요구되는 보육 프로그램의

# 소방대피 훈련 평가지

| 결재 | 원 장 |
|---|---|
| | |

| 실시 일시 | 2014년 12월 9일 화요일 | 제 11 회 |
|---|---|---|
| 실시 시간 | 오전 10시 40분 ~ 11시 00분 | 총 20 분 |
| 참가 인원 | 교사 ( 7 )명 / 취사부 ( 1 )명 / 누리과정 운영도우미 ( 1 )명 / 실습생 ( 2 )명 / 원장 ( 1 )명<br>아동 ( 47 )명 / 만 1세반 7명 (결석 1명)<br>만 2세반 18명 (결석 3명)<br>만 3세 이상반 22명 (결석 0명) | 총 59 명 |

**〈화재 장소〉** 어린이집 자료실 코팅기 과열로 인한 화재

**〈대피방법〉** 각반 교실에서 화재가 난 장소를 피해 대피경로 따라 이동하기

- 만 1세반 : 교실 문 – 유희실 – 복도 – 현관 – 어린이집 대문 – 평생교육원
- 만 2세반 : 교실 문 – 복도 – 현관 – 어린이집 대문 – 평생교육원
- 만 3세 이상반 : 교실 문 – 복도 – 현관 – 어린이집 대문 – 평생교육원

**〈훈련 내용〉** 비상벨, 사이렌 → 각 반의 대피경로로 대피 → 현관으로 나감 → 어린이집 대문을 지나 평생교육원으로 감 → 아동인원 체크 → 간단한 주의사항 → 교실로 이동

* 총 대피시간 : 52초

| 구분 | 평가 내용 | 평가란 |
|---|---|---|
| 모의실시 내용 | 비상벨 및 사이렌 소리는 모두 들을 수 있는 적합한 크기로 울렸는가? | 예 |
| | 대피경로는 효율적인가? | 예 |
| | 대피장소는 안전한 곳인가? | 예 |
| | 재입실 경로는 효율적인가? | 예 |
| | 구성원은 각자의 역할을 조직적으로 수행했는가? | 예 |
| | 연락체계는 신속하게 이루어졌는가? | 예 |
| | 모의실시 결과 문제점은 없는가? | 예 |
| | 종사자는 모두 소화기를 조작할 수 있는가? | 예 |
| | 모의실시 결과 개선되어야 할 사항은 없었나? | 예 |
| 활동 평가 및 보완 사항 | • 만 1세 영아들은 교사의 "불이야" 소리에 당황해하는 모습을 보였지만 교사를 따라 입과 코를 막고 따라 대피하는 모습을 볼 수 있었다. 눈물을 보이는 영아도 있어 교사의 지속적인 격려가 필요하겠다.<br>• 만 2세 영아들 중 교사들의 역할분담을 파악하지 못하고 교실에 서서 갈팡질팡 하는 모습을 보였다. 다시 한 번 영아들에게 교사들의 역할분담을 이야기해주고 혼란스러워하지 않도록 도와야겠다. | |

**그림 6-3** | 소방안전 프로그램 시행결과 평가의 예

기본적인 내용은 2007년부터 활용되고 있는 표준보육과정과 2012년 시행된 누리과정에서 제시하고 있다. 따라서 보육시설현장에서 이루어지는 프로그램 평가는 표준보육과정과 누리과정에서 제시하는 각 영역의 목표가 잘 달성되고 있는지를 기준으로 수행될 수 있다(정옥분 외, 2013). 이와 더불어 개별 어린이집의 보육철학을 반영하여 계획되는 구체적 보육 프로그램과 활동의 실행가능성, 효과성, 흥미성, 포괄성, 연계성 등에 대해서도 함께 평가할 수 있다.

영유아보육법 시행규칙 제23조(2013. 12 개정)에서는 영유아의 건강, 영양, 안전에 관한 사항들을 구체적인 보육 프로그램에 포함하여 실시 여부나 내용을 평가하도록 하고 있다. 예를 들어, 연 1회 이상 영유아의 건강진단신체계측, 시력검사, 구강검사 등을 실시하도록 하는 것과 소방대피훈련을 월 1회 실시하는 것 등은 법이 정한 평가항목이라 하겠다. 이 밖에도 편식 예방 프로그램, 치아관리 프로그램 등의 건강 관련 프로그램과 교통안전 프로그램, 유괴 예방 프로그램, 성범죄 예방 프로그램 등 개별 어린이집에서 자체적으로 실시하고 있는 다양한 안전 관련 프로그램들의 실행 여부와 구체적인 내용의 적합성 등에 관한 평가가 이루어질 수 있다.

그림 6-3은 매월 실시하는 소방대피훈련에 대한 현장의 평가 예이다. 소방대피훈련 평가지에서 보는 바와 같이, 상세한 대피방법과 훈련 내용은 물론, 실제 훈련을 수행했을 때 소요된 총 대피시간 및 보완점 등을 기록함으로써 혹시 있을지 모르는 화재에 대비하여 안전하고 신속하게 대처하는 방법을 익히도록 하고 있다.

### (3) 인력 평가

영유아보육법 시행규칙 제10조(2012. 8 개정)에 명시된 보육인력으로는 시설장, 보육교사, 간호사조무사, 영양사, 취사부, 운전기사, 사무원 등이 있고, 장애아통합 보육시설과 장애아전담 보육시설에는 이외에 특수교사와 치료사 등이 배치된다. 어린이집에 종사하는 인력 중 인력 평가의 주요 대상은 보육교사이며 더불어 시설장에 대한 평가도 가능하다. 보육교사의 질은 보육의 전체 질을 좌우하는 가장 큰 요인이기 때문에 보육교사에 대한 평가는 보육과정 평가에서 매우 중요한 부분을 차지한다고 하겠다. 보육시설의 주요 종사자인 시설장과 교사에 대한 평가를 보다 구체적으로 살펴보면 다음과 같다.

#### ① 시설장 평가

보육시설장은 어린이집의 전반적인 운영을 주도하는 역할을 담당한다. 즉, 영유아를 위한 개별 어린이집의 기본적인 보육철학을 세우는 일에서부터 실제적인 보육프로그램의 운영관리, 시설관리, 교직원 인사관리, 재정관리 및 지역사회와의 협력 등 다양한 방면의 역할을 수행해야 한다. 따라서 시설장은 각 영역에서 필요로 하는 전문적 능력을 갖추어야 하며, 특히 보육시설운영을 위한 정책 및 관계법령의 세부 내용에 대해서도 관심을 가지고 정보를 얻는 노력을 기울여야 한다(이순형 외, 2007).

시설장의 업무능력이나 전문성 등에 관한 평가는, 실제 현장에서 정규적으로 시행되는 데 다소 현실적인 제한점이 있다. 이에 제3자에 의한 평가보다는 자기 평가의 방식으로 이루어질 수 있다. 또한 지방자치단체의 육아종합지원센터 등에서는 시설장을 위한 별도의 교육 기회를 제공함으로써 시설장 스스로 보육정책, 실용직무, 창조감성, 글로벌 역량 등의 전문지식을 갖추고 실제적인 업무능력을 향상시킬 수 있도록 도움을 주고 있다(중앙육아종합지원센터, 2014).

#### ② 교사 평가

어린이집 교사의 자질은 보육시설이 갖추고 있는 실내외 환경이나 개별 프로그램의 질과 비교할 때 가장 중요한 요소라 할 수 있다. 교사는 하루 중 대부분의 시간을 보육시설에서 보내는 영유아들과 가장 오랜 시간을 함께하는 사람이다. 따라서 교사의 전문성은 물론 그들의 인성까지 영유아에게 직접적인 영향을 미칠 수 있다. 특히, 어린나이의 영아들에게 있어 교사는 애착 및 신뢰감 형성의 대상이 될 수 있기 때문에 영아들의 전 생애발달에 있어 매우 중요한 영향력을 미치는 대상이라 하겠다. 이러한 점에서 교사는 영유아를 보육하는 데 충분한 전문적 자질과 능력을 갖추고 있어야 하며, 기본적으로 영유아를 사랑하는 따스한 마음과 열정이 있어야 한다. 보육교사에게 이러한 기본적 인성과 전문성이 있는지를 평가하는 것이 교사 평가이며, 따라서 교사 평가는 보육과정 평가에서 매우 중요한 부분이라 하겠다.

보육교사에 대한 선행연구들을 살펴보면, 매우 다양한 개념 및 방법으로 교사의 전문성과 자질을 평가하고 있음을 알 수 있다. Box 6-2는 교사 평가에 사용되는 척도들의 예이다. 많은 선행연구에서는 교사의 다양한 역할에 대한 수행 정도를 평가함

Box 6-2

## 교사 평가 관련 척도의 예

1. 교사-영아 상호작용 척도
   - Abbott-Shim & Sibley(1987). Assessment Profile for Early Childhood Programs 중 상호작용 영역
   - Arnett(1989). Caregiver Interaction Scale.
   - Bradley, Caldwell, & Corwyn(2003). Infant-Toddler Child Care HOME.
   - Girolametto, Weitzman, & van Lieshout(1999). Teacher Interaction and Language Rating Scale.
   - Kreimeyer, Antia, Coyner, Eldredge, & Gupta(1991). the Social Interaction Observation System(SIOS).
   - 이화여자대학교 BK21 핵심사업팀(2001). 유아교육기관인정기준.
   - 임옥희 · 이진숙(2006). 교사-영아 상호작용 평가척도

2. 교사의 역할수행/자질
   - Cho & Saracho(1997). The Early Childhood Teacher's Role Rating Scale (ECTRRS).
   - 이희경 · 김성수(2000). 유아교사 역할 Q-set.
   - 황해익 · 최혜진 · 김남희(2003). 교사자기평가척도.

3. 교사효능감
   - 김선영 · 서소정(2010). 유아교사 효능감 척도.
   - 현정환(2003). 보육효능감 척도.

4. 직무만족도/직무스트레스
   - D'Arienzo, Moracco, Krajewski(1982). 직무스트레스 질문지(MTOSFQ).
   - Jorde-Bloom(1988). Early Childhood Job Satisfaction Survey.
   - 김정휘(1992). 교사 직무스트레스 척도.
   - 노종희(2001). 교사 직무만족 질문지(TJSQ).

으로써 교사의 자질을 평가하기도 한다. 예를 들어, 교사가 교육과정 설계자, 활동 및 일과수행자, 상담자 및 조언자, 연구자, 행정업무 관리자, 건강 및 영양관리자, 그리고 안전관리자로서의 역할을 잘 수행하고 있는지를 평가(Cho & Saracho, 1997)하여 다

양한 역할영역 중 긍정적인 부분과 부족한 부분을 파악하는 데 활용하기도 한다. 그리고 직접적으로 교사와 영유아 간 상호작용의 질을 측정하기도 하며, 교사효능감을 측정함으로써 교사의 직무에 대한 인식과 태도를 살펴보기도 한다.

다양한 개념과 방법으로 수행되는 교사 평가는 시설장이나 동료교사, 학부모, 보육행정가 등에 의해 이루어지기도 하나 교사의 자기평가 형태로 이루어지기도 한다. 자기평가방식은 평가의 객관성이 다소 떨어질 수는 있으나 결과에 대한 교사의 수용도가 높기 때문에 평가결과의 활용성 면에서는 다른 평가에 비해 긍정적이라 할 수 있다.

## 2) 결과 평가

### (1) 행동관찰기록부 작성

아동의 전반적인 발달에 대한 정보 제공을 위해 아동의 활동과정이나 결과는 물론 그들의 개인적 · 환경적 특성에 대한 자료를 수집하여 구조화하는 것을 아동발달 포트폴리오라고 한다(Gronlund & Engel, 2001). 어린이집에서는 영유아에 대한 정보를 부모와 공유할 목적으로 개별 영유아의 발달 포트폴리오를 작성하기도 한다. 그러나 실제 현장에서 작성되는 발달 포트폴리오는 많은 경우, 영유아의 발달에 대한 전반적인 정보 및 평가에 대한 내용보다는 어린이집에서 영유아들이 수행한 활동의 결과물이나 사진자료가 주를 이룬다.

어린이집 현장에서 아동발달 포트폴리오와 유사한 목적으로 작성되는 것으로, 영유아 행동관찰기록을 들 수 있다. 영유아의 발달 및 생활 전반에 대한 평가가 교사들이 개별 영유아에 대해 작성하는 행동관찰기록부의 내용에 포함되기 때문이다. 즉, 교사는 보육환경이나 구체적인 보육 프로그램에 대한 영유아의 반응, 또래 및 교사와의 상호작용은 물론 어린이집에서의 식습관, 배변습관, 언어 사용, 놀이방법 등 생활 전반에 대한 내용을 개별 영유아의 행동관찰기록부에 작성할 수 있다. 영유아 행동관찰기록부는 신체운동, 언어인지, 사회정서발달영역별로 작성될 수 있으며, 혹은 표준보육과정이나 누리과정의 영역별로 작성되기도 한다.

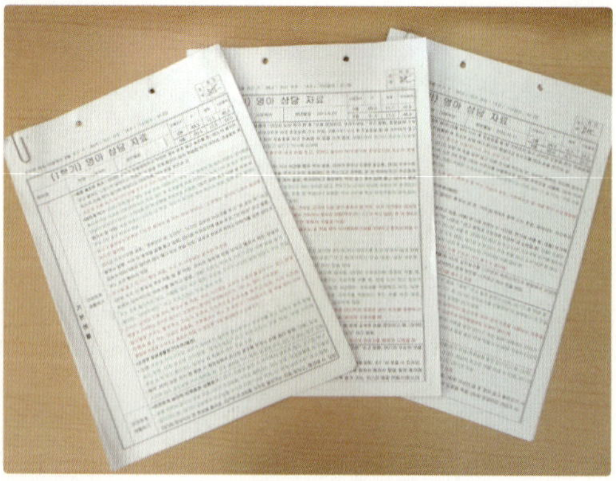

그림 6-4 | 행동관찰기록부의 예

영유아 행동관찰기록부의 정확한 작성을 위해 교사는 관심과 애정을 가지고 끊임없이 개별 영유아들을 관찰하여야 한다. 그리고 관찰 내용에 대한 정확한 이해나 해석을 위해 해당 영유아에 대해 사전에 충분한 지식을 가지고 있어야 한다. 행동관찰기록부 작성 시 교사는 관찰한 내용을 있는 그대로 기술하는 일화식 관찰기록방식을 사용하기보다는 판단과 평가에 기초한 기록방식을 사용하는 것이 좋다. 즉, 발달영역 간의 연계나 영유아의 이전 발달양상과의 비교 등을 통해 개별 영유아를 위한 교육 · 보육적 제언이 가능한 관점을 취해야 한다.

행동관찰기록부의 작성은 개별 영유아에 대한 이해를 통해 그들의 발달양상을 평가한다는 1차적 목적을 가진다. 이와 더불어 행동관찰기록부는 어린이집 보육 프로그램의 효과를 평가할 수 있는 통합적 평가방법이라 하겠다. 뿐만 아니라 개별 영유아 및 보육 프로그램에 대한 평가 결과를 개별 영유아를 위한 새로운 보육 프로그램을 계획하는 데 활용할 수 있으며 부모면담을 위한 자료로도 활용할 수 있다는 점에서, 영유아 행동관찰기록은 정보의 활용도가 매우 높은 평가이다.

### (2) 만족도 평가

만족도 평가는 평가자의 주관적인 관점에서 보육 서비스의 전반적인 기대와 요구 등을 평가할 수 있는 대표적인 방법이며, 따라서 이를 통해 보육의 질을 가늠해 볼 수 있는 지표가 되기도 한다(조복희 외, 2007). 만족도 평가는 보육 서비스 수혜자인 부모와 영유아는 물론, 서비스 제공자인 교사, 시설장 그리고 서비스 조력자라 할 수 있는 행정가나 지원센터 종사자 등 다양한 평가자로부터 정보를 얻을 수 있다.

보육시설에 대한 만족도를 평가함에 있어 보육종사자의 관점에서 근무환경이나 시설, 프로그램 만족도 등을 평가하기도 하나(이연승 · 최진령, 2013 ; 최외숙, 2010), 일반적으로 보육 서비스의 질에 대한 만족도 평가는 부모들에 의해 이루어지는 경우가 많다. 국내외의 많은 선행연구들은 다양한 평가척도를 가지고 부모들의 보육

Box 6-3

### 보육시설만족도 평가 척도의 예

- Furqua & Labenson(1986). Parents as Consumers.
- Harms, Clifford, & Cryer(2005). Early Childhood Environment Rating Scale.
- 신나리 · 안재진(2011). 어린이집 이용만족도 척도.

시설 이용 만족도를 평가해 왔다Box 6-3. 이들 평가척도의 평가영역을 살펴보면, 대개 전반적인 보육철학, 세부 보육 프로그램, 교사의 전문성, 시설설비 및 교구 등의 시설환경, 급 · 간식, 일과운영, 보육료, 가정과의 협력 등의 항목을 포함한다.

부모의 보육만족도를 측정한 선행연구들(김문자, 2008 ; 박근영, 2011 ; 정지윤, 2009)에 의하면 보육시설의 유형에 따라 보육만족도에 차이를 보인다는 일관된 결과가 나타난다. 즉, 민간 보육시설보다는 국공립 보육시설에 자녀를 보내는 어머니들일수록 만족도가 높다는 것이다. 이러한 결과는 보육 서비스에 대한 국가의 관리감독의 중요성을 시사한다고 하겠다. 한편, 전반적인 만족도를 평가한 선행연구들은 대체적으로 부모의 만족도 수준이 높다고 보고한다(권미옥, 2013 ; 김효민 · 박정윤 · 김양희, 2006 ; 송지윤, 2011 ; 이연승 · 강민정 · 유희정, 2011 ; 이주연 · 이사라, 2006 ; 최외숙, 2010 ; Peyton, Jacobs, O'Brien & Roy, 2001). 비록 부모의 긍정적 만족감이 실제 보육 서비스의 질을 정확하게 평가한 결과라 보기는 어렵다는 견해도 있으나(Britner & Phillips, 1995 ; Shpancer, 2006 ; Cryer, Tietze & Wessels, 2002), 해당 보육 서비스의 지속적인 이용을 통해 운영유지를 가능하게 한다는 점에서 보육 서비스 평가의 중요한 기준이 된다고 할 수 있다. 또한 부모의 만족도 평가를 통해 얻어지는 구체적인 정보는 개별 가정의 보육요구를 반영하기 때문에 보다 나은 보육 서비스 제공을 위한 자료로 활용될 수 있다.

부모의 만족도 평가 이외에 보육의 직접적인 수혜자인 영유아를 대상으로 한 만족도 평가도 일부 수행되고 있다(Graue & Walsh, 1998 ; Wiltz & Klein, 2001). 영유아의 보육만족도 평가는 영유아 중심의 보육 프로그램 여부를 평가할 수 있다는 장점이 있으나(Katz, 1994), 언어인지 면에서의 제한된 발달로 인해 응답의 신뢰성을 담보하기가 어려울 수 있다.

### 3) 발달검사

보육기관에서 이루어지는 영유아의 활동이나 그들의 작업물에 대한 수집, 그리고 부모 및 영유아를 대상으로 하는 보육 프로그램 만족도 평가와는 다르지만 보육의 결과 평가와 연계될 수 있는 또 다른 평가방법으로 영유아 발달검사를 들 수 있다. 발달검사는 보육기관의 환경적 시설이나 보육 프로그램 등의 직접적인 질을 평가하는 방식으로 보기는 어렵다. 그러나 보육 서비스의 수혜자인 영유아를 대상으로 그들의 발달상황이나 수행능력을 측정함으로써 영유아의 전반적인 발달상황을 확인할 수 있다는 장점이 있다. 또한 보육 프로그램 실시 전후 혹은 보육기관 입소 전후의 정기적인 검사를 통해 객관적인 자료를 확보하는 경우 보육 프로그램의 효과 평가를 위한 일부 자료로 활용할 수도 있다. 뿐만 아니라 영유아 발달 평가는 대개 표준화된 검사도구를 사용하여 이루어지므로 동일한 연령대의 영유아와 비교하여 개별 영유아의 발달상황을 파악하는 데 도움이 되며, 이는 부모와의 개별상담을 위한 자료로도 활용될 수 있다.

영유아를 대상으로 하는 발달검사는 다양한 발달영역에 대해 이루어질 수 있으나, 전술한 바와 같이 해당 검사도구가 보육 프로그램 자체를 평가하거나 보육기관의 전반적인 질을 평가하는 도구는 아니므로 사용과 해석에 주의가 요구된다. Box 6-4는 영유아용 표준화 검사도구의 예이다(이순형 외, 2007).

Box 6-4

**영유아용 발달검사도구의 예**

- 게젤Gesell 발달검사
- 유아용 웩슬러 지능검사(K-WPPSI)
- 한국판 덴버 발달선별 검사(Korean Denver Developmental Screening Test)
- 기초학습기능검사(KEDI-Individual Basic Learning Skills Test)
- 종합인지능력검사(MCAT-C)
- 지각-운동발달 진단검사(Perceptual-Motor Development Test)
- 한국판 아동행동체크리스트(K-CBCL)

# 3. 외국의 보육과정 평가시스템

## 1) 미국

미국은 연방정부의 주도하에 보육 평가시스템이 운영되기보다는 주별로 자체적인 평가시스템을 마련하고 있다(서문희, 2007). 그리고 평가인증 프로그램을 실시하고 있는 민단간체로 전국영유아교육협회National Association for Education of Young Children : NAEYC, 전국가정보육협회National Association for Family Child Care Foundation : NAFCC, 전국취학아동보육연합National School Age Care Alliacnes : NSACA 등 3개 단체를 들 수 있다. 이 중 영유아보육의 질을 평가하는 대표적인 프로그램으로 전국영유아교육협회에서 관장하는 NAEYC 인증 프로그램을 들 수 있다(NAEYC, 2014). NAEYC 인증제는 0~8세 아동의 개별적 요구에 부합하는 발달적으로 적절한 보육 환경을 제공하는 것을 목표로 1985년부터 시작된 프로그램이다. NAEYC 인증 프로그램은 정부가 주관하는 평가인증제가 아니기 때문에 강제성이 있지는 않으나 인증을 받은 시설들의 질적 수준이 일관되게 높게 유지됨에 따라 보육 서비스 제공자 및 수혜자의 신뢰도가 높은 대표적인 인증 프로그램이다.

NAEYC 인증 프로그램은 4단계의 절차를 통해 이루어진다그림 6-5. 1단계의 경우 인증참여를 위한 기본적인 등록 및 시설의 자체 준비가 이루어지는 단계이며, 2단계는 본격적인 인증평가 신청과 자체 평가 보고서 제출이 이루어지는 단계이다. 3단계에서 NAEYC 위원회는 자체 평가 보고서 및 후보자격 필수자료를 바탕으로 현장방문을 위한 후보자격을 부여하게 된다. 그리고 마지막 4단계에서는 현장방문 평가를 거쳐 인증 여부를 결정하게 된다(NAEYC, 2014).

NAEYC 인증 프로그램에서는 교사와 아동의 상호작용, 교육과정, 교사와 가정의

그림 6-5 | 미국 NAEYC의 평가인증단계

상호작용, 인력자질 및 개발, 교사배치, 물리적 환경, 건강과 안전, 영양 및 급·간식 서비스, 평가 등 10개 영역에서 발달에 적합한 보육환경이 제공되고 있는지를 평가한다. 그리고 마지막 단계인 현장 평가에서는 신체적·심리적 학대 여부, 교사자격, 영유아에 대한 관리감독, 건강, 운영자의 자격, 보육 프로그램 등을 필수 요건항목으로 제시한다.

## 2) 호주

호주는 보육 서비스의 질적 향상을 위해 세계 최초로 국가주도형의 인정평가제를 도입한 나라이다(서문희, 2007). 호주의 보육시설 평가인증제는 '질적 개선 및 인증제도Quality Improvement and Accreditation System : QIAS'와 '가정보육센터의 질 보장Family Day Care Quality Assurance : FDCQA'이란 이름으로 1994년부터 실행되고 있다. 호주의 보육정책은 1970년대부터 시작되었는데, 공립시설과 사립시설 간의 보육시설 및 프로그램에서의 질적 차이를 줄이기 위해 1994년부터 전국의 모든 종일제 보육시설에 대해 인증제를 도입하여 시행하고 있다(서문희, 2007). 호주의 보육시설 평가인증제도는 시행 초기에는 주정부와 정부 위탁기관인 국가보육인증위원회National Childcare Accreditation Council : NCAC, 인증결정검토위원회Accreditation Decision Review Committee에서 주관하였으나 2012년부터 호주 아동교육 및 보육의 질 관리기구Australian Children's Education & Care Quality Authority : ACECQA를 두어 정부가 직접 관할하고 있다. 즉, 주정부에서는 예산을 지원하며 국가인증위원회에서 실제적인 평가업무를 담당한다. 그리고 인증결정검토위원회에서는 국가인증위원회의 결정에 대해 검토하는 역할을 담당한다(ACECQA, 2014). 호주의 평가인증제는 평가인증 참여 여부에 대한 선택이 개별 보육시설들의 자발성에 기초하나 평가인증 기준이나 절차, 심사 등의 모든 과정에서 정부와 국가위탁단체가 이를 주관한다는 점에서 우리나라의 평가인증제도와 매우 유사한 특성을 보인다.

호주에서는 종일제 보육시설의 경우 종사자와 아동 및 동료와의 관계, 가족과의 협력, 프로그램의 평가, 아동의 경험과 학습, 보호와 안전, 건강, 영양 및 복지 그리고 질적 향상을 위한 경영 등 총 8개 영역 30개 원리를 기준으로 평가가 이루어진다. 반면, 가정보육시설의 경우 상호작용, 물리적 환경, 아동의 경험, 학습과 발달, 건강, 위생, 영양, 안전과 복지, 보육과 조정 종사자 그리고 경영과 행정 등 6개 영역 30개 원리를 기준으로 평가가 이루어진다(NCAC, 2012). 그리고 평가인증은 그림 6-6과 같이 5단계의 과정을 통해 수행된다(서문희, 2007 ; 조복희 외, 2007).

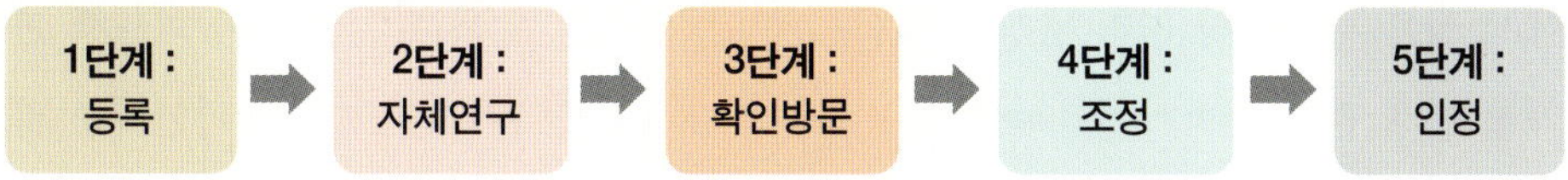


그림 6-6 | 호주의 평가인증단계

평가인증의 1단계는 인증참여를 위한 자발적인 신청이 이루어지는 단계이다. 평가인증 신청 시설은 18개월 내에 자체 평가 보고서를 제출하는 2단계를 거쳐, 3단계에서는 NCAC에서 파견한 검토자가 시설을 방문하여 관찰이 이루어진다. 4단계에서는 제출된 다양한 자료를 바탕으로 조정자가 인증 여부 및 개선방안을 제안하게 되며, 마지막 단계에서 NCAC는 인증 여부 및 기한을 최종 결정하여 통보하게 된다(이기숙 · 강수경, 2012).

### 3) 스웨덴

스웨덴의 보육 서비스는 만 1~6세 아동을 위한 푀르스콜라forskola: presschool와 가정보육, 그리고 만 6~7세를 위한 유아학급preschool class으로 구분할 수 있다. 스웨덴은 보육과 유아교육의 구분이 없이 모든 관련 업무를 교육과학부에서 담당하며, 따라서 푀르스콜라와 가정보육, 유아학급 모두 학교법에 따라 관리된다. 스웨덴은 2003년부터 보육시설 및 학교에 대한 교육감사를 의무적으로 시행하고 있다(조복희 외, 2007).

스웨덴에서 보육 서비스의 감독과 규제를 담당하는 곳은 국립교육원으로, 여기에서는 보육 서비스에 관한 보고서를 작성하고 보육기관의 질적 향상을 위한 연구를 수행하며 교사 대상의 직무연수 등을 관장한다. 또한 교육시찰단을 파견하여 개별 보육시설은 물론 이들을 관리하는 지방자치단체를 관리 · 감독하는 업무를 수행한다. 교육시찰단은 준비, 방문, 분석, 피드백의 4단계 과정을 통해 개별 보육시설의 질을 평가하고 개선점을 제시한다(조복희 외, 2007). 1단계인 준비단계에서는 보육시설 방문 전에 해당 기관에 대한 자료를 검토하여 전반적인 상황을 이해하는 과정을 거친다. 그리고 2단계 직접 방문을 통해 해당 기관의 장단점을 파악하고 3단계에서 이를 분석하여 질적 향상을 꾀할 수 있는 방법을 모색한다. 마지막 피드백 단계를 통해 담당 지방자치단체에 개선점을 전달하고 향후 시정 여부를 확인하는 과정을 거치게 된다그림 6-7. 국립교육원에서 수행하는 보육 서비스 질 관리의 주요 내용에는 보육집단의 크기와 교사 대 아동의 비율 등과 같은 구조적 질이 포함되며, 이와 더불어 보육시설의 접근성, 그리고 보육 프로그램 및 교수전략의 개발 등 질적 향상을 위한 다양한 노력들이 포함된다(문무경, 2006).

그림 6-7 | 스웨덴의 교육시찰단계

## 4. 우리나라의 보육과정 평가시스템 : 어린이집 평가인증제

우리나라의 공적 보육사업은 1991년 영유아보육법 제정 및 1995년 영유아보육법 전면 개정 이후에 급진적으로 이루어졌다. 그 결과 영유아보육시설인 어린이집의 양적 확대가 나타났으며, 여성의 사회진출로 인한 공적 보육의 욕구가 많은 부분 해소되었다. 그러나 이와 더불어 보육 서비스의 질적인 문제가 대두되면서 어린이집의 시설 및 보육 프로그램 전반에 대한 질 관리와 객관적 평가의 필요성이 나타나기 시작하였다.

이러한 요구에 부응하여, 정부는 2003년 어린이집 평가인증제 모형 개발을 시작으로 2005년 시범운영을 거쳐 2006년부터 어린이집 평가인증제를 본격적으로 시행하게 되었다. 1차 평가인증은 2005년부터 2009년까지 5년 동안 이루어졌으며, 2차 평가인증은 2010년부터 시행되고 있다. 2차 평가인증의 경우, 1차 때에 비해 참여 대상, 평가인증지표, 법적 기준, 인증반영비율, 통과점수, 사후관리 등 다양한 영역에서 보완을 거쳐 더욱 체계적이고 효율적인 기준과 절차로 시행되고 있다. 또한 2014년 10월부터 새로 개발된 3차 평가인증 지표를 기반으로 한 시범사업이 진행 중이다.

현재 우리나라의 어린이집 평가인증 관련 업무는 보건복지부로부터 위탁받은 한국보육진흥원의 평가인증국에서 담당하고 있다. 한국보육진흥원 평가인증국은 평가인증 신청에서부터 평가의 현장관찰자 및 심의위원의 운용, 평가인증 사후관리는 물론 평가인증 관련 자료 개발 및 조사분석, 그리고 평가인증 홍보에 이르기까지 평가인증과 관련된 모든 제반 사업을 수행하고 있다(한국보육진흥원, 2014).

## 1) 어린이집 평가인증의 개념 및 목적

어린이집 평가인증은 보육 서비스의 질적 수준을 향상시키고 안전한 보육을 제공하고자 국가의 주도하에 어린이집 시설 및 운영은 물론 보육과정과 보육인력 등 어린이집 전반에 관해 점검과 개선을 유도하고 그 결과를 평가하여 일정 수준 이상의 평가결과를 받은 어린이집에 대해 국가가 인증해주는 제도이다. 어린이집 평가인증은 영유아보육법 제30조에 근거하며, 최근 시행된 제30조 제4항에 의해 어린이집 평가인증의 결과를 공개하고 있다.

어린이집 평가인증은 보육 서비스의 정기적인 점검과 평가를 통해 다음과 같은 4가지의 목적을 실현하고자 한다(보건복지부, 2014b, p. 47).

첫째, 보육 서비스의 질적 수준을 향상시켜 영유아가 안전한 보육환경에서 건강하게 양육될 권리를 보장할 수 있도록 한다.

둘째, 어린이집이 보육 서비스의 질적 수준을 높이고자 준비하고 노력하는 과정을 통해 원장과 보육교직원의 전문성이 증진되도록 한다.

셋째, 보육 서비스의 질적 수준에 대한 정보를 제공하여 부모들이 합리적으로 어린이집을 선택할 수 있도록 한다.

넷째, 보육정책 수립의 주체인 정부가 보육현장을 효율적으로 지원하고 관리하는 체계를 확립한다.

이처럼 어린이집 평가인증의 일차적인 목적은 어린이집의 전반적인 질 관리를 통해 보육 서비스의 질적 수준을 향상시키는 것이다. 여기에는 넓은 의미에서 어린이집 종사자, 특히 보육교사의 전문성 증진이 포함된다. 그리고 이를 통해 영유아의 건강한 성장과 발달의 권리를 보장하는 것을 궁극적인 목적으로 한다. 어린이집마다 개별화된 관리와 평가가 아닌 국가가 마련한 객관적이고 타당한 평가기준에 따라 평가관리시스템을 만들고 이에 근거하여 전국의 모든 어린이집을 대상으로 평가인증을 실시함으로써 인증을 받는 어린이집의 보육 서비스에 대한 기본적인 질을 보장한다는 것이다. 보육 서비스의 질에 대한 국가의 공적 관리 및 평가는 부모들로 하여금 질적으로 우수한 어린이집을 선택하도록 하는 합리적인 기준과 정보를 제공할 수 있다는 점에서 부모의 자녀양육을 지원하는 기능을 가진다. 더불어 평가인증은 개별 보육시설의 보육 서비스 및 운영관리에 대한 객관적 비교를 통해 국가의 보육예산을 구체적으로 집행 및 관리하는 목적을 가진다.

## 2) 평가인증 절차

### (1) 참여 대상

어린이집 평가인증 참여 대상은 신규인증 대상기관과 재인증 대상기관으로 구분할 수 있다. 영유아보육법 제12조와 제13조에 근거하여 설치된 국공립, 법인, 직장, 가정, 부모협동 그리고 민간어린이집방과후 전담 어린이집 제외 등 모든 유형의 어린이집 중 미인증상태인 어린이집들은 신규인증을 신청할 수 있다. 재인증 참여대상의 경우는, 기존에 인증을 받아 이를 유지하고 있는 어린이집 중 인증 유효기간의 만료가 가까워진 어린이집이 해당된다. 영유아보육법 시행규칙 제32조 제1항에서 정한 평가인증의 유효기간은 3년이며, 재인증 평가의 신청은 평가시행 6개월 전부터 가능하다.

### (2) 평가인증과정

어린이집 평가인증의 과정은 크게 신청단계와 인증과정 3단계로 나눌 수 있다. 그림 6-8에서 보는 바와 같이, 신청대상 기관에 따라 신규인증 또는 재인증에 대한 신청을 하게 되면, 본격적인 인증의 3단계가 진행되며 이 과정은 약 4개월의 기간을 필요로 한다. 평가인증과정의 소요기간과 전체적인 단계는 시범운영 중인 3차 평가인증에서도 동일하다.

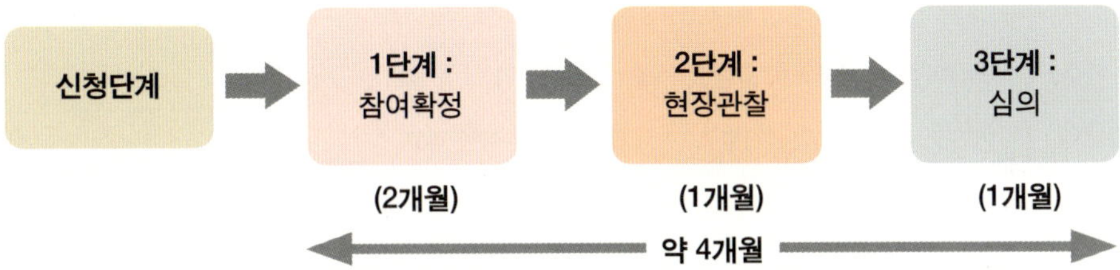


그림 6-8 | 평가인증과정의 단계

#### ① 1단계 : 참여확정

1단계의 참여확정단계에서는 기본사항 확인을 통해 참여 가능 여부를 결정하게 된다. 어린이집 평가인증 참여자격을 부여받기 위해서는 참여확정 마감일 기준으로 행정처분이 종료되고 시정명령 등이 이행 완료되어야 한다. 또한 상시 자체점검을 완료하고 그 결과를 자체점검보고서로 작성하여 제출해야 한다. 여기에 더하여 지방자치단체에서 확인하는 기본사항 중 필수항목을 모두 준수한 어린이집에 대해서만 참여자격이 부여된다. 필수항목은 총 정원 준수, 예 · 결산서 및 회계서류 구비, 안전사고에 대한 보험상해, 화재, 배상 가입, 영유아보육법 관련 행정처분 등, 어린이집 설치기준, 보육실의 설치 기준, 보육교직원 배치기준, 보육교직원의 정기 건강검진, 비상대피시설 설치 등의 9개 항목이다표 6-2. 9개의 필수항목과 2개의 기본항목 중 필수항목은 어느 한 항목에서라도 미준수가 있을 경우 평가인증 참여가 불가능하다. 기본항목은 예 · 결산서 및 재무회계와 행정처분 및 위반사항 · 민원사항에 관한 내용으로, 총 10점 만점을 기준으로 평가하여 최종 평가인증 심의 시에 함께 반영된다. 예 · 결산서 및 재무회계 항목의 경우 세입, 세출 예 · 결산서 구비나 수입 · 지출

표 6-2 | 어린이집 평가인증 참여확정을 위한 필수항목

| 항목 | 준수 기준 |
|---|---|
| 총 정원 준수 | 어린이집의 현원이 총 정원 이내인 경우 |
| 예 · 결산서 및 회계서류 구비 | 예산서와 결산서 및 회계서류가 구비되어 있는 경우<br>(상시 영유아 20명 이하, 어린이집 장이 교사를 겸임하는 경우 제외) |
| 안전사고에 대한 보험 (상해, 화재, 배상보험) 가입 | 모든 영유아에 대한 상해보험과 어린이집에 대한 화재 및 배상보험에 가입되어 있는 경우 |
| 영유아보육법 관련 행정처분 등 | 참여확정 마감일까지 아래 행정처분이 종료되거나, 과징금 납부 또는 보조금 반환명령이 이행 완료될 예정인 경우<br>(영유아보육법 제45조, 제45조의2, 제46조, 제47조, 제48조) |
| 어린이집의 설치기준 | 어린이집 내 영유아용 화장실, 목욕실, 조리실이 모두 설치된 경우 |
| 보육실의 설치기준 | 인가정원 대비 보육실의 면적이 설치기준을 충족한 경우 |
| 보육교직원 배치기준 | 보육교직원 배치기준 중 일반기준을 모두 충족한 경우 |
| 보육교직원의 정기 건강검진 | 모든 보육교직원에 대하여 연 1회 건강검진을 실시한 경우 |
| 비상대피시설 설치 | 비상시 각 층별로 양방향 대피가 가능한 대피시설을 구비한 경우 |

출처 : 보건복지부(2014a), 2014 어린이집 평가인증안내 : 40인 이상 어린이집.

기록 명확성, 금융기관을 통한 수납, 1기관 1계좌 및 카드결제를 통한 지출 등의 준수 여부에 따라 2점의 평가점수를 부여한다. 그리고 행정처분 및 위반사항 · 민원사항 항목의 경우, 어린이집이 참여확정 마감일 이전 1년 동안에 받은 시정명령, 민원사항 발생, 식품위생법 위반 및 각종 과징금, 아동학대 등의 내용이 있는 경우 최대 8점까지 감점하는 방식으로 평가받게 된다.

3차 평가인증의 경우 9가지 필수항목에 대한 평가는 동일하다. 그러나 기본항목의 경우 2차 평가인증 때의 2항목**예결산서 및 재무회계 관련, 행정처분 및 위반사항**에 추가로 2항목이 신설되었으며 배점에서도 차이를 보인다. 즉, 예 · 결산서 및 재무회계**3점**와 행정처분 및 위반사항**8점**, 어린이집의 차량운행**2점**, 어린이집 운영위원회**2점**등 총 15점으로 평가된다.

### ② 2단계 : 현장관찰

2단계인 현장관찰단계에서는 참여확정 어린이집에 현장관찰자가 방문하여 현장

에서 보육의 질적 수준을 평가하는 단계이다. 현장관찰은 사전에 고지된 2주간3차 인증은 1주의 관찰주간 중 하루 동안 이루어진다.

현장관찰자는 영유아 관련 학과의 학사 또는 석사학위 및 교사경력을 필수요건으로 하여 선발된다. 불시로 이루어지는 현장관찰에서는 문서검토, 면담 및 관찰 등의 방법으로 해당 어린이집의 보육 서비스 전반에 대해 평가가 이루어지며, 평가의 범위 및 기준은 보건복지부에서 정하는 평가영역별 지표표 6-4, 6-5, 6-6을 사용한다.

③ 3단계 : 심의

평가인증과정의 마지막단계인 심의단계는 학계전문가, 어린이집 교직원 및 보육정보센터장, 보육 담당 공무원으로 구성된 심의위원회에서 이루어진다. 심의위원들은 기본 사항확인서, 자체점검보고서, 현장관찰보고서 등을 바탕으로 심의위원회 의견서, 결과통보서 및 종합 평가서를 작성하고 인증 여부를 최종 결정하게 된다. 인증의 기준은 총점 100점 만점 중 75점 이상, 그리고 평가의 모든 영역에서 3.00점 만점 중 2.25점 이상을 받는 경우에 인증이 확정되며, 기준점수를 통과하지 못하는 경우 인증유보 또는 불인증으로 판정된다.

## 3) 평가인증영역

영유아보육법 시행령 제31조 제2항에서는 평가인증의 영역에 보육환경, 보육과정 운영, 보육교사와 보육 영유아 간의 일상적 상호작용, 영유아의 건강 · 영양 및 안전, 보육인력의 전문성, 어린이집 운영관리, 가족 및 지역사회와의 연계 등의 영역이 포함되어야 한다고 명시하고 있다. 현행 2차 평가인증에서는 어린이집의 규모와 특성에 따라 차별화된 평가인증지표를 활용한다. 표 6-3에서 제시한 바와 같이 40인 이상 어린이집의 경우 보육환경, 운영관리, 보육과정, 상호작용과 교수법, 건강과 영양, 안전의 6개 영역에 대해 총 70항목으로 구성된 지표를 사용하며, 39인 이하의 어린이집은 보육환경과 운영관리를 하나의 영역으로 합하여 5개 영역 총 55항목으로 구성된 평가인증지표를 사용한다. 그리고 장애아전문 어린이집의 경우는 40인 이상 어린이집과 동일한 6개 영역에 대해 총 75항목의 지표를 사용한다.

**표 6-3** | 어린이집 유형별 평가인증지표

| 영역 | 하위영역 | | |
|---|---|---|---|
| | 40인 이상<br>(6영역 70항목) | 장애아전문<br>(6영역 75항목) | 39인 이하<br>(5영역 55항목) |
| 영역 1 :<br>보육환경 | • 어린이집 환경(3)<br>• 보육활동 자료(5)<br>• 보육지원 환경(3) | • 어린이집 환경(4)<br>• 보육활동 자료(7)<br>• 보육지원 환경(3) | • 어린이집 환경(3)<br>• 어린이집 운영관리(3)<br>• 보육인력(3)<br>• 가족과의 협력(2)<br>• 어린이집 환경(3)<br>• 어린이집 운영관리(3)<br>• 보육인력(3)<br>• 가족과의 협력(2) |
| 영역 2 :<br>운영관리 | • 어린이집 운영관리(3)<br>• 보육인력(3)<br>• 가족과의 협력(4)<br>• 지역사회와의 협조(2) | • 어린이집 운영관리(4)<br>• 보육인력(3)<br>• 가족과의 협력(4)<br>• 지역사회와의 협조(2) | |
| 영역 3 :<br>보육과정 | • 보육활동계획과 구성(7)<br>• 보육활동(7) | • 보육활동계획과 구성(7)<br>• 보육활동(8) | • 보육활동계획과 구성(4)<br>• 보육활동과 자료(7) |
| 영역 4 :<br>상호작용과<br>교수법 | • 일상적 양육(3)<br>• 교사의 상호작용(6)<br>• 교수법(2) | • 일상적 양육(3)<br>• 교사의 상호작용(6)<br>• 교수법(1) | • 일상적 양육(3)<br>• 교사의 상호작용(6)<br>• 교수법(2) |
| 영역 5 :<br>건강과 영양 | • 청결과 위생(8)<br>• 질병관리(2)<br>• 급식과 간식(2) | • 청결과 위생(8)<br>• 질병관리(3)<br>• 급식과 간식(2) | • 청결과 위생(8)<br>• 질병관리(2)<br>• 급식과 간식(2) |
| 영역 6 :<br>안전 | • 실내외 시설의 안전(5)<br>• 영유아의 안전 보호(5) | • 실내외 시설의 안전(5)<br>• 영유아의 안전 보호(5) | • 실내외 시설의 안전(5)<br>• 영유아의 안전 보호(5) |

출처 : 보건복지부(2014a), 2014 어린이집 평가인증안내 : 40인 이상 어린이집.

2차 평가인증의 경우 어린이집의 특성에 따라 구체적인 인증지표 항목 및 내용에서 다소 차이를 보인다. 표 6-4는 40인 이상 어린이집의 구체적 평가지표 항목을 보여 준다. 39인 이하 어린이집의 평가지표 및 장애아전문 어린이집의 평가지표 항목은 각각 표 6-5, 표 6-6에 제시하였다. 평가인증지표의 항목별 평가기준은 3점 평정척도로, 미흡한 수준일 때 1점을, 부분적으로 우수할 때는 2점을, 그리고 우수한 수준일 때는 3점을 부여한다.

표 6-4 | 40인 이상 어린이집 평가인증지표

| 영역 | 하위영역 | 항목 |
|---|---|---|
| 영역 1 : 보육환경 (11항목) | 어린이집 환경 | 1-1. 보육실의 공간 배치<br>1-2. 보육실 내 영유아의 휴식 공간<br>1-3. 옥외놀이터와 놀이기구 |
| | 보육활동 자료 | 1-4. 신체활동 자료<br>1-5. 언어활동 자료<br>1-6. 자연탐구활동 자료<br>1-7. 예술활동 자료<br>1-8. 역할놀이 및 쌓기 놀이 자료 |
| | 보육지원 환경 | 1-9. 비품과 활동자료의 보관<br>1-10. 보육교사를 위한 공간<br>1-11. 보육교사용 참고자료 |
| 영역 2 : 운영관리 (12항목) | 어린이집의 운영관리 | 2-1. 어린이집의 운영방침 및 정보 안내<br>2-2. 원아에 대한 관리<br>2-3. 보육실의 교사 대 영유아 비율 |
| | 보육인력 | 2-4. 보육교직원의 근로계약<br>2-5. 원장과 보육교사의 업무수행<br>2-6. 보육교직원의 교육 |
| | 가족과의 협력 | 2-7. 신입원아 부모를 위한 오리엔테이션<br>2-8. 어린이집과 가정 간의 의사소통<br>2-9. 어린이집에서의 부모참여<br>2-10. 어린이집 운영위원회의 구성과 활동 |
| | 지역사회와의 협조 | 2-11. 지역사회와의 협력<br>2-12. 영유아와 가족의 문제에 대한 이해와 지원 |
| 영역 3 : 보육과정 (14항목) | 보육활동 계획과 구성 | 3-1. 보육계획안의 수립<br>3-2. 보육활동계획의 균형과 진행<br>3-3. 자유선택활동시간과 운영<br>3-4. 실외활동시간과 운영<br>3-5. 일과의 통합적 운영<br>3-6. 일상생활 관련 활동<br>3-7. 보육과정 평가 및 영유아활동 관찰 |
| | 보육활동 | 3-8. 신체활동<br>3-9. 언어활동<br>3-10. 기본생활 관련 활동<br>3-11. 사회관계 증진활동<br>3-12. 자연탐구활동<br>3-13. 예술활동<br>3-14. 역할놀이 및 쌓기 놀이 |

(계속)

| 영역 | 하위영역 | 항목 |
| --- | --- | --- |
| 영역 4 : 상호작용과 교수법 (11항목) | 일상적 양육 | 4-1. 즐거운 식사(수유)와 간식<br>4-2. 편안한 분위기의 낮잠<br>4-3. 자연스러운 배변경험 |
| | 교사의 상호작용 | 4-4. 영유아를 존중하고 평등하게 대하기<br>4-5. 영유아의 요구와 질문에 대한 민감한 반응<br>4-6. 긍정적인 방법의 행동지도<br>4-7. 또래 간 긍정적 상호작용의 격려<br>4-8. 자유놀이에 교사 참여<br>4-9. 영유아 간의 다툼이나 문제상황 개입 |
| | 교수법 | 4-10. 교수법의 효과적인 사용<br>4-11. 동기유발과 호기심의 장려 |
| 영역 5 : 건강과 영양 (12항목) | 청결과 위생 | 5-1. 실내 공간의 청결<br>5-2. 보육실의 환기, 채광, 조명, 온도관리<br>5-3. 놀잇감의 청결<br>5-4. 화장실과 세면장의 청결<br>5-5. 조리실 공간과 설비의 위생적 관리<br>5-6. 식자재, 조리 및 배식과정의 위생적 관리<br>5-7. 영유아와 보육교사의 청결유지<br>5-8. 개별 침구의 사용과 관리 |
| | 질병관리 | 5-9. 아프거나 다친 영유아의 보호<br>5-10. 영유아와 보육교직원의 건강관리 |
| | 급식과 간식 | 5-11. 영유아를 위한 급식<br>5-12. 영유아를 위한 간식 |
| 영역 6 : 안전 (10항목) | 실내외 시설의 안전 | 6-1. 보육실의 안전관리<br>6-2. 실내시설의 안전관리<br>6-3. 실외시설의 안전관리<br>6-4. 실내외 놀잇감의 안전관리<br>6-5. 실내외 위험한 물건의 보관 |
| | 영유아의 안전 보호 | 6-6. 영유아에 대한 성인의 보호<br>6-7. 영유아의 안전한 인계과정<br>6-8. 어린이집의 안전한 차량 운행<br>6-9. 비상사태를 대비한 시설 및 설비와 대처방안<br>6-10. 안전교육과 정기적인 소방훈련 |

출처 : 보건복지부(2014a), 2014 어린이집 평가인증안내 : 40인 이상 어린이집.

**표 6-5** | 39인 이하 어린이집 평가인증지표

| 영역 | 하위영역 | 항목 |
|---|---|---|
| 영역 1 :<br>보육환경 및 운영관리<br>(11항목) | 어린이집 환경 | 1-1. 보육실의 공간 배치<br>1-2. 보육실 내 영유아의 휴식 공간<br>1-3. 옥외놀이터와 놀이기구 |
| | 어린이집의 운영관리 | 1-4. 어린이집의 운영방침 및 정보 안내<br>1-5. 원아에 대한 관리<br>1-6. 보육실의 교사 대 영유아 비율 |
| | 보육인력 | 1-7. 보육교직원의 근로계약과 업무수행<br>1-8. 보육교직원의 교육<br>1-9. 보육교사용 참고자료 |
| | 가족과의 협력 | 1-10. 어린이집과 가정 간의 의사소통<br>1-11. 어린이집에서의 부모참여 |
| 영역 2 :<br>보육과정<br>(11항목) | 보육활동계획과 구성 | 2-1. 보육계획안의 수립<br>2-2. 보육활동계획의 균형과 진행<br>2-3. 실외활동 및 일상생활 관련 활동<br>2-4. 일과의 통합적 운영 |
| | 보육활동과 자료 | 2-5. 신체활동과 자료<br>2-6. 언어활동과 자료<br>2-7. 기본생활 관련 활동<br>2-8. 사회관계 증진활동<br>2-9. 자연탐구활동과 자료<br>2-10. 예술활동과 자료<br>2-11. 역할놀이 및 쌓기 놀이와 자료 |
| 영역 3 :<br>상호작용과<br>교수법<br>(11항목) | 일상적 양육 | 3-1. 즐거운 식사(수유)와 간식<br>3-2. 편안한 분위기의 낮잠<br>3-3. 자연스러운 배변경험 |
| | 교사의 상호작용 | 3-4. 영유아를 존중하고 평등하게 대하기<br>3-5. 영유아의 요구와 질문에 대한 민감한 반응<br>3-6. 긍정적인 방법의 행동지도<br>3-7. 또래 간 긍정적 상호작용의 격려<br>3-8. 자유놀이에 교사 참여<br>3-9. 영유아 간의 다툼이나 문제상황 개입 |
| | 교수법 | 3-10. 교수법의 효과적인 사용<br>3-11. 동기유발과 호기심의 장려 |

(계속)

| 영역 | 하위영역 | 항목 |
|---|---|---|
| 영역 4 : 건강과 영양 (12항목) | 청결과 위생 | 4-1. 실내 공간의 청결<br>4-2. 보육실의 환기, 채광, 조명, 온도관리<br>4-3. 놀잇감의 청결<br>4-4. 화장실과 세면장의 청결<br>4-5. 조리실 공간과 설비의 위생적 관리<br>4-6. 식자재, 조리 및 배식과정의 위생적 관리<br>4-7. 영유아와 보육교사의 청결유지<br>4-8. 개별 침구의 사용과 관리 |
| | 질병관리 | 4-9. 아프거나 다친 영유아의 보호<br>4-10. 영유아와 보육교직원의 건강관리 |
| | 급식과 간식 | 4-11. 영유아를 위한 급식<br>4-12. 영유아를 위한 간식 |
| 영역 5 : 안전 (10항목) | 실내외 시설의 안전 | 5-1. 보육실의 안전관리<br>5-2. 실내외 시설 및 설비의 안전관리<br>5-3. 조리실 설비의 안전관리<br>5-4. 실내외 놀잇감의 안전관리<br>5-5. 실내외 위험한 물건의 보관 |
| | 영유아의 안전 보호 | 5-6. 영유아에 대한 성인의 보호<br>5-7. 영유아의 안전한 인계과정<br>5-8. 어린이집의 안전한 차량 운행<br>5-9. 비상사태를 대비한 시설 및 설비와 대처방안<br>5-10. 안전교육과 정기적인 소방훈련 |

출처 : 보건복지부(2014b), 2014 어린이집 평가인증 안내 : 39인 이하 어린이집.

**표 6-6** | 장애아전문 어린이집 평가인증지표

| 영역 | 하위영역 | 항목 |
|---|---|---|
| 영역 1 : 보육환경 (14항목) | 어린이집 환경 | 1-1. 활동영역의 배치<br>1-2. 보육실 내 장애 영유아의 휴식 공간<br>1-3. 옥외놀이터와 놀이기구<br>1-4. 적합한 편의를 제공하기 위한 물리적 환경 |
| | 보육활동자료 | 1-5. 신체활동자료<br>1-6. 언어활동자료<br>1-7. 자연탐구활동자료<br>1-8. 예술활동자료<br>1-9. 역할놀이 및 쌓기 놀이 자료<br>1-10. 장애 차별을 최소화할 수 있는 관련 서비스 제공을 위한 활동자료<br>1-11. 교육진단과 발달 평가자료 |

(계속)

<table>
<tr><th>영역</th><th>하위영역</th><th>항목</th></tr>
<tr><td>영역 1 :<br>보육환경<br>(14항목)</td><td>보육지원 환경</td><td>1-12. 비품과 활동자료의 보관<br>1-13. 교사를 위한 공간<br>1-14. 교사용 참고자료</td></tr>
<tr><td rowspan="4">영역 2 :<br>운영관리<br>(13항목)</td><td>어린이집의 운영관리</td><td>2-1. 어린이집의 운영방침 및 정보 안내<br>2-2. 원아에 대한 관리<br>2-3. 보육실의 교사 대 장애 영유아 비율<br>2-4. 장애 영유아를 위한 보육활동에 대한 사례회의 및 협력</td></tr>
<tr><td>보육인력</td><td>2-5. 보육교직원의 근로계약<br>2-6. 원장과 보육교사의 업무수행<br>2-7. 보육교직원의 교육</td></tr>
<tr><td>가족과의 협력</td><td>2-8. 신입원아 부모를 위한 오리엔테이션<br>2-9. 어린이집과 가정 간의 의사소통<br>2-10. 어린이집에서의 부모참여<br>2-11. 어린이집 운영위원회의 구성과 활동</td></tr>
<tr><td>지역사회와의 협조</td><td>2-12. 지역사회와의 협력<br>2-13. 장애 영유아와 가족의 문제에 대한 이해와 지원</td></tr>
<tr><td rowspan="2">영역 3 :<br>보육과정<br>(15항목)</td><td>보육활동계획과 구성</td><td>3-1. 보육계획안의 수립<br>3-2. 보육활동계획의 균형과 진행<br>3-3. 자유선택활동시간과 운영<br>3-4. 실외활동시간과 운영<br>3-5. 일과의 통합적 운영<br>3-6. 사회적응 프로그램<br>3-7. 보육과정 평가 및 장애 영유아 활동 관찰</td></tr>
<tr><td>보육활동</td><td>3-8. 신체활동<br>3-9. 언어활동<br>3-10. 기본생활 관련 활동<br>3-11. 사회성 증진활동<br>3-12. 자연탐구활동<br>3-13. 예술활동<br>3-14. 역할놀이 및 쌓기 놀이<br>3-15. 교육진단과 관련 서비스를 제공하기 위한 활동</td></tr>
<tr><td>영역 4 :<br>상호작용과<br>교수법<br>(10항목)</td><td>일상적 양육</td><td>4-1. 즐거운 식사(수유)와 간식<br>4-2. 편안한 분위기의 낮잠<br>4-3. 자연스러운 배변경험</td></tr>
</table>

(계속)

| 영역 | 하위영역 | 항목 |
|---|---|---|
| 영역 4 : 상호작용과 교수법 (10항목) | 교사의 상호작용 | 4-4. 장애 영유아를 존중하고 평등하게 대하기<br>4-5. 장애 영유아의 요구와 질문에 대한 민감한 반응<br>4-6. 긍정적인 방법의 행동지도<br>4-7. 또래 간 긍정적 상호작용의 격려<br>4-8. 자유놀이에 교사 참여<br>4-9. 장애 영유아 간의 다툼이나 문제상황 개입 |
| | 교수법 | 4-10. 교수법의 효과적인 사용 |
| 영역 5 : 건강과 영양 (13항목) | 청결과 위생 | 5-1. 실내 공간의 청결<br>5-2. 보육실의 환기, 채광, 조명, 온도관리<br>5-3. 놀잇감의 청결<br>5-4. 화장실과 세면장의 청결<br>5-5. 조리실 공간과 설비의 위생적 관리<br>5-6. 식자재, 조리 및 배식과정의 위생적 관리<br>5-7. 장애 영유아와 교사의 청결유지<br>5-8. 개별 침구의 사용과 관리 |
| | 질병관리 | 5-9. 아프거나 다친 장애 영유아의 보호<br>5-10. 장애 영유아의 투약관리<br>5-11. 장애 영유아와 보육교직원의 건강관리 |
| | 급식과 간식 | 5-12. 영유아를 위한 급식<br>5-13. 영유아를 위한 간식 |
| 영역 6 : 안전 (10항목) | 실내외 시설의 안전 | 6-1. 보육실의 안전관리<br>6-2. 실내시설의 안전관리<br>6-3. 실외시설의 안전관리<br>6-4. 실내외 놀잇감의 안전관리<br>6-5. 실내외 위험한 물건의 보관 |
| | 장애 영유아의 안전 보호 | 6-6. 장애 영유아에 대한 성인의 보호<br>6-7. 장애 영유아의 안전한 인계과정<br>6-8. 어린이집의 안전한 차량 운행<br>6-9. 비상사태를 대비한 시설 및 설비와 대처방안<br>6-10. 안전교육과 정기적인 소방훈련 |

출처 : 보건복지부(2014c), 2014 어린이집 평가인증안내 : 장애아전문 어린이집.

한편, 시범운영 중인 3차 평가인증의 경우 평가지표를 기관의 특성에 따른 구분 없이 단일화하여, 표 6-7과 같이 6영역 50개 지표로 간소화하였다(보건복지부·한국보육진흥원, 2014). 이러한 3차 평가인증지표는 시범운영과정을 거쳐 점진적으로 2차 평가인증을 대체할 계획에 있다. 3차 평가인증의 경우 평가지표 항목뿐 아니라

표 6-7 | 3차 평가인증 지표

| 영역 | 항목 |
|---|---|
| 영역 1 : 보육환경(8) | 1-1. 보육실은 영유아의 자율적 선택과 능동적 참여를 촉진하는 흥미영역으로 구성되어 있다.<br>1-2. 실내공간(보육실 외)은 영유아와 보호자가 편리하게 사용할 수 있도록  조성되어 있다.<br>1-3. 옥외놀이터는 자연을 느끼며 다양한 놀이를 할 수 있도록 조성되어 있다.<br>1-4. 각 반의 크기와 인원은 원활한 운영이 이루어지도록 적절하게 구성되어 있다.<br>1-5. 실내외 설비와 가구는 영유아가 편리하게 사용하도록 마련되어 있다.<br>1-6. 어린이집의 보육활동자료는 영역별로 다양하고 충분하게 구비되어 관리된다.<br>1-7. 각 반의 놀잇감과 활동자료는 영유아 발달 수준과 흥미를 반영하고 있다.<br>1-8. 보육교사를 위한 공간, 가구, 비품은 쉽게 이용할 수 있게 마련되어 있다. |
| 영역 2 : 건강(8) | 2-1. 보육실은 청결하고 쾌적하게 관리된다.<br>2-2. 실내외 공간(보육실 외)은 청결하고 쾌적하게 관리된다.<br>2-3. 보육교사와 영유아는 손 씻기 등 위생습관을 실천한다.<br>2-4. 보육교사는 영유아가 아픈지 살펴보고 적절하게 지원한다.<br>2-5. 영유아와 보육교직원의 건강증진을 위한 예방관리와 교육이 이루어진다.<br>2-6. 식자재의 구입, 보관 및 조리공간은 청결하고 위생적으로 관리된다.<br>2-7. 조리 및 배식과정은 청결하고 위생적으로 관리된다.<br>2-8. 급·간식의 내용과 양은 영유아의 영양균형과 건강증진에 도움이 된다. |
| 영역 3 : 안전(8) | 3-1. 보육실은 영유아의 안전을 위해 위험요인 없이 관리된다.<br>3-2. 실내외 공간(보육실 외)은 영유아의 안전을 위해 위험요인 없이 관리된다.<br>3-3. 실내외 놀잇감이 안전하고, 위험한 물건은 영유아의 손에 닿지 않도록 보관한다.<br>3-4. 영유아는 등원부터 하원까지 성인의 보호하에 있다.<br>3-5. 어린이집에서 차량을 운행할 경우, 안전요건을 갖추어 관리한다.<br>3-6. 어린이집은 비상사태에 대비할 수 있는 시설, 설비와 인력이 있다.<br>3-7. 영유아는 비상사태에 대비하여 대피훈련과 다양한 안전교육을 받는다.<br>3-8. 보육교직원은 다친 영유아를 지침에 따라 처치하고, 영유아를 학대로부터 보호한다. |
| 영역 4 : 보육과정 운영(8) | 4-1. 어린이집은 연령에 적합한 보육과정을 계획하여, 이를 운영한다.<br>4-2. 어린이집은 영유아의 흥미를 반영하여 보육과정을 통합적으로 운영한다.<br>4-3. 보육교사는 일과를 균형 있게 계획하고 융통적으로 운영한다.<br>4-4. 보육교사는 영유아의 일상생활이 편하게 이루어지도록 일과를 운영한다.<br>4-5. 보육교사는 여러 영역에서 다양한 놀이와 보육활동이 이루어지도록 운영한다.<br>4-6. 보육교사는 영유아의 개별 활동과 놀이에서 동기유발 및 주도적 참여가 지속될 수 있도록 지도한다.<br>4-7. 보육교사는 대·소집단활동을 연령에 적합하게 운영한다.<br>4-8. 보육교사는 보육과정 및 영유아에 대해 주기적으로 평가한다. |
| 영역 5 : 보육활동과 상호작용(10) | 5-1. 영유아는 대·소근육발달을 위해 연령에 적합한 신체활동에 참여한다.<br>5-2. 영유아는 연령에 적합한 다양한 언어활동에 참여한다.<br>5-3. 영유아는 연령에 적합하게 자신과 가족, 주변 사회에 관심을 갖는 경험을 한다.<br>5-4. 영유아는 일상에서 예술을 자연스럽게 경험하고 표현할 기회가 있다.<br>5-5. 영유아는 친숙한 주변 환경에서 자발적인 자연탐구활동을 경험한다. |

(계속)

| 영역 | 항목 |
|---|---|
| 영역 5 : 보육 활동과 상호작용 (10) | 5-6. 영유아는 발달 수준과 흥미에 적합하게 역할 및 쌓기 놀이를 충분히 한다.<br>5-7. 보육교사는 영유아와 신뢰로운 관계를 형성한다.<br>5-8. 보육교사는 개별, 집단으로 영유아와 바람직한 언어적 상호작용을 한다.<br>5-9. 보육교사는 영유아들 간의 긍정적인 상호작용이 활발히 이루어지도록 격려한다.<br>5-10. 보육교사는 영유아의 어려움과 문제상황을 파악하고 이를 적절히 지도한다. |
| 영역 6 : 운영관리(8) | 6-1. 어린이집은 질 높고 투명한 운영방침을 수립하여 이를 실행한다.<br>6-2. 원장은 협력적 조직문화 조성을 위한 리더십을 갖추고 있다.<br>6-3. 어린이집은 보육교직원의 적절한 처우와 복지향상을 위해 노력하고 있다.<br>6-4. 어린이집은 개별 보육교직원의 전문성 향상을 위해 노력하고 있다.<br>6-5. 어린이집은 영유아의 초기 적응을 지원하고 개별 원아의 기록을 관리한다.<br>6-6. 어린이집과 가정 간 의사소통이 원활하게 이루어진다.<br>6-7. 어린이집은 가족을 지원하고 참여 기회를 다양하게 제공한다.<br>6-8. 어린이집은 지역사회와 활발하게 교류한다. |

출처 : 보건복지부 · 한국보육진흥원(2014), 어린이집 평가인증 지표 및 운영체계 개선 시범사업 안내.

평가배점에 있어서도 2차 평가인증과 차이를 보인다. 즉, 개별 항목에 대해 구체적인 평가구성요소를 명시하여 다수의 구성요소 중 일정 요건이 구비되었는지에 따라 우수, 보통, 미흡의 평정을 하게 된다. 특히, 구성요소 중 기본요소와 필수요소 등을 두어 해당 요소가 누락된 경우 감점하거나 0점을 주는 등 평정기준을 보다 체계화시켰다. 또한 39인 이하 어린이집과 장애아전문 어린이집의 경우 평가 항목은 동일하나 평정기준에서 40인 이상 어린이집과 다소 차이를 두어 기관별 특성을 반영하는 한편, 영아와 유아를 구분하여 평가하도록 하고 있다.

3차 평가인증의 평정방식을 보여 주는 예로 표 6-8을 제시하였다. 표는 항목 1-4. 각 반의 크기와 인원구성에 대한 평가의 구체적인 구성요소와 평정방식을 보여준다. 표 6-8에 의하면, 해당 항목에 대해 세부적으로 5가지의 구성요소를 제시하고 있으며, 5개 요소 중 필수와 기초를 포함하여 4개 이상이 충족될 경우 우수(3점)를 부여하도록 되어 있다. 그리고 기초요소가 충족되지 않았을 때는 미흡(1점)을, 필수요소가 충족되지 않았을 때는 0점을 부여하도록 하는 등 항목별로 매우 구체적인 평가체계를 마련하고 있다.

표 6-8 | 3차 평가인증 지표항목 1~4의 구성요소 및 평정방식

| | 구성요소 | 평가방법 | 결과 |
|---|---|---|---|
| 1 | 총 정원을 준수하고 있다. 필수 | 관찰, 기록 | □Y □N |
| 2 | 모든 반이 교사 대 영유아 법정 비율을 지키고 있다. 기초 | 관찰, 기록 | □Y □N |
| 3 | 혼합반 구성의 원칙에 따라 구성하여 운영한다. 기초 | 관찰, 기록 | □Y □N |
| 4 | 연령별 반 규모가 적절하다. | 관찰, 기록 | □Y □N |
| 5 | 보육실 면적이 해당 반 영유아 1인당 2.64$m^2$보다 더 넓게 구성된 반이 1개 이상 있다. | 기록 | □Y □N |
| | 합계 | | 총 개 |
| 평정기준 | • 우수(3점) : Y가 4개 이상(필수, 기초 포함)<br>• 보통(2점) : Y가 3개 (필수, 기초 포함)<br>• 미흡(1점) : 기초 N 또는 Y가 0~2개 (필수 포함)<br>• 0점 : 필수 N | | |

출처 : 보건복지부 · 한국보육진흥원(2014), 어린이집 평가인증 지표 및 운영체계 개선 시범사업 안내.

## 4) 평가인증 참여 현황 및 사후관리

### (1) 평가인증 참여 및 인증 현황

어린이집 평가인증은 2009년까지 제1차 인증이 완료되었으며, 현재 제2차 평가인증이 진행되고 있다. 2005~2009년까지 제1차 평가인증에 참여하여 인증에 통과한 기관의 현황을 살펴보면, 전국 3만 5,550개의 어린이집 중 약 82%에 해당하는 2만 9,084개 어린이집이 참여신청을 하여 이 중 약 70%에 해당하는 2만 402개 어린이집이 인증을 통과하였다. 이는 전국의 어린이집 중 약 63%에 해당하는 수치이다. 2010년부터 시작된 2차 평가인증에 참여하여 인증에 통과한 신규인증 어린이집과 인증을 유지하고 있는 재인증 어린이집의 현황은 2013년 말까지 전국 4만 3,776개 어린이집 중 총 3만 8,114개소로 약 87%에 해당하는 비율을 보인다. 표 6-9는 2차 평가인증에서 재인증에 통과한 인증유지 어린이집의 현황을 보여 준다.

표 6-9 | 평가 인증유지 어린이집 현황 (기준일 : 2013. 12. 31) (단위 : 개소)

| 구분 | 국공립 | 법인 | 직장 | 가정 | 부모협동 | 민간 | 합계 |
|---|---|---|---|---|---|---|---|
| 전체 시설 수 | 2,338 | 1,439 | 619 | 23,632 | 129 | 15,619 | 43,776 |
| 인증유지 시설 | 2,141 | 1,270 | 362 | 16,217 | 46 | 10,919 | 30,955 |
| 인증유지율(%) | 91.6 | 88.3 | 58.5 | 68.6 | 35.7 | 69.9 | 70.7 |

출처 : 보건복지부(2014a), 2014 어린이집 평가인증안내 : 40인 이상 어린이집.

### (2) 평가인증 사후관리

2차 평가인증부터는 평가인증에 통과한 어린이집에 대한 사후관리를 강화함으로써 평가 당시의 질을 유지하도록 하는 보다 적극적인 관리가 이루어지고 있다. 1차 평가인증 시에는 연차별 어린이집 자체점검과 방문지원 및 교육 등의 다소 소극적인 사후관리가 이루어졌던 반면, 2차 평가인증에서는 연차별 자체점검을 통해 보고서를 제출하도록 하는 것 이외에 인증어린이집 컨설팅, 원장 및 교직원 변동에 따른 사후관리, 확인점검, 인증취소, 확인방문 등 보다 체계적이고 적극적인 사후관리방법을 도입하여 실행하고 있다.

#### ① 연차별 자체점검보고서 관리

인증통과 어린이집은 인증유효기간 중 매년 1회 연차별 자체점검보고서를 제출하여 보육의 질적 수준을 자체적으로 점검하고 개선·보완하도록 한다.

#### ② 신임원장 교육

인증에 통과한 후 어린이집 시설장이 교체되는 경우, 인증 시의 질이 유지될 수 있도록 3개월 이내에 교육을 실시한다.

#### ③ 확인점검

확인점검은 평가인증을 받은 어린이집을 대상으로 인증 당시의 수준을 유지하고 있는지 점검하고, 기준 점수 미달 시 보육컨설팅 및 재점검을 실시하도록 하는 제도이다. 특히, 확인점검은 인증 당시 획득한 점수를 바탕으로 확인점검 시 우수한 점수를 받은 우수한 기관에 대해서는 인증유효기간을 1년까지 연장해 주는 반면, 질

관리가 미흡한 기관은 인증유효기간을 감축시키는 등 확인점검의 결과를 직접 반영하는 매우 적극적인 사후관리라 하겠다.

④ 어린이집 인증취소 관리

평가인증에 통과하여 인증을 유지하고 있는 어린이집의 경우에도 다음과 같은 경우에는 인증을 취소할 수 있다. 즉, 인증 후「영유아보육법」,「아동복지법」등 법률을 위반하거나 6개월 이상 운영이 중단되는 경우, 대표자가 변경되는 경우, 확인점검 시 인증기준이 미달되는 경우 등이 이에 해당한다.

## 5) 평가인증 현행상의 문제점

어린이집 평가인증제도는 보육 서비스에 대한 질을 높이는 데 기여하고 있는 것으로 나타난다. 어린이집 평가인증 결과에 대한 연구에 의하면, 인증 어린이집의 질적 수준은 미인증 어린이집들에 비해 높게 나타나며, 인증과정에 참여한 시설장, 교사는 물론 인증통과 어린이집을 이용하는 영유아와 어머니들 역시 평가인증의 효과성에 대해 전반적으로 만족하는 것으로 나타난다(김동례 · 이현경, 2008 ; 김향은 · 2008 ; 장상란 · 서현아, 2009). 또한 평가인증 참여를 통해 시설장과 교사의 자부심 및 교사효능감이 높게 나타나는 결과를 보이기도 하였고, 평가인증 통과는 원아모집에 긍정적 영향을 미치는 것으로 보고된다(보건복지부, 2014b). 이러한 결과들은 앞서 제시한 평가인증의 4가지 목적들 중 첫 번째 목적인 보육 서비스의 질적 향상을 통한 영유아의 바람직한 발달도모의 목적을 충실히 달성하고 있음을 보여 준다. 그러나 어린이집 평가인증제는 평가인증과정이나 평가지표, 사후관리 등의 몇 가지 점에서 여전히 문제점을 가지고 있다는 비판을 받기도 한다.

첫째, 평가인증의 문제점으로 평가인증 지표의 한계를 들 수 있다. 어린이집 평가인증제가 보육 서비스의 질을 향상시키는 효과적인 제도임에는 틀림없으나, 평가에 활용되는 평가인증 지표 세부항목의 모호성, 불필요성, 중복성, 획일성 등은 평가인증제의 효과를 반감시킨다고 할 수 있다. 따라서 평가인증 지표의 구체적인 항목들에 대한 검토가 요구된다. 예를 들어, 어린이집 규모인 영유아 40인 이상과 미만에 따라 평가인증 지표를 차별화한 것의 효율성과 형평성에 대해 검토해 볼 수 있을 것이다. 이러한 노력의 일환으로 3차 평가인증에서는 기관별로 차별화된 인증지표의 문제점을 해결하기 위해 새로 개발된 통합지표를 바탕으로 시범사업이 진행되고 있다. 시범사업의 결과에 따라 지표의 통합 여부가 결정될 것으로 보인다. 이 밖에도 획일화된 지표를 사용하는 현행 평가방식 이외에 추가로 개별어린이집의 보육목표 달성 여부에 초점을 둔 평가도 가능할 것으로 보인다.

둘째, 항목별 평가기준의 획일성에서 오는 한계를 들 수 있다. 즉, 다양한 영역별 항목을 평가하는 기준이 미흡, 보통, 우수 등 1에서 3점으로 나누어진다. 따라서 항목 간 혹은 항목 내 다양한 문항 간의 상대적인 중요성이 전체 점수에 반영되기 어렵다는 단점을 들 수 있다. 어린이집의 질을 평가하는 기준에 대한 상대적 중요도는 개인마다 다소 다른 견해를 가질 수 있다. 그러나 어린이집의 1차적인 목적을 영유아의 건강한 발달에 두고자 한다면, 평가항목 중 안전이나 위생과 관련된 사항들은 가장 기본적이고 중요한 영역이라 할 수 있다. 그럼에도 불구하고 현재의 평가기준에서는 모든 항목의 감점비율이 동일하기 때문에 특별히 중요한 혹은 기본적인 전제조건으로 충족되어야 할 항목들에 대한 상대적 중요도를 반영하기 어렵다는 제한점이 있다. 따라서 이후 평가인증에서는 필수항목 및 기본항목 등에서 일정 점수 이상 감점될 경우 평가인증 참여를 제한하는 등의 보다 강력한 기본요건 충족 전제에 대해 제고해 볼 수 있을 것이다.

셋째, 평가인증의 준비과정에서 가장 많이 지적되는 사항으로 보육교사의 업무과다를 들 수 있다. 평가인증과정에 참여한 보육교사들을 대상으로 평가인증제도의 만족도를 조사한 결과, 국공립 교사 817명 중 71.4%가 불만족한다고 응답하였다(김영명, 2014). 보육교사들은 특히 평가를 위한 문서기록화의 어려움과 업무과다로 인한 영유아와의 관계소홀을 문제점으로 꼽았다는 점에서 평가과정에서의 교사참여를 줄일 수 있는 방안을 마련하여야 할 것이다. 한 예로, 3차 평가인증에서 현장관찰 시 보육일지 확인기간을 현행 3개월에서 1개월로 단축한 것은 교사들이 주로 담당해왔던 문서준비의 부담을 줄이기 위한 노력으로 볼 수 있다.

넷째, 평가인증제의 문제점으로 평가인증에 대한 인식을 들 수 있다. 많은 어린이집들이 평가인증제의 목적을 보육 서비스의 질 향상 및 관리의 과정에 두기보다

인증통과라는 결과에 두는 경향이 있다. 이는 평가인증 이후 질 유지가 이루어지지 않는다고 응답한 교사가 52.7%라는 보고와 인증통과를 위해 평가 관련 기록을 수정하거나 사실과 다르게 기록하였다는 응답이 70%에 육박한다는 조사결과(김영명, 2014)를 통해 유추해 볼 수 있다. 이러한 문제점을 해결하기 위해 준비단계에서부터 인증통과 위주의 항목별 조력이 아닌 해당 시설의 개별 특성을 반영한 조력과 평가기준을 마련하는 것도 가능할 것이다. 또한 2차 평가인증부터 강화된 사후관리의 범위와 방법을 보다 확대하고 다양화하여 지속적인 질 관리 및 유지가 이루어질 수 있도록 하여야 할 것이다.

마지막으로, 평가인증제는 질적으로 우수한 시설에 대한 객관적 인증을 통해 부모들의 어린이집 선택에 도움을 주고자 하는 목적을 가진다. 그러나 실제로 평가인증 정보에 대한 부모의 활용도가 낮다는 점은 또 하나의 문제점이라 할 수 있다(보건복지부, 2014). 최근 실시한 평가인증 결과 공시는 부모들의 정보활용도를 높일 수 있는 방안이라 여겨지며, 이와 더불어 평가인증제의 목적과 과정 등에 대한 적극적인 홍보가 필요하다고 하겠다.

# 참고문헌

## 국내문헌


감향은(2008). 평가인증에 참여한 보육시설 종사자들의 경험을 통해 본 보육시설 평가인증제도의 효과. 아동학회지, 29(1), 169-188.

강남구보육정보센터(2010). 보육시설 영양관리 가이드북.

강인구(2009). 대안교육 모델로서의 독일 발도르프 유치원. 임상사회사업연구, 6(2), 5-23.

강인구 · 최경(2006). 발도르프 유아교육의 이론과 실제. 아이나무.

고지희(2007). 프로젝트 접근법이 유아의 창의적 표현에 미치는 영향. 이화여자대학교 교육대학원 석사학위논문.

곽노의(1999). 자유 발도르프 유아교육. 밝은누리.

교육과학기술부 · 보건복지부 · 육아정책연구소. 3, 4세 누리과정 제정(안) 공청회.

교육과학기술부 · 보건복지부 · 육아정책연구소. 5세 누리과정 지도를 위한 유치원 · 어린이집 교사 연수 자료집.

권미옥(2013). 국 · 공립 어린이집 이용 부모 만족도에 관한 연구 : 서울시 성동구 지역 이용자(취업모)를 중심으로. 한양대학교 석사학위논문.

김경회 · 김선영 · 김신영 · 김지은 · 김혜금 · 문혁준 · 서소정 · 안신희 · 안효진 · 이희경 · 정선아 · 황혜원(2006). 보육학개론. 창지사.

김동례 · 이현경(2008). 보육시설 평가인증제 참여교사와 비참여교사의 직무만족도 비교연구. 열린유아교육연구, 13(2), 25-48.

김문자(2008) 유형별 보육시설서비스 만족도 비교분석 : 경기도 파주시 국공립, 민간, 가정보육시설을 중심으로. 중앙대학교 석사학위논문.

김미연(2013). 발도르프 유아교육기관의 통합교육실태 및 부모들의 인식에 대한 연구. 공주대학교 교육대학원 석사학위논문.

김미화(2013). 프로젝트 접근법이 유아의 학습 관련 사회적 기술에 미치는 영향. 한국교원대학교 교육대학원 석사학위논문.

김상림 · 한준아 · 권연희(2013). 보육과정. 양서원.

김선영 · 서소정(2010). 유아 교사 효능감 척도개발 연구. 아동학회지, 31(4), 91-110.

김성숙 · 강현경(2012). 유아의 가족 구성원에 대한 다양성 수용도와 가족 개념에 대한 인식. 아동교육, 21(4), 117-133.

김성숙 · 김윤이(2011). 표준보육과정에 기초한 보육프로그램에서의 다문화 관련 교육내용 분석. 한국영유아교원교육학회, 15(3), 441−457.

김성원(2001). 루돌프 슈타이너의 유아교육론 연구. 대구 가톨릭대학교 대학원 박사학위논문.

김숙자 · 김윤이(2011). 표준보육과정에 기초한 보육프로그램에서의 다문화 관련 교육 내용 분석. 유아교육학논집, 15(3), 441−4 57.

김영명(2014). 영유아와 보육교사의 관리존중 관점에서 본 평가인증의 실태와 개선방안. 한국어린이집총연합회 정책토론회 '평가인증, 현장에서 그 답을 찾다(2014. 5. 13)' 자료집. 1−7.

김정휘(1992). 교사의 직무스트레스와 정신, 신체적 증상 또는 탈진과의 관계. 중앙대학교 대학원 박사학위논문.

김지은 · 김경회 · 김현주 · 김혜금 · 김혜연 · 문혁준 · 신혜원 · 안선희 · 안효진 · 임연진 · 조혜경 · 황옥경(2004). 보육과정. 창지사.

김향은(2008). 평가인증에 참여한 보육시설 종사자들의 경험을 통해 본 보육시설 평가인증제도의 효과. 아동학회지, 29(1), 169−188.

김현아(2005). 유아교육기관의 생태유아교육 학급운영 실태조사. 총신대학교 교육대학원 석사학위논문.

김혜금 · 임미정 · 차승환 · 전영희 · 길미애(2010). 0, 1, 2세아 영아보육 프로그램. 학지사.

김효민 · 박정윤 · 김양희(2006). 취업모의 보육 서비스 이용만족도 및 개선에 대한 연구. *Family and Environment Research, 44*(6), 79−86.

노종희(2001). 교원 직무만족의 개념화 및 측정에 관한 연구. 교육행정학 연구, 19(2), 163−181.

두산동아 사서편집국(2009). 동아 새국어사전. 두산동아.

문무경(2006). 세계육아정책동향 시리즈 2 : 스웨덴의 육아정책−유아교육과 보육, 학교교육의 통합을 중심으로. 육아정책개발센터.

박근영(2011). 보육시설 유형에 따른 교사 직무 만족도 및 학부모 만족도. 계명대학교 석사학위논문.

박정민(2002). 다운증후군 유아와 일반유아의 언어 및 몸짓 발달비교 연구. 이화여자대학교 석사학위 논문.

보건복지부(2012). 5세 누리과정에 기초한 어린이집 프로그램. 보건복지부.

보건복지부(2013). 2013 어린이집 평가인증 안내(40인 이상/39인 이하/장애아 전담 어린이집).

보건복지부(2013). 어린이집 표준보육과정에 기초한 영아보육 프로그램. 보건복지부.

보건복지부(2014). http://www.mw.go.kr

보건복지부(2014a). 2014 어린이집 평가인증 안내 : 40인 이상 어린이집. 경성문화사.

보건복지부(2014b). 2014 어린이집 평가인증 안내 : 39인 이하 어린이집. 경성문화사.

보건복지부(2014c). 2014 어린이집 평가인증 안내 : 장애아전문 어린이집. 경성문화사.

보건복지부 · 한국보육진흥원(2014). 어린이집 평가인증 지표 및 운영체계 개선 시범사업 안내.

서남숙(2012). 발도르프 유아교육기관에서 리듬생활을 통한 전이활동에 관한 연구. 동국대학교 교육대학원 석사학위논문.

서문희(2007). 세계육아정책동향 시리즈 3 : 호주의 보육정책. 육아정책개발센터.

서영숙 · 서혜전 · 정영희 · 양영아 · 안소영 · 이종현 · 남미선(2013). 보육과정(2판 3쇄 보건복지부). 공동체.

서주영 · 최봉순 · 이인숙(2010). 유아 대상의 요리활동을 포함한 영양교육 후 식생활 습관 및 식태도 변화. 동아시아식생활학회지, 20(5), 794-801.

송지윤(2011). 보육시설 이용 부모의 서비스 만족도에 관한 연구(천안, 아산 지역을 중심으로). 정책과학연구, 20(1), 113-137.

수원대학교 위탁운영 경기도 화성시 시립어린이집(2014). 2014년도 보육계획안

신나리 · 안재진(2011). 어린이집 이용만족도 척도 타당화 연구. 한국아동복지학, 36, 231-259.

심성경 · 백영애 · 이희자 · 이영희 · 변길희 · 김은아 · 박유미 · 박주희 · 최대훈 · 박경신(2010). 보육학개론. 공동체.

양승희 · 유지연 · 조현정(2012). 보육과정(2쇄). 동문사.

어린이집 안전공제회(2014). 보육시설 안전환경관리 가이드북.

여성가족부(2007). 보육 프로그램 개발 제1권 : 보육 프로그램 개발 총론

여성가족부(2014). 2014년 한부모가족지원사업 안내.

영유아보육법 시행규칙(2012, 2013). http://www.law.go.kr

유아교육자료사전편찬위원회(1997). 유아교육 자료사전 : 용어 편. 한국사전연구사.

유희정 · 김은설 · 유은영(2006). 육아지원기관의 공공성 제고 방안 연구. 육아정책개발센

터 연구보고 2006-02.

이경숙(2008). 프로젝트 접근법이 유아의 언어표현력 및 사고력에 미치는 영향. 서원대학교 교육대학원 석사학위논문.

이기숙(2008). 유아교육과정. 교문사.

이기숙 · 강수경(2012). 유아교육 기관평가. 창지사.

이대균 · 김경화 · 송정원 · 송경섭(2012). 보육과정. 양서원.

이부미(2001). 놀면서 자라고 살면서 배우는 아이들. 또 하나의 문화.

이순형 · 이성옥 · 권혜진 · 이소은 · 황혜신 · 이혜승 · 한유진 · 정윤주 · 이영미 · 이옥경 · 성미영 · 권기남(2007). 보육과정. 학지사.

이연승 · 강민정 · 유희정(2011). 부산지역 보육실태에 대한 어머니의 인식과 만족에 관한 연구 : 보육시설 이용 및 보육료 중심으로. 유아교육학논집, 15(1), 407-432.

이연승 · 최진령(2013). 보육교사의 급여에 따른 보육시설의 근무환경과 보육시설에 대한 만족도 : 부산지역을 중심으로. 유아교육학논집, 17(1), 297-315.

이은해(2002). 보육시설 프로그램 평가도구의 개발과 타당화. 이화여자대학교 BK21 핵심사업팀.

이은해 · 이옥 · 김명순 · 이완경 · 유희정 · 이윤경(2005). 평가지표 및 지침서 개발. 여성부 보육지원과.

이정환 · 김희진(2011). 영유아교육의 교수학습방법(6쇄). 파란마음.

이주연 · 이사라(2006). 부모들의 보육시설 이용기대와 만족도에 대한 부모-교사 간의 지각차이. 한국생활과학회지, 15(6), 905-918.

이화여자대학교 부속유치원 편(2002). 이화유치원교육과정. 교문사.

이화여자대학교 사범대학 유아교육과 BK21 핵심사업팀 (2001). 2차년도 연차보고서 : 유아교육기관인정기준.

이희경 · 김성수(2000). 유아교사 역할 Q-set 개발 연구. 유아교육학논집, 4(1), 27-54.

임옥희 · 이진숙(2006). 보육교사의 교사-영아 상호작용 평가 척도 개발 연구. 한국가정과학회지, 9(1), 5-13.

임재택(2005). 생태유아교육개론. 양서원.

임재택 · 하정연(2004). 부산대학교 부설 어린이집 프로그램 : 생태유아교육 프로그램. 한국유아교육학회 2004 정기 총회 및 학술대회.

장상란 · 서현아(2009). 평가인증 후 보육시설 종사자의 평가인증에 대한 인식 및 사후관리 실태. 생태유아교육연구, 8(3), 191−222.
정영근(2009). 발도르프교육론의 교육학적 이해 : 인간이해와 전인교육 지향의 교육이론을 중심으로. 발도르프 교육연구, 1(1), 1−16.
정옥분 · 권민균 · 김경은 · 김미진 · 노성향 · 박연정 · 엄세진 · 윤정진 · 임정하 · 정순하 · 황현주(2009). 보육과정. 학지사.
정옥분 · 권민균 · 김경은 · 김미진 · 노성향 · 박연정 · 엄세진 · 윤정진 · 임정하 · 정순화 · 환현주(2013). 보육과정. 학지사.
정지윤(2009). 지역별, 유형별 보육시설 운영에 대한 부모만족도와 개선방안 연구. 건국대학교 석사학위논문.
정현순(2010). 2007년 개정 유치원 교육과정에 반영된 생태유아교육 내용에 대한 교사의 인식. 덕성여자대학교 교육대학원 석사학위논문.
조복희 외(2013). 보육과정. 교육과학사.
조복희 · 강희경 · 김현지 · 양연숙 · 이영환 · 이주연 · 이진숙 · 장혜자 · 한유미(2012). 보육학개론. 교육과학사.
조복희 · 공인숙 · 권희경 · 김혜선 · 박은미 · 서소정 · 오연주 · 정정희 · 한세영(2007). 보육과정. 교육과학사.
주진희(2004). 발도르프 유아 교육론의 인격 교육적 특성에 관한 고찰. 영남대학교 대학원 석사학위논문.
중앙육아종합지원센터(2014). http://www.central.childcare.go.kr
지성애(2008). 영유아 교육 · 보육과정 비교. 유아교육학논집, 12(3), 91−110.
최외숙(2010). 24시간보육시설 물리적 환경에 대한 보육교사 및 학부모 만족도 조사. 신라대학교 석사학위논문.
통계청(2014). 2014 통계로 보는 여성의 삶.
하정연(2002). 생태유아교육 프로그램에 관한 문화기술적 연구 : 부산대학교 부설 어린이집 사례를 중심으로. 생태유아교육연구, 1(1), 49−74.
한국보육진흥원(2011). 2011 보육교사 승급교육교재. 한국보육진흥원.
한국보육진흥원(2013). 어린이집 운영 문서 및 관련자료 안내.
한국보육진흥원(2014). http://www.kcpi.or.kr
한국생활안전연합 아동안전캠페인, http://www.safehome.or.kr

한국소비자원(2014). 어린이 안전사고 사례 분석.

한국아동학회(2013). 3~5세 누리과정 및 제3차 어린이집 표준보육과정. 한국아동학회.

한국영양학회(2010). 한국인영양섭취기준.

현정환(2003). 보육실습이 예비보육교사의 보육효능감에 미치는 영향. 아동학회지, 24(6), 117-131.

홍강혜(2011). 생태 유아교육에 대한 어린이집 교사의 인식 및 실천연구. 창원대학교 대학원 석사학위논문.

황민정(2006). 발도르프 수공예 놀이가 유아의 감성지능 및 창의적 표현에 미치는 영향. 동국대학교 교육대학원 석사학위논문.

황지애(2012). 프로젝트 접근법을 중심으로 한 유아음악교육의 효과적 운영에 대한 실행연구. 이화여자대학교 교육대학원 석사학위논문.

황해익 · 최혜진 · 김남희(2003). 유아교사의 자기평가척도 개발 연구. 열린유아교육연구, 7(4), 69-93.

## 국외문헌

Abbott-Shim, M., & Sibley, A.(1987). *Assessment profile for early childhood programs*. Atlanta, G. A: Quality Assist, Inc.

ACECQA(2014). http://www.ncac.gov.au

Arnett, J.(1989). Caregivers in day-care centers: Does training matter? *Journal of Applied Developmental Psychology, 10*, 541-552.

Bradley, R. H., Caldwell, B. M., & Corwyn, R. F.(2003). The Child Care Home Inventories: Assessing the quality of family child care homes. *Early Childhood Research Quarterly, 18*, 294-309.

Bredekamp, S.(1985). *Guide to accreditation by the National Academy of Early Childhood Programs*. Washington DC: NAEYC.

Bredekamp, S., & Rosegrant, T.(1992). Reaching potentials: *Appropriate curriculum and assessment for young children, Vol. 1*. Washington, DC: National Association fort the Education of Young Children.

Britner, P. A., & Phillips, D. A.(1995). Predictors of parent and provider satisfaction with child day care dimensions: A comparison of center-based and family child day care. *Child Welfare, 74*(6), 1135-1148.

Chard, S. C.(1992). The project approach: A practical guide for teacher, I. Edmonton Canada University of Alberta, Instructional Center.

Chard, S. C.(1995). 프로젝트 접근법: 교사를 위한 실행지침서(지옥정 역). 창지사.(원저 1992/1994 출판).

Cho, B. K., & Saracho, O. N.(1997). The development of the Early Childhood Teacher's Role Rating Scale in Korea. *International Journal of Early Education, 2*, 19-36.

Cryer, D., Tietze, W., & Wessels, H.(2002). Parents' perceptions of their children's child care: A cross-national comparison. *Early Childhood Research Quarterly, 17*, 259-277.

D'Arienzo, R. V., Moracco, J. C., & Krajewski, R. J.(1982). Stress in teaching: A comparison of perceived occupational stress foactors between special education and regular classroom teachers. Washington, DC: Unversity press of America.

Dodge, D. T., & Bickart, T. S.(2000). How curriculum frameworks respond to developmental stages: Birth through age 8. Paper presented at the Lilian Katz Symposium, University of Illinois, Urbana-Champaign, IL, November 5-7. Retrieved from http://ceep.crc.uiuc.edu/pubs/katzsym/dodge.html.

Eliason, C., & Jenkins, L.(1999). *A practical guide to early childhood curriculum*(6th edition). New Jersey: Prentice-Hall, Inc.

Frede, E., & Ackerman, D. J.(2007). *Preschool curriculum decision-making: Dimensions to consider. Preschool Policy Brief, 12*, 1-15.

Fuqua, R. W., & Labenson, D.(1986). Parents as consumers of child care. *Family Relations, 35*, 295-303.

Galen, H.(1991). Increasing parental involvement in elementary school: The nitty gritty of one successful program. *Young Children, 46*, 19.

Girolametto, L., Weitman, E., & van Lieshout, R.(1999). *The Teacher Interaction and*

*Language Rating Scale*. Unpublished manuscript, University of Toronto, Toronto, ON.

Graue, M. E., & Walsh, D. J.(1998). *Studying children in context: Theories, methods and ethics*. Thousands Oaks, CA: Sage.

Gronlund, G., & Engel, B.(2001). *Focused portfolios: A complete assessment for the young child*. St. Paul, MN: Redleaf Press.

Harms, T., Clifford, R. M., & Cryer, D.(2005). *Early Childhood Environment Rating Scale*. NY: Columbia University.

Hendy, H. M.(2002). Effectiveness of trained peer models to encourage food acceptance in preschool children. *Appetite, 39*, 217–225.

Hendy, H. M., & Raudenbush, B.(2000). Effectiveness of teacher modeling to encourage food acceptance in preschool children. *Appetite, 34*, 61–76.

Jorde–Blomm, P.(1990). Measuring work attitudes in the early childhood setting, technical manual for the Early Childhood Job Satisfaction Survey and Early Childhood Work Environment Survey. Illinois Early Childhood Professional Development Project.

Katz, L. G., & Chard, S. C.(1989). *Eengaging children's minds: A project approach*. NY: Alblex.

Katz, L.(1994). Perspectives on the quality of early childhood program. *Phi Delta Kappan, 76*(3), 200–205.

Kreimeyer, K., Antia, S., Coyner, L., Eldredge, N., & Gupta, A.(1991). *Social interaction observation system: Project interact*. Tuscon, AZ: University of Arizona.

NAEYC(2014). http://www.naeyc.org

National Association for the Education of Young Children(NAEYC) & National Association of Early Childhood Specialists in State Departments of Education(NAECS/SDE)(1991). Guidelines for appropriate curriculum content and assessment in programs serving children ages 3 through 8 (joint position statement). *Young Children, 46*(3), 21–38.

National Association for the Education of Young Children(NAEYC) & National

Association of Early Childhood Specialists in State Departments of Education(NAECS/SDE)(2003). *Joint position statement on early childhood curriculum, assessment, and program evaluation building an effective, accountable system in programs for children birth through age 8*. Washington, DC: NAEYC.

National Association for the Education of Young Children(NAEYC)(2009). Developmentally appropriate practice in early childhood programs serving children from birth through age 8. Position statement. Washington, DC: NAEYC.

Petrash, J.(2002). *Understanding Waldorf education: Teaching from the inside out*. Beltsville, MD: Gryphon House.

Peyton, V., Jacobs, A., O'Brien, M., & Roy, C.(2001). Reasons for choosing child care: Associations with family factors, quality, and satisfaction. *Early Childhood Research Quarterly, 16*(2), 191–208.

Quality Child Care Handbook, 2010–2011.

Shpancer, N.(2006). The effects of daycare: Persistent questions, elusive answers. *Early Childhood Research Quarterly, 21*, 227–237.

Spodek, B., & Brown, P. C.(1993). Curriculum alternatives in early childhood education: A historical perspective. In B. Spodek (Ed.), *Handbook of research on the education of young children* (pp. 91–104). New York: Macmillan.

Steiner, R.(1965). *The education of the child in the light of anthroposophy*. London: Rudolf Steiner Press.

Stewart, J.(1986). *The making of the primary school*. Milton Keynes; Open University Press.

Wiltz, N. W., & Klein, E. L.(2001). "What do you do in child care?" Children's perceptions of high and low quality classrooms. *Early Childhood Research Quarterly 16*, 209–236.

# I n d e x 찾아보기

ㅅ



ㅇ

## 저 자 소 개


**이주연**

이화여자대학교 학사

이화여자대학교 석사

미국 University of Wisconsin-Madison 박사(아동학)

현재 전남대학교 생활환경복지학과 교수

**박선영**

이화여자대학교 학사

이화여자대학교 석사

이화여자대학교 박사(아동학)

현재 충청대학교 아동보육과 교수

**송승민**

이화여자대학교 학사

미국 Pennsylvania State University 석사

미국 Pennsylvania State University 박사(유아교육학)

현재 수원대학교 아동가족복지학과 교수

**이사라**

이화여자대학교 학사

이화여자대학교 석사

이화여자대학교 박사(아동학)

현재 세종사이버대학교 아동복지학과 교수

**하지영**

이화여자대학교 학사

이화여자대학교 석사

경희대학교 박사(아동학)

현재 우송대학교 사회복지 · 아동학부 교수

**한세영**

이화여자대학교 학사

이화여자대학교 석사

미국 University of Wisconsin-Madison 박사(아동학)

현재 이화여자대학교 아동학과 교수

# 보육과정

2015년 3월 2일 초판 인쇄
2015년 3월 5일 초판 발행

지은이 | 이주연 · 박선영 · 송승민 · 이사라 · 하지영 · 한세영
발행인 | 유제구
발행처 | 파워북
주 소 | 경기도 고양시 일산동구 호수로 358-25
동문굿모닝타워2차 529호
전 화 | (02) 730-1412
F A X | (031) 908-1410
등 록 | 1997. 1. 1 제 300-1997-13
편 집 | 북스북스

정가 20,000원
ISBN 978-89-8160-245-1(93590)

잘못된 책은 바꿔드립니다.